AVANT-PROPOS

Le malaise occidental

Le défi japonais est à la fois ordinaire et singulier. Ordinaire, parce qu'il provoque les sociétés occidentales sur un terrain qu'elles ont inventé : celui de la performance économique. Singulier, parce que le Japon dispose, pour satisfaire ses ambitions, d'une panoplie d'atouts parfaitement originaux. De par sa géographie, son histoire, sa culture, son système de valeurs, son modèle politique, le pays a mis au service de sa machine économique un moteur très différent du nôtre et moins sujet aux ratés. Il mène l'offensive économique sur le terrain des autres, au nom des valeurs des autres, mais avec des armes qui lui sont propres.

Paradoxalement, c'est au moment où le capitalisme démocratique à l'américaine triomphe en tant que modèle, où il apparaît aux pays d'Europe de l'Est et à l'Union soviétique comme la solution de l'espoir, qu'il est terrassé dans son propre berceau par le système japonais. Le malaise de l'Occident est accru du fait qu'il est battu, à son propre jeu, par un Japon auquel il ne comprend rien. « Les Japonais sont au plus haut degré à la fois agressifs et pacifiques, militaristes et férus d'esthétique, insolents et polis, rigides et malléables, soumis et difficiles à mener, loyaux et tricheurs, braves et peureux, conservateurs et ouverts aux nouveautés », écrivait Ruth Benedict au lendemain de la Deuxième Guerre mondiale[1]. Quarante-cinq ans ont passé, et les Occidentaux n'ont toujours pas réussi à démêler ce faisceau de contradictions, qui brouille leur vision du Japon. Ainsi peut-on dire des entreprises nippones à la fois qu'elles se font une concurrence féroce et qu'elles s'épaulent en cartel; qu'elles respectent une hiérarchie forte dans le cadre d'un égalitarisme poussé; que la vie de leurs salariés est lourde de contraintes mais qu'ils sont traités avec respect et rarement licenciés. « Les règles de la guerre que les nations d'Occident avaient fini par accepter comme imposées par la nature humaine n'existaient pas pour les Japonais », constate l'anthropologue américaine à propos du conflit du Pacifique. Dans la guérilla économique de cette fin de XXe siècle, l'Occident refait les mêmes erreurs : il ne veut pas voir que le Japon ne réagit pas forcément comme les autres sociétés développées aux lois de « gravité » macro et micro-économiques inventées par nos théoriciens et communément admises dans nos systèmes capitalistes.

Notre objectif ici n'est pas d'analyser la société japonaise, ni de démonter de l'intérieur la machine économique nippone. Cet ouvrage ne prétend pas non plus donner la clef du « système » japonais. L'ambition est de livrer une série d'enquêtes sur le succès, souvent spectaculaire, quelquefois foudroyant, des entreprises japonaises à l'étranger. De raconter comment, pourquoi et dans quelle mesure les Japonais, s'ils n'ont pas encore gagné la guerre économique totale, ont sans doute irréversiblement remporté certaines batailles : l'industrie lourde, l'automobile, l'électronique grand public. Et de décrire la manière dont ils se préparent avec profes-

1. *Le Chrysanthème et le Sabre*, Éditions Piquier, 1987.

L'ÉTREINTE DU SAMOURAÏ
Le défi japonais

Dominique Nora, née en 1958, journaliste au service économique de Libération *(1984-1988), correspondant permanent aux États-Unis pour* Libération *et* L'Express *(1988), puis pour* Le Nouvel Observateur *(1989), grand reporter au* Nouvel Observateur, *est l'auteur du best-seller* Les Possédés de Wall Street *(Denoël, 1987), qui a obtenu le Prix du meilleur livre financier en 1988.*
Elle a enquêté plusieurs années aux Etats-Unis et au Japon pour écrire cette grande épopée de l'expansionnisme nippon.

Dévasté hier par la guerre, privé d'armée offensive, le Japon écrase aujourd'hui les sociétés occidentales sur leur propre terrain de la performance économique, au nom même de leurs valeurs capitalistes. Les deux hommes les plus riches du monde sont japonais. La plus grosse entreprise et les sept banques les plus puissantes sont japonaises. La capitalisation de la bourse de Tokyo a dépassé celle de Wall Street. Le Japon est devenu le premier créancier de la planète, le premier pourvoyeur d'aide aux pays en voie de développement, le banquier privilégié des Etats-Unis. L'équilibre financier international se maintient à l'abri de la tente à oxygène japonaise, sous perfusion de yens. De l'industrie lourde à l'automobile, de l'immobilier à l'électronique grand public, dc la haute technologie à la finance, du rêve américain des grands studios de Hollywood au symbole français des vins de Bordeaux, Dominique Nora écrit ici le grand roman des armées du Soleil Levant en marche...
Face à cette déferlante irrésistible où le génie de l'infiltration le dispute aux stratégies d'influence, l'Occident paraît désarmé. Vaste laboratoire expérimental d'un véritable jeu de go planétaire, l'Amérique est aujourd'hui divisée comme le sera demain l'Europe. Le Japon est-il le sauveur de notre croissance ou le fossoyeur de notre puissance ? Un partenaire normalisé ou un adversaire irréductible ? Le Samouraï ne nous étreint-il que pour mieux nous étouffer progressivement, en un long baiser de la mort ?

DOMINIQUE NORA

L'Étreinte du samouraï

Le défi japonais

Nouvelle édition mise à jour

CALMANN-LÉVY

sionnalisme aux suivantes : la micro-électronique, l'aéronautique, les technologies de la communication. À travers ces histoires transparaissent les atouts, les stratégies, les méthodes de travail des entreprises japonaises. Mais aussi leurs faiblesses et leurs insuffisances. Cette épopée de la conquête nippone permet de recenser les défis, de préciser les termes d'un débat de fond qui ne manquera pas d'agiter l'Europe de demain, comme il divise aujourd'hui l'Amérique.

Si l'électrochoc japonais est fascinant en soi, il l'est peut-être davantage encore par le diagnostic qu'il livre, en creux, sur les sociétés occidentales. La réussite économique et financière nippone apparaît comme un formidable révélateur des vulnérabilités de l'Ouest. En ce sens, les Japonais sont un peu aux années 90 ce que les *raiders* d'entreprises ont été aux années 80 : ils dérangent en mettant le doigt sur les failles du « rêve américain » et les risques de gangrène d'une économie de marché que sa myopie fait trébucher. S'il y a un « problème » japonais, si la peur d'une suprématie nippone monte à Washington comme à Bruxelles, c'est que le malaise préexistait, que l'organisme occidental n'est déjà plus à même de sécréter des anticorps. Leur conquête est l'expression et sans doute le catalyseur de la maladie, mais en aucun cas sa cause. Le Japon pose en effet de façon précoce et aiguë — comme par un effet de loupe — les questions auxquelles les États-Unis et l'Europe auraient eu à répondre, de toute façon, pour aborder le XXIe siècle. Il remet en question des certitudes que le désenchantement moderne avait déjà transformées en mélancolies.

1

LA CIGALE ET LA FOURMI

La revanche du samouraï

Partout, sur la planète, les Japonais achètent les immeubles les plus prestigieux, les hôtels les plus réputés, les tableaux les plus cotés. Les deux hommes les plus riches du monde sont japonais. La première entreprise du monde est japonaise. Les sept banques les plus puissantes aussi. La capitalisation de la Bourse de Tokyo est comparable à celle de Wall Street. Le Japon est devenu le premier créancier du monde, un des premiers pourvoyeurs d'aide aux pays en développement, le banquier privilégié des États-Unis... Le monde « libre » est drogué à la technologie japonaise.

Votre appareil-photo ? probablement un Canon ou un Nikon. Votre caméra portable ? une Sony ou une JVC. Et si votre télévision, votre magnétoscope, votre voiture, votre téléphone portatif, votre répondeur téléphonique ne sont pas encore japonais, si l'on ne vous propose pas un télécopieur personnel, qui sait aussi faire des photocopies et prendre les messages... c'est parce que l'on vous prive — vous, Français — des derniers gadgets nippons. Aux États-Unis, moins protégés, les produits japonais sont omniprésents. Pas seulement dans les foyers : les missiles balistiques et les chars d'assaut *made in USA* sont truffés de composants électroniques nippons.

Que ce soit dans la jungle brésilienne, dans le Middle West américain, dans les plaines de l'Écosse ou au fin fond de la Thaïlande, la présence, les usines, les participations japonaises sont en plein essor.

La « machine économique » nippone a une stratégie globale et de long terme. Elle « cible » des marchés avec la précision du rayon laser et les arrache à la concurrence avec la puissance d'un gigantesque excavateur. Faut-il le déplorer? Les fonctionnaires japonais « poursuivent la guerre du Pacifique derrière leurs bureaux », avertit Jacques Delors, le président de la Commission européenne. Il s'agit bien en tout cas de conquête. Le perdant de la Deuxième Guerre mondiale, privé d'armée offensive, a jeté toute son énergie dans la reconstruction de son économie, sous l'aile protectrice de Washington. Comme si les responsables nippons de l'après-guerre avaient répété à la population, traumatisée, le premier commandement du régime Tokugawa : « Négligez les plaisirs et consacrez-vous aux tâches ingrates ! » Paradoxalement, les dirigeants nippons ont, dans cette entreprise, violé tous les principes du capitalisme libéral définis par Adam Smith et appliqués par Washington : ils ont opté, à l'abri de frontières fermées, pour la main de fer du dirigisme plutôt que pour « la main invisible » du marché. Ils ont mené une vigoureuse politique industrielle donnant priorité à l'épargne sur l'emprunt, au producteur sur le consommateur, à l'expansion sur le profit. Le Japon est loin d'être resté aussi isolationniste que pendant ces quelque 250 années de shogunat qui précédèrent l'arrivée des navires américains du Commodore Perry. Mais, obsédé par sa vulnérabilité de petite île dépourvue de ressources naturelles, le pays a tout de même, au fil de l'histoire, cultivé ce syndrome du « seul contre tous ». « Pas par orgueil mais par prudence », note Nicolas Bouvier[1]. À maints égards, le Japon se vit, aujourd'hui encore, comme un « lapin dans la jungle ». L'idée que le pays se fait de sa vulnérabilité est l'un de ses moteurs. Les Japonais ont appris, à partir de 1945, à manier l'arme économique et financière comme le samouraï jouait autrefois de son sabre. Il y a douze siècles, les forgerons japonais fabriquaient les meilleures lames d'acier du monde en déposant puis martelant patiemment le métal en plusieurs milliers de couches. Aujourd'hui, ils font preuve de la même volonté de perfection dans l'inscription de dizaines de millions de circuits transistors sur une microparcelle de silicium.

Mouvement grégaire d'entreprises obéissant aux mêmes règles et aux mêmes objectifs ou bien offensive concertée? La stratégie expansionniste japonaise est en tout cas orchestrée avec maestria par le « triangle d'or » des milieux économiques, politiques et administratifs, véritables artisans du « miracle japonais ». De pays en voie de développement, le Japon est devenu en moins d'un demi-siècle la deuxième puissance économique mondiale. Il représente aujourd'hui 14 % du Produit National Brut de la planète et s'est arrogé un quasi-monopole sur un nombre croissant de marchés. Conquête, déferlement, encerclement, diagnostique la presse occidentale. Ce vocabulaire militaire est évocateur mais aussi largement trompeur. Car, si l'on peut dire que le Japon « fait l'économie comme la guerre », l'affrontement ne génère ni sang ni cadavres. Dans cette bataille, la séduction et la compétitivité du produit tiennent lieu de pistolet braqué sur la tempe de l'acheteur. Et la jouissance de la consommation, de déflagration. C'est dire toute l'ambiguïté de cette étreinte du samouraï, à la fois séduction et menace,

1. *Chronique japonaise*, collection « Voyageurs », Payot, 1989.

fascination et inquiétude, envoûtement et étouffement.

Eh bien dansez maintenant!

La fable des relations nippo-américaines de la décennie écoulée est un peu celle de *La Cigale et la Fourmi*. Pendant que les Américains désépargnent et surconsomment comme s'il n'y avait pas de lendemain, tandis qu'ils s'endorment sur leurs lauriers de « rois de la plaine », les Japonais, eux, épargnent, travaillent et réinvestissent dans leur appareil manufacturier le produit toujours croissant de leurs excédents commerciaux. Ils ne sont pas obligés, comme les États-Unis, de consacrer une part importante de leurs ressources au secteur militaire. Et, vu l'étroitesse de leur marché, les entreprises se tournent très tôt vers l'exportation. Des taux d'intérêt faibles sur le yen leur permettent des coûts de financement très avantageux. La structure en conglomérat — qui a survécu à la guerre —, l'appui du gouvernement, la fermeture initiale du marché intérieur et l'absence de pression des actionnaires, autorisent les capitaines de l'industrie nippone à développer des stratégies de long terme.

La reconstruction japonaise, chorégraphiée par le puissant MITI[1], s'est d'abord appuyée sur les textiles et l'industrie lourde : sidérurgie, chantiers navals. Elle a ensuite remonté l'échelle technologique vers l'automobile et la machine-outil, puis l'électronique grand public. Les premières voitures d'exportation japonaises étaient des véhicules très bon marché et de mauvaise qualité. Dans les années 50, des bataillons d'ingénieurs japonais

1. MITI : Ministry of International Trade and Industry, ministère japonais du Commerce extérieur et de l'Industrie.

étaient invités aux États-Unis, chez Ford, chez Western Electric, pour des missions d'étude du « contrôle de la qualité ». Aujourd'hui, la situation s'est inversée : le Japon est à la fois la « bête noire » et le modèle des entrepreneurs américains et européens. C'est lui qui, en termes de qualité, s'efforce de placer la barre toujours plus haut. Le déficit commercial des États-Unis vis-à-vis du Japon, apparu au début des années 70, s'est aggravé, pour culminer en 1986 à 58,5 milliards de dollars, soit la moitié du déficit américain.

Ronald Reagan, qui croyait combler ce gouffre des échanges en orchestrant une baisse du dollar, n'a fait que creuser l'écart. Malgré une chute du dollar par rapport au yen de 50 % entre 1985 et 1988, le déficit commercial bilatéral reste, en 1989, de 49 milliards de dollars. Il y a à cela de multiples explications *a posteriori*. D'une part, les entreprises japonaises ont comblé le handicap monétaire à l'exportation par des gains de productivité, dont leurs sous-traitants ont d'ailleurs largement fait les frais. D'autre part, pour défendre leurs parts de marché américain, elles ont évité de répercuter la totalité de la hausse du yen dans leurs prix de vente. En outre, sur beaucoup de marchés grand public, il n'y avait tout simplement plus de produits concurrents *made in USA*. Enfin, la baisse du billet vert a commencé par renchérir les importations et dévaloriser les exportations américaines exprimées en dollars, tandis que la hausse du yen profitait à l'économie nippone : le moindre coût de ses importations de matières premières a eu un effet déflationniste, permettant des taux d'intérêt peu élevés par rapport aux taux américains.

La politique monétaire reaganienne a, de fait, livré l'Amérique aux étrangers. Elle a en effet clairement dévalué les actifs américains, tout en renforçant les puissances financières nippone et européenne. Le yen est devenu la deuxième monnaie de réserve mondiale et la capitalisation boursière de la Place de Tokyo a gonflé jusqu'à dépasser par périodes celle de Wall Street. Le prix de l'immobilier japonais s'est envolé. Particuliers et investisseurs « institutionnels » nippons ont acquis, mécaniquement, un pouvoir d'achat vertigineux, tandis que les banques japonaises, assises sur des actifs artificiellement réévalués, ont remporté toutes les premières places au hit-parade planétaire. Elles comptent aujourd'hui pour 40 % des encours de prêts mondiaux. Ce différentiel a déclenché une boulimie d'investissements nippons. L'immobilier non japonais a été pris d'assaut par une déferlante de yens, qui a culminé à 14 milliards de dollars en 1989. Aux États-Unis, elle a surtout visé les acquisitions prestigieuses : les trophées, comme la tour Arco de Los Angeles, le country club Riviera de Pacific Palisades, le gratte-ciel Citicorp et le Rockefeller Center à Manhattan. Les excédents japonais sont aussi de plus en plus massivement recyclés en actions et bons du Trésor américain. Si bien que Washington est à présent dépendant des capitaux nippons pour le financement d'une portion importante de son déficit budgétaire, tandis que Wall Street a vu, certains jours, le quart de son volume de transactions initié à Tokyo. Les taux d'intérêt sur le dollar et le niveau de l'indice Dow Jones, à la fois baromètres et outils de pilotage importants du navire économique yankee, sont désormais largement sous influence nippone.

La crise financière nippone, survenue en 1990 et 1991, a ralenti ce flux de yens, mais sans modifier les termes du rapport de forces États-Unis/Japon. La peur d'une montée du protectionnisme, le souci de produire plus près du marché, la fièvre de l'internationalisation se sont conjugués, avant même le changement de parité yen-dollar, pour inciter les industriels japonais à s'offrir une base américaine. Depuis le milieu des années 80, les poids lourds nippons de l'automobile et de l'électronique grand public ont été de plus en plus nombreux à construire des usines aux États-Unis. Et les acquisitions — toujours amicales — de banques ou d'entreprises américaines, ainsi que les participations en capital, se sont multipliées. Aucune résistance : démocratie capitaliste oblige, les administrateurs d'une entreprise vendent toujours au plus offrant, et l'acquéreur japonais est souvent prêt à payer davantage que la concurrence. Les Japonais, en revanche, considèrent leurs entreprises comme leurs bébés : on ne vend pas son fils, même au bord du précipice financier. Cette vague d'acquisitions nippones a touché toutes les régions et tous les secteurs, avec une prédilection pour la Californie du sud et pour les entreprises de haute technologie — notamment la micro-électronique.

En 1990, pour la première fois depuis que les États-Unis dominent l'économie planétaire, les étrangers contrôlent une part plus importante de l'économie américaine (12 %) que l'Amérique n'en possède des leurs. Le Japon, avec quelque 136 milliards de dollars d'investissements directs cumulés dans l'immobilier et l'industrie américains fin 1990, a récemment dépassé les Pays-Bas, mais reste cependant derrière la Grande-Bretagne. Le fait que Tokyo soit dans le collimateur politique américain, et pas Londres, relèverait-il simplement, comme certains Japonais le pensent, d'un comportement raciste ? Ce serait négliger les différences de nature entre les investissements anglais et nippons. D'une part, la Grande-Bretagne ne présente pas, comme le Japon, un excédent commercial bilatéral avec les États-Unis. D'autre part, le Royaume-Uni n'est plus une puissance financière susceptible de faire trembler la Banque centrale américaine. Enfin, les investissements britanniques ne s'inscrivent pas, comme ceux des Japonais, dans une stratégie de « ciblage » qui grignote, à l'image du jeu vidéo « Pacman », des pans entiers de l'industrie nationale.

Face à l'offensive japonaise, les entreprises américaines perdent en effet du terrain à vue d'œil : chez elles et à l'étranger. Dans l'automobile, les véhicules japonais (importés ou fabriqués) sont passés en trois ans de 21 % du marché américain à plus de 35 % en 1990, tandis que General Motors, Ford et Chrysler fermaient usine sur usine. Dans la sidérurgie, les Américains n'ont survécu qu'en se protégeant et en s'alliant à leur grand rival. En matière d'électronique grand public (télévision, magnétoscope, photocopie, haute-fidélité, photo, vidéo, télécopieur), les fabricants yankees ont presque tous été purement et simplement rayés de la carte. De même, tous les producteurs — sauf trois — ont été balayés par les Japonais du marché des composants électroniques de base. La part américaine dans la production mondiale d'électronique est tombée de 47 % à 37 % entre 1984 et 1990, tandis que celle du Japon passait de 21 % à 25 %. Et les firmes nippones remontent maintenant la chaîne informatique vers les « puces » plus sophistiquées et les ordinateurs de tous les types. Selon le Département américain du Commerce, les Japonais, partis de zéro il y a une décennie, domineront le marché mondial de l'ordinateur vers le milieu des années 90.

Depuis 1990, le yen est retombé à des niveaux plus bas : une « parité » de combat qui pourrait stimuler à nouveau les exportations à partir du Japon. « Le Japon gagne à tous les coups : il peut arbitrer entre exportations et production locale en fonction des parités monétaires », note un concurrent européen.

Après les acquisitions trop voyantes de Columbia Pictures et du Rockefeller Center, les officiels japonais ont fortement recommandé aux entreprises de présenter un « profil bas » aux États-Unis. Depuis 1990, les investisseurs japonais ont tendance à privilégier les petites transactions et les participations minoritaires. L'achat du golf de Pebble Beach, pour près d'un milliard de dollars, et la décision de Matsushita d'acquérir MCA-Universal (pour plus de 6 milliards !) apparaissent comme les derniers feux de l'ère des acquisitions géantes. Le Japon poursuivra cependant ses investissements à l'étranger. Car l'internationalisation de l'économie nippone reste encore très faible : les économies américaine, anglaise, allemande ou française fabriquent presque 20 % de leurs produits industriels à l'étranger, tandis qu'au Japon la proportion est de 5 à 6 %. Selon l'agence nippone de planification économique, ce ratio devrait doubler, d'ici à 1995.

La plupart des économistes américains soulignent que ces investissements étrangers sont bénéfiques : ils créent des emplois, améliorent la productivité, abreuvent des secteurs en manque de capitaux et redynamisent des pans entiers de l'industrie américaine. Le bilan, en termes de création d'emplois, est cependant mitigé. La rationalisation industrielle et « l'importation » de sous-traitants nippons plus productifs reprennent d'une main les emplois générés de l'autre par la création d'entreprises. Et des voix de plus en plus nombreuses s'élèvent maintenant pour dénoncer les risques d'une dépendance économique croissante de l'Amérique, pouvant conduire à une baisse du niveau de vie et, en bout de course, à une grave perte de souveraineté.

Le Japon joue en effet clairement la carte technologique comme un joker. « Un facteur important de la performance macro-économique japonaise est la vitalité de l'innovation technologique », rappelle le rapport 1990 de l'agence japonaise de planification économique. Le Japon, dont l'économie est moitié moins grande, investit désormais beaucoup plus que les États-Unis sur son appareil de production : le double exactement, en dollars par tête, pour l'année 1990. La majeure partie de ce pactole est employée à raccourcir les cycles de développement, améliorer inlassablement la qualité, accroître la productivité. Les nouveaux produits et la recherche-développement comptent pour un bon quart de ces investissements. Ce que les entreprises japonaises ne savent pas faire, elles l'apprennent en décortiquant les inventions occidentales *(reverse engineering)*, ou elles l'acquièrent en recherchant systématiquement les transferts de technologie. Et le Japon, loin de se contenter d'être un imitateur de génie, ambitionne maintenant de passer au stade de l'innovation. Notamment en ouvrant des centres de recherche fondamentale aux États-Unis.

Nippophobie

Tandis que les économies américaine et japonaise s'intègrent chaque jour plus profondément, au point qu'il est désormais difficile de départager leurs intérêts nationaux, intimement imbriqués, la distance socioculturelle et « affective » entre les deux nations ne se réduit pas. Les Américains ont du mal à comprendre que les deux pays sont à la fois alliés et ennemis, partenaires et adversaires, proches et étrangers. Et la méfiance mutuelle s'accentue. Communauté de biens et divorce des esprits...

Trois Américains sur quatre considèrent les Japonais comme des rivaux, indique un sondage du journal *Asahi Shimbun* effectué en novembre 1991.

Robert Reich, professeur à la Harvard Kennedy School of Government, a constaté avec étonnement que la plupart des Américains — étudiants, managers, financiers de Wall Street, fonctionnaires du Département d'État, citoyens ordinaires — préfèrent voir l'Amérique et le Japon croître de 10 % chacun entre 1990 et l'an 2000... plutôt que de voir les États-Unis progresser de 35 % et le Japon de 75 %. Autrement dit, ils seraient disposés à subir une croissance modeste pourvu que le Japon ne prenne pas clairement la place de locomotive d'une expansion partagée. Inversement, 18,4 % des Japonais jugent les relations bilatérales « mauvaises », indique une enquête Gallup publiée en novembre 1989 par le quotidien *Yomiuri Shimbun*. Le respect traditionnel des Japonais pour leur « protecteur » s'estompe : ils sont de plus en plus nombreux à dénoncer la paresse, la cupidité, la déchéance sociale d'une Amérique qui s'est laissée vivre.

Ces sentiments ne trouvent pas une explication satisfaisante dans les tensions commerciales. Après tout, les litiges économiques nippo-américains ont existé tout au long des années 70 et 80. Ce que les Américains désignent par le « fossé des perceptions » reflète plutôt l'incertitude accrue de Washington et de Tokyo sur l'avenir de leurs relations bilatérales. Les États-Unis auraient-ils gagné la guerre pour perdre la paix? La peur de l'Amérique devant l'érosion de son rayonnement mondial, et la prise de conscience par le Japon de sa nouvelle puissance politique transparaissent dans les best-sellers de la fin des années 80 : *Naissance et déclin des grandes puissances* de Paul Kennedy[1], et *Le Japon qui peut dire non* de Shintaro Ishihara et Akio Morita.

1. Traduction française, Payot, 1989.

Aux États-Unis, et, dans une moindre mesure, en Europe, clichés réducteurs, amalgames xénophobes et préjugés racistes sont devenus monnaie courante. La « nippophobie » contamine toutes les classes sociales. Les concessionnaires Oldsmobile (groupe General Motors) de la région de New York ont diffusé, en juin 1990, un spot publicitaire expliquant que les Japonais ne savaient que construire des voitures de petite taille, « à leur dimension ». « Allez-y! continuez à acheter des voitures japonaises, ironisait une autre publicité Pontiac... On ira bientôt tous admirer l'arbre de Noël au Hirohito Center! » Le commentaire fait allusion à la vente récente du Rockefeller Center new-yorkais à la division immobilière du groupe Mitsubishi.

Ce sentiment nippophobe s'exprime largement lors de la commémoration de l'attaque de Pearl Harbor, en décembre 1991. Début 1992, le roman alarmiste de Michael Crichton [1], *Rising Sun*, connaît un retentissant succès.

Au lycée de Scarsdale (New York), où les Japonais (17 % des élèves) écrasent leurs camarades en mathématiques, l'administration a été obligée de former un « comité de réduction des préjugés ». En Caroline du Nord, le groupuscule « Aidez à sauver l'Amérique pour l'avenir de nos enfants » publie et diffuse des pamphlets affirmant que le « japonisme » a remplacé le communisme comme menace principale pour la nation. Les associations contre une mainmise étrangère sur l'Amérique se multiplient. Dans les dîners en ville, « les Japonais sont soudain devenus les gens qu'il est admis de haïr », reconnaît le magazine *Fortune* [2]. Les Américains ont tendance à condamner toutes les initiatives nippones comme machiavéliques : si les Japonais inves-

1. *Rising Sun*, Michael Crichton, KNOPF, février 1992.
2. « Fear and Loathing of Japan », *Fortune*, 26 février 1990.

tissent au lieu d'exporter, c'est pour mieux terrasser la concurrence ; s'ils s'intègrent dans le tissu économique local, c'est selon une stratégie du cheval de Troie ; s'ils sont insensibles aux problèmes sociaux, c'est que ce sont des monstres froids ; s'ils jouent les philanthropes ou les mécènes, c'est pour mieux faire oublier leurs turpitudes commerciales... En France, des sentiments similaires sont encouragés par les propos peu diplomatiques de certains dirigeants.

Des voix s'élèvent aux États-Unis pour dénoncer ce « nouveau maccarthysme »[1] antinippon : est-il juste de réprimander le meilleur élève de la classe capitaliste au motif qu'il triomphe avec trop d'insolents succès ? Non contents d'incriminer la myopie consumériste, le « court-termisme » cupide et le déclin de l'Occident, certains observateurs vont plus loin : estimant le concept de « frontière nationale » dépassé, ils se refusent à considérer la montée en puissance japonaise comme un danger. Dans le nouveau monde de l'interdépendance globale, le *brave new global world*, il faut perdre la mentalité « nous contre eux », plaident-ils. Pourquoi s'affoler ? Jean-Jacques Servan-Schreiber n'avait-il pas lui aussi, dans les années 60, dénoncé (à tort), dans *Le Défi américain*, la menace d'une hégémonie économique étrangère en Europe ? L'arrogance des « nouveaux riches » nippons n'est pas sans rappeler celle des *ugly Americans* d'alors.

Faute de connaître réellement « l'adversaire japonais », ses motivations, ses méthodes et ses intentions, le sentiment prédominant dans le camp occidental reste néanmoins l'inquiétude. Le Japon est le bouc émissaire idéal des impuissances occidentales. Parce qu'il est lointain, insulaire et... étranger. Ter-

1. Anticommunisme virulent. Inspiré de Joseph McCarthy, sénateur américain désavoué en 1954 pour ses vues anticommunistes extrêmes.

riblement étranger. Parce que ses valeurs — et en premier lieu sa « japonité » —, contrairement à ses walkmans, ne sont pas universellement exportables. Parce que peu d'Occidentaux font l'effort d'essayer de comprendre les valeurs, la langue et la culture d'une contrée qui leur demeure opaque. Il est vrai qu'en dépit de la richesse de son histoire culturelle et artistique, de la place importante qu'il occupe sur la planète, le Japon n'est pas, pour la sensibilité occidentale, un pays « solaire ».

À l'heure où la guerre froide s'estompe et où les pays industrialisés redoutent la fin de huit années consécutives d'expansion, personne ne mesure exactement les enjeux de la puissance japonaise. Les concepts de sécurité, d'indépendance nationale, ne doivent-ils pas, aujourd'hui, être entendus dans une acception économique et technologique, plutôt que strictement militaire? C'est la thèse de ceux qu'on appelle, aux États-Unis, les « révisionnistes ». L'opinion publique américaine redoute à présent davantage « l'arme » économique nippone que les chars d'assaut soviétiques. Dans l'inconscient collectif d'une Amérique qui ne se vit plus comme une superpuissance à part entière, dans l'imaginaire d'un peuple inquiet de perdre le rang de champion économique toutes catégories, le Japon est bel et bien devenu « l'ennemi public numéro un ». General Motors ferme usine après usine? Columbia Pictures n'est plus américain? C'est la faute aux Nippons! Le chômage monte? La croissance ralentit? C'est la concurrence déloyale des Japonais! Pour un peu, on les accuserait d'avoir tué l'*American dream*!

Le laboratoire de l'expansionnisme nippon

Dans un débat nippophobes-nippophiles qui tourne au passionnel, il est important d'essayer d'éviter l'écueil du cliché. Ceux qu'on appelle, aux États-Unis, les *Japan bashers*[1] et leurs contradicteurs, les *Japan apologists*[2], ont chacun un discours simplificateur et figé. Or ni l'incantation aux relents xénophobes ni l'apologie divinatoire ne résoudront les problèmes entre le Japon et ses partenaires économiques. Améliorer ces relations sans compromettre nos intérêts essentiels, traiter efficacement avec les Japonais, cela passe, au préalable, par un retour aux faits et une meilleure intelligence des protagonistes. Il faut comprendre que le problème vient autant de Washington, de Bruxelles ou de Paris que de Tokyo.

À cet égard, les mises en garde de Ruth Benedict sont plus que jamais d'actualité. « L'un des handicaps du XXe siècle, écrivait-elle en 1946, est que nous avons encore les notions les plus vagues et entachées de préjugés, non seulement sur ce qui fait du Japon une nation de Japonais, mais sur ce qui fait des États-Unis une nation d'Américains, de la France une nation de Français, de la Russie une nation de Russes[3]. » Nous ne nous donnons pas la moindre chance de découvrir ce que sont les habitudes culturelles des autres, insistait-elle : le jugement de valeur suit le constat d'étrangeté, en toute méconnaissance de cause. Ruth Benedict dénonçait des travers qui sont perceptibles, aujourd'hui encore, dans les capitales occidentales : « Comme Américains, ils voudraient imposer des dogmes qui nous sont chers à toutes les nations. Or celles-ci ne peuvent pas plus adopter notre mode de vie sur commande que nous ne serions capables de nous mettre à calculer selon un système duodécimal ou de rester debout sur un pied comme certains natifs de l'Afrique de l'Est. »

1. Littéralement : ceux qui frappent, qui critiquent le Japon.
2. Ceux qui font l'apologie du système japonais.
3. *Le Chrysanthème et le sabre*, *op. cit.*

Garder ce regard de l'anthropologue, estime Ruth Benedict, exige à la fois une certaine « dureté » et une certaine « générosité ». Cette exigence semble aussi indispensable aux responsables économiques occidentaux des années 90 qu'aux militaires américains des années 40, qui avaient commandité son étude. Car il n'est plus contestable, aujourd'hui, que le noyau dur des difficultés économiques avec le Japon ne vient ni de « tricheries » délibérées des Japonais, ni d'un « vaste complot » ourdi à Tokyo pour dominer la planète, mais de notre refus de considérer comme acceptable un ensemble de comportements profondément enracinés dans l'histoire nippone, perceptibles aujourd'hui dans la vie quotidienne, la culture, le tissu socio-économique japonais. Ce sont des barrières de langue, des barrières coutumières, des barrières structurelles aux échanges avec l'étranger. Ce sont des réactions qui défient l'entendement occidental.

« Nous ne pouvons tout de même pas leur demander de ne plus parler japonais ! » s'exclame un haut fonctionnaire de la Commission européenne. Sa remarque, de simple bon sens, résume bien le dilemme. Contrairement à ce que semblent penser certains négociateurs américains, nous ne pouvons exiger des Japonais qu'ils deviennent comme nous. Pas plus que nous ne pouvons — ni ne souhaitons — devenir comme eux... Reste, pour éviter des conflits graves dont chacun sortirait mutilé, à inventer les moyens de réconcilier ces différences au sein d'un monde économique rétréci par les outils de communication modernes. L'ancien Premier ministre japonais, Toshiki Kaifu, avait bien raison de déclarer, lors d'un récent voyage officiel aux États-Unis, que ce dont les deux pays avaient besoin n'était pas d'une initiative politique pour la réforme des barrières structurelles aux échanges, mais d'une initiative pour la réforme des barrières à la communication. De cette réconciliation des modes de communications, du resserrement de cette alliance dépend tout simplement l'équilibre mondial de cette fin de XXe siècle et du suivant.

La plupart des histoires racontées dans ce livre se déroulent aux États-Unis. Parce que l'Amérique était jusqu'ici le terrain d'expansion — et d'expérimentation — privilégié des entreprises japonaises : le premier marché de la planète, grand ouvert, de par son histoire et son idéologie, aux biens, aux capitaux, aux hommes et aux idées en provenance de l'étranger. Mais la démonstration dépasse largement les frontières yankees, car ces histoires de conquête administrent la preuve que le système japonais est effectivement « exportable ». Au moment où les tensions commerciales nippo-américaines et la construction du marché unique se conjuguent pour attirer le regard des Japonais vers l'Europe, au moment où des voix s'élèvent outre-Atlantique pour dénoncer la naïveté d'une politique économique trop libérale vis-à-vis de Tokyo, il est important d'analyser de très près l'expérience américaine. Car, dans beaucoup de secteurs, les méthodes japonaises peuvent y être observées comme en laboratoire. « À travers "l'étude de cas américaine", nous savons ce qui nous attend en Europe dans les années 90, estime Carl Hahn, président du directoire du groupe Volkswagen. Tous les objectifs, tous les critères, tous les dangers et les tendances nous sont connus[1]. »

Un Hiroshima économique ?

Si le Japon poursuit sans modération sa politique conquérante, s'il raffermit — comme il semble en

1. *La Tribune de l'Expansion*, lundi 15 janvier 1990.

avoir l'intention — son ascendant technologique et financier sur le reste de l'Asie, si aucun accident ne vient briser son essor de grande puissance économique et financière, le pays se place apparemment, à terme, sur une trajectoire de collision avec les États-Unis et l'Europe. Il est évident que la relation américano-nippone sur le mode protecteur-assisté n'a déjà plus grand sens. Le rapport de forces des quarante dernières années a bel et bien volé en éclats. Comment redéfinir aujourd'hui une forme d'alliance trans-Pacifique indispensable à l'harmonie planétaire ? Si Tokyo semble encore mal préparé à assumer un rôle de soliste dans le concert des nations, le Japon affiche de plus en plus clairement sa tentation de mener une politique extérieure autonome. Mais la structure éclatée du pouvoir politique japonais, la tradition d'une diplomatie inféodée aux stricts intérêts économiques, rendent difficile l'élaboration d'une géostratégie nippone.

La probabilité du choc Japon-États-Unis dépend des politiques japonaise, américaine, européenne... et du contexte économique global. Mais l'un des scénarios alternatifs n'est pas plus enviable. Alimenté par les soubresauts récents de la Bourse de Tokyo, il prédit l'explosion de la « bulle financière japonaise » et l'effondrement de son marché immobilier, paramètres fondamentaux de sa puissance. Ses conséquences n'en seraient pas plus roses pour l'Occident, car la planète entière, en manque de liquidités, en serait alors profondément ébranlée. Que ce soit par implosion ou par confrontation, selon beaucoup d'observateurs occidentaux, le Japon finira d'une manière ou d'une autre par payer cher son expansionnisme débridé : « C'est comme si une belle femme couverte de bijoux se promenait avec insouciance à Harlem. C'est de la provocation ! Il va lui arriver un pépin », estime un homme d'affaires new-yorkais... Nous serions bien inspirés de souhaiter tous que ce « pépin » ne prenne pas la forme d'un Hiroshima économique. Car il serait alors planétaire.

2

LA GEISHA DE COLUMBIA

Main basse sur Hollywood

Michael Schulhof est un peu blasé, ce matin de novembre 1988, en entrant au 711, 5e Avenue. Il traverse le hall de l'immeuble Coca-Cola sans prêter attention aux affiches de promotion des derniers films de la filiale du groupe, Columbia Pictures : *Casualties of War, Ghostbusters II*...

Michael Schulhof, dit « Mickey », est l'Américain le plus haut placé de Sony. Il vient déjeuner avec Victor Kaufman, le président de la Columbia. Une rencontre de routine. Depuis que la multinationale japonaise a décidé, au printemps 1988, qu'elle devait prendre pied dans l'industrie américaine du film, Schulhof passe Hollywood au peigne fin. Guidé par Michael Ovitz, de l'agence Creative Artists, l'homme de Sony a déjà fait un tour de piste complet. Columbia, Disney, MGM-United Artists, Paramount, MCA-Universal... Il a scruté les entrailles comptables des *major studios*, rencontré le gratin de Beverly Hills, pesé le pour et le contre de chaque acquisition. Physicien de formation, « Mickey » a dû apprendre à composer avec les caprices des magnats du cinéma : ses négociations poussées avec Kirk Kerkorian, le propriétaire de la Metro Goldwyn Mayer-United Artists, sont au point mort. Kerkorian cherche, depuis quinze ans, à vendre la

MGM le plus cher possible... tout en en cédant le moins possible. Sony n'a pas voulu entrer dans son jeu.

Michael Schulhof se montre donc prudent. Dans la salle à manger de Columbia Pictures, il évoque surtout, ce jour-là, le désir de Sony d'entamer une collaboration à long terme avec un grand *studio* d'Hollywood. Il souhaite, en l'occurrence, disposer d'un important catalogue de films pour mieux lancer son dernier gadget technologique : la caméra et les cassettes vidéo 8 mm, par opposition au standard VHS de 12,7 mm. Non seulement Victor Kaufman se montre plus qu'ouvert à ce type d'accord... mais il laisse aussi discrètement entendre à son interlocuteur que Coca-Cola regarderait une offre d'achat généreuse d'un œil favorable. Ce déjeuner, parti pour être anodin, redonne espoir à Schulhof : « J'ai senti qu'il y avait une base pour des discussions ultérieures », racontera-t-il plus tard. C'est le point de départ de l'extraordinaire aventure de Sony à Hollywood : un feuilleton à suspense qui aboutira, après un an, un mégaprocès et une demi-douzaine de milliards de dollars, à la plus grosse acquisition japonaise aux États-Unis. Record battu, un an plus tard, par le mariage Matsushita-MCA Universal.

À la suite de ce déjeuner de novembre, les contacts entre Sony et Columbia se poursuivent. Mais, les choses devenant plus sérieuses, Victor Kaufman cède la place au véritable homme de pouvoir de la galaxie Coca-Columbia : Herbert A. Allen.

Le banquier du Carlyle

« Sony était d'accord pour négocier dans notre style : Schulhof et moi, en tête-à-tête. Je ne le connaissais pas auparavant... c'est un type très agréable », confiera plus tard Allen. Herbert Allen, 49 ans, est issu d'une dynastie de banquiers d'affaires new-yorkais. C'est un financier de la vieille école : discret, puissant, mystérieux; une race en voie de disparition dans le Wall Street moderne. Allen accorde très rarement des interviews et jamais devant un magnétophone. Il vit, comme jadis André Mayer de Lazard Frères, dans un des appartements du prestigieux hôtel Carlyle, sur Madison Avenue. Il collectionne les impressionnistes américains et compte, parmi ses amis, le romancier Tom Wolfe. Certains épisodes du *Bûcher des vanités* sont même directement inspirés d'anecdotes racontées à l'auteur par son ami financier. Allen dirige d'une main ferme sa petite banque d'affaires, située au neuvième étage de l'immeuble Coca-Cola. Allen & Company — qui a des participations dans une centaine de firmes — est, selon les termes de son patron, « un spéculateur à long terme ». Considérée comme la meilleure banque d'affaires dans le secteur des médias, elle conseille le gratin de l'audiovisuel américain, de la XXth Century Fox de Rupert Murdoch à la chaîne de télé CBS.

L'influence de « Herb » n'est nulle part aussi manifeste que chez Columbia Pictures. À la fois actionnaire et banquier d'affaires de Columbia et de Coca-Cola, Allen siège aux conseils d'administration des deux firmes. C'est en 1973, appelé à la rescousse de la *major* déchue, qu'Herbert en est devenu, contre les conseils de son père, l'un des actionnaires principaux... Il contribue alors largement à la résurrection du *studio* et assume même, brièvement, la présidence du groupe. Mais le financier préfère exercer le pouvoir en coulisses. En 1982, après une tentative de raid avortée de Kirk Kerkorian sur Columbia, Allen joue un rôle important dans la vente du *studio* (pour 750 millions de dollars) à Coca-Cola. Allen &

Company gagne dans l'affaire une trentaine de millions de dollars, partiellement en actions Coca. Sous le règne de la multinationale de la boisson gazeuse, le banquier d'affaires pousse Columbia à l'acquisition des circuits de salles Embassy et Loews, et l'aide surtout à bâtir un département télévision extrêmement rentable, grâce à l'achat d'Embassy Television et de Merv Enterprises.

En 1987, quand Coca-Cola est définitivement dégoûté d'Hollywood par l'échec de la superproduction *Ishtar*, c'est encore « Herb » qui imagine et exécute une restructuration originale : Coca ne gardera que 49 % du groupe Columbia Pictures Entertainment, où sont rassemblés les studios Columbia et Tri-Star, ainsi que les départements télévisions et les circuits de salles. Allen, lui, conserve ses titres Coca-Cola et augmente — à plus de 3 % — sa participation dans Columbia. Souvent influent dans le choix des dirigeants du *studio*, il favorise la promotion de Victor Kaufman, de Tri-Star, à la tête de Columbia. « Il était dès lors évident que Coca-Cola n'attendait que la bonne occasion pour céder l'affaire. Columbia était gérée dans ce seul but », analyse Mike Adler, du cabinet d'avocats Mitchell, Silberberg & Knupp. Absolument pas, selon Allen : « Coca-Cola ne cherchait pas à vendre; au début, nous examinions simplement des possibilités de coopération. »

Quand Herbert Allen reçoit un journaliste dans son bureau lambrissé de la 5e Avenue, orné de lampes de cuivre et de fauteuils profonds, il manie la langue de bois avec un charme désarmant. Un regard intense, une attitude à la fois énergique et décontractée lui donnent ce charisme qui a su séduire plus d'un P-DG. Il a en tout cas plu à Michael Schulhof : « Herbert Allen a des manières très informelles, mais il est intelligent et a les idées extrêmement claires », estime l'homme de Sony. Silhouette athlétique, cardigan beige sur chemise et cravate bleues coordonnées, le financier poursuit sa propre version des négociations : « Il s'est avéré, au bout de quelques mois de discussions — je ne sais plus exactement quand, je ne prends jamais de note... —, que Sony voulait vraiment acheter Columbia. La société étant cotée en bourse, les administrateurs étaient alors en devoir d'examiner toute offre sérieuse. » Mais il ne s'agissait pas seulement d'argent : « Il était impératif, pour Coca-Cola, que l'acheteur s'engage à maintenir l'intégrité du groupe et à protéger le nom de Columbia : qu'il consacre des ressources importantes au développement de l'industrie du film. » La multinationale américaine de la boisson n'aurait pu décemment vendre la Columbia à un financier comme Kerkorian, ou prendre le risque d'un achat à coups de dettes, qui tourne mal. Hollywood, après tout, est aussi le temple du support publicitaire.

Le software, nouvelle frontière

Selon ces critères, le conseil d'administration de Columbia ne pouvait trouver de prétendant plus sérieux que Sony. Le nom du groupe est prestigieux, la parité yen-dollar multiplie ses moyens et, surtout, le groupe japonais a vraiment l'intention de rendre à Columbia sa splendeur passée. Sony avait déjà acheté la division disques de CBS. Son objectif était maintenant de s'approprier une partie de ce software cinématographique dont dépend le caractère attractif de son hardware, de la caméra 8 mm à l'équipement de télévision haute définition, du magnétoscope au vidéodisque laser. « Les gens de Sony ont été parmi les premiers à penser à la musique et au film en termes de software : à réaliser que ces œuvres étaient aux walkmans et aux postes de télévision ce que les programmes informatiques étaient aux ordinateurs », explique Richard O'Neill, président du Persona Consulting Group de Santa Monica.

« La diversification de Sony vers le software musical et cinématographique est surtout un mouvement défensif », résume Peter Dekom, un avocat de Hollywood spécialisé dans l'industrie du film. D'une part, le mouvement est justifié par l'impitoyable loi du profit. Sony s'efforce, depuis son premier magnétophone à bandes, de produire à un rythme accéléré des appareils nouveaux : toujours plus sophistiqués, plus petits, plus rapides et meilleur marché. « Mais les télévisions et autres magnétoscopes deviennent comme des matières premières, note Richard O'Neill. À l'époque du walkman, la concurrence mettait plus d'un an à rattraper son retard; pour le discman, il lui faut à peine quelques mois. » Avec l'entrée, dans la compétition, des Taiwanais et des Coréens, les marges des Japonais s'amenuisent. Par ailleurs, la multinationale japonaise a appris à ses dépens, au début des années 80, que le contenant, aussi performant soit-il, n'avait aucune chance de se vendre sans l'appât du contenu. Bien qu'il ait été de meilleure qualité et soit arrivé le premier sur le marché, son magnétoscope grand public Betamax a bel et bien perdu la guerre contre le standard VHS, sur lequel la concurrence avait fait alliance. Après quelques années de résistance, Sony a dû se reconvertir au VHS... et lécher ses plaies. Quelle leçon d'humilité!

Le président et cofondateur de Sony, Akio Morita, et son lieutenant, Norio Ohga, ont alors compris le formidable bras de levier que constituait la possession de software. Quelques années plus tard, Sony en tirait magnifiquement parti. En gagnant des chefs d'orchestre de la trempe de Seiji Ozawa et d'Herbert von Karajan au son laser, elle imposait à une industrie réticente la révolution lucrative du disque compact. « Cette expérience positive a compté au moins autant que l'échec du Betamax », juge rétrospectivement Michael Schulhof. « Acheter Columbia Pictures, explique-t-il, c'est redéfinir le sens du mot *entertainment*. Pour la plupart des gens, être dans cette industrie du divertissement signifie seulement créer des programmes. Pour Sony, c'est la capacité de fournir au consommateur l'ensemble hardware-software. Nous sommes les premiers à avoir parié plus de 5 milliards de dollars sur cette intuition. » Le jeu en vaut la chandelle : le marché mondial de l'électronique grand public devrait à lui seul représenter quelque 3 000 milliards de dollars dans les vingt prochaines années.

Sony ne restera d'ailleurs pas longtemps seul sur cette voie : son rival Matsushita (marques Panasonic, Technics, Quasar, Victor) annonce en novembre 1990 l'acquisition des studios MCA-Universal pour 6,6 milliards de dollars. Mais Sony, qui s'est toujours distingué par sa culture aventurière, a frayé la voie. « L'esprit Sony », explique Akio Morita dans sa biographie *Made in Japan*, c'est l'esprit d'innovation : « Nous avions décidé, dès le départ, que la compagnie serait un pionnier, pas un suiveur. » Sony est un bébé de l'après-guerre : rien à voir avec les vieux conglomérats comme Mitsubishi ou Matsushita, sclérosés par le poids de la tradition et la loi du consensus. Le capitaine Morita a donc décidé de mettre résolument le cap sur « la nouvelle frontière du soft » : l'avenir de Sony dépend désormais autant de Madonna et de Dustin Hoffman... que des prouesses technologiques de ses ingénieurs.

La profonde originalité de Sony reflète le caractère atypique de ses dirigeants. Avec ses manières extraverties et son franc-parler, Akio Morita est un Japonais tout à fait exotique : « Un peu le Donald Trump nippon », plaisante un avocat américain. C'est que l'entrepreneur, têtu, est toujours prêt à suivre ses intuitions contre le consensus. Dans les années 60, il refuse une offre inespérée de la firme américaine Bulova, parce qu'elle voulait mettre son nom sur les premiers radio-transistors Sony... Plus tard, il est tellement convaincu de l'attrait du walkman que, faisant fi des critiques de ses ingénieurs, il parie son fauteuil que Sony arrivera à en vendre au moins 100 000 unités. Morita, qui passe beaucoup de temps en déplacement, apprend à piloter les avions et les hélicoptères de la société... au cas où. Mais maintenant que le cofondateur joue davantage les ambassadeurs, l'avenir de Sony est aux mains de son directeur général, Norio Ohga.

Cet ancien chanteur d'opéra de 62 ans, au sourire rare et à l'exigence légendaire parmi les ingénieurs de la maison, est lui aussi un pilote passionné et un homme d'affaires insolite. Fils d'un riche négociant en bois, Ohga savait, dès 18 ans, qu'il voulait devenir chanteur professionnel. Affecté d'une pleurésie, il passe la Seconde Guerre mondiale à pratiquer le piano et le chant dans la maison de campagne familiale. Après-guerre, le jeune Ohga, étudiant en musique à Tokyo, utilise les premiers magnétophones à bandes japonais, fabriqués par la petite firme Tokyo Tsushin Kogyo, l'ancêtre de Sony. Performance technique extrêmement médiocre, se plaint Ohga dans une lettre adressée aux ingénieurs-fondateurs, Masaru Ibuka et Akio Morita. Au lieu de prendre la mouche, Morita recrute immédiatement l'étudiant comme consultant à temps partiel. Norio Ohga accomplira ensuite quatre années d'études et de tournées en Europe ; il chante *Tännhauser, Don Giovanni* et *Les Noces de Figaro*...

Pendant toute cette période, Akio Morita garde le contact : il demande à Ohga de lui décrire les progrès de l'électronique à l'étranger, lui envoie des échantillons de ses premières radios... et continue obstinément à lui verser une rémunération. En 1959, le jeune musicien accompagne Morita dans ses nombreux périples à la recherche de nouveaux agents pour les transistors Sony. Ce n'est qu'à bord du transatlantique qui les amène de Southampton à New York que Norio Ohga cède finalement aux offres d'emploi insistantes d'Akio Morita. En entrant chez Sony, Ohga est d'abord chargé de la division magnétophones. Il règne ensuite sur le centre de design, responsable du look compact, noir et lisse si caractéristique des produits Sony. À la fin des années 60, Ohga prend la direction du premier partenariat nippo-américain : l'alliance de Sony et de CBS Records. En dix ans, il en fera la première maison de disques nippone.

L'amitié entre Norio Ohga et Walter Yetnikoff, un des jeunes avocats de CBS Records travaillant sur le *joint-venture*, remonte à cette époque. Vingt ans plus tard, Yetnikoff est devenu le patron de CBS Records. Mandaté par le groupe CBS pour vendre sa division, il se tourne naturellement vers son ami japonais. Fin 1987, après treize mois de négociations mouvementées, Sony achète la division disques de CBS pour la somme phénoménale de 2 milliards de dollars. Le groupe japonais, qui contrôlait déjà 25 % du marché mondial du hardware audio, acquiert ainsi 25 % du marché planétaire du software musical. Et met du même coup la main sur l'excentrique Walter Yetnikoff.

Il faut dire que le groupe nippon était, dès l'origine, familier de l'Occident. Akio Morita avait insisté, à sa naissance, pour le baptiser d'un nom à consonance américaine : Sony, du latin *sonus* et de l'expression américaine *sonny boy* (fiston). En 1960, la moitié de la production de Sony est déjà destinée aux marchés étrangers. En dépit du scepticisme initial de ses associés, Morita fonde alors la Sony Corporation of America. Seize mois plus tard, Sony est le premier groupe japonais à introduire ses actions à la Bourse de New York. Morita a toujours été partisan de ce qu'il appelle la « localisation globale » : une intégration maximale de la firme à la culture des pays où elle exporte. Il parle souvent de Sony comme d'un « enfant mixte » nippo-américain. Pour donner l'exemple, il a lui-même, un temps, habité avec sa femme et ses trois enfants à New York. Morita envoyait ses fils dans des camps d'été dans le Maine... et intimait à ses collaborateurs l'ordre de fréquenter les Américains, au lieu de s'enfermer dans la petite communauté japonaise immigrée.

La tête américaine du groupe est « Mickey » Schulhof, 49 ans, originaire de Long Island. Schulhof fut, en 1989, le premier Occidental à être nommé au conseil d'administration d'un groupe japonais. Après avoir étudié la physique à l'Université de Brandeis et travaillé brièvement pour les Laboratoires nationaux de Brookhaven, Schulhof est entré chez Sony en 1974. Il est rapidement devenu un « protégé » d'Akio Morita. Les deux hommes partagent une origine familiale aisée, la passion pour la physique et le goût du pilotage. À la suite de la mort accidentelle d'un de ses frères, en 1979, Michael Schulhof choisit, par devoir, de quitter Sony pour aider l'entreprise de cartes de vœux de son père. Akio Morita, lui-même fils aîné d'un fabricant de saké qui comptait sur lui pour reprendre la brasserie, comprend très bien le dilemme du jeune Américain. Il insiste pour que Mickey continue à faire partie de son équipe, fait installer une ligne de téléphone dans la PME de cartes de vœux... et maintient le salaire de son poulain pendant les quatre années qu'il consacre à ses affaires de famille. Morita a ainsi su éveiller en lui une loyauté « à la japonaise », unique dans le monde des cadres américains. « Aucune entreprise américaine n'aurait été capable de cela », aime à répéter Schulhof.

Walter Yetnikoff, entré plus récemment dans « la famille Sony », représente lui aussi une figure importante de la stratégie américaine du groupe. Ce barbu de 56 ans, fils d'un peintre en bâtiment juif de Brooklyn, tranche sur la culture d'entreprise japonaise par un naturel extraverti, son goût de la provocation et un penchant non dissimulé pour la bouteille. Après l'achat de CBS Records, les nouveaux patrons japonais n'ont refusé à Yetnikoff aucun de ses caprices : ni un salaire mirifique, ni une Jaguar Vanden Plas de fonction, ni un jet Falcon semblable à celui de la compagnie rivale, Warner Records. Tokyo n'est pas non plus intervenu quand, deux mois après la coûteuse acquisition, la part de marché de CBS reculait face à celle de Warner. Morita n'a pas eu à le regretter : Walter n'a peut-être aucune oreille et chante faux, mais il n'en a pas moins su charmer Barbra Streisand, Cindy Lauper et Billy Joël... Il aime à se définir lui-même comme « le rabbin, le prêtre, le conseiller matrimonial, le banquier et le psychanalyste » de ses artistes. Si bien que CBS Records vaut bien davantage en 1989 que les 2 milliards de dollars payés deux ans plus tôt. Le département a dégagé, pour l'année fiscale 1990, un chiffre d'affaires de plus de 2 milliards de dollars, en progression de 33,8 %. Yetnikoff préfère attirer les vedettes à prix d'or, que de rechercher de nouveaux talents, murmure-t-on cependant dans l'industrie. Et l'excentrique Walter s'effacera de l'orbite Sony en septembre 1990, alors que sont publiées sur son compte des histoires peu flatteuses[1]. « Mickey » est peu après nommé directeur général du groupe disques, rebaptisé Sony Music Entertainment Inc.

Une cible tentante

En février 1989, Michael Schulhof et Walter Yetnikoff ont fait le tour d'Hollywood. Les catalogues de films disponibles n'étaient pas nombreux. Les pourparlers avec MGM-UA n'avaient pas débouché. Le patron de Paramount, Martin Davis, avait fait comprendre que son groupe n'était prêt qu'à des accords partiels... et MCA-Universal n'était pas à vendre. Columbia présentait de gros avantages, mais Michael Schulhof continuait néanmoins les conversations avec plusieurs partenaires.

« On explorait en permanence toutes les possibilités, explique-t-il. Dans ce genre d'affaires, on ne sait jamais jusqu'à la signature si les choses vont vraiment se concrétiser. » Bronzé, en costume bleu sombre, chemise blanche et cravate rouge, Schulhof est installé dans son bureau new-yorkais de la 57e Rue en ce 1er juin 1990. De sa fenêtre du 43e étage, la vue sur Central Park ensoleillé est somptueuse. Acheter Columbia Pictures, se souvient-il, c'était mettre la main sur le quatrième gisement de films de la planète : 2 770 titres, dont de grands classiques comme *Lawrence d'Arabie* ou, plus récemment, *Gandhi, Le Dernier Empereur, Kramer contre Kramer, Tootsie*... ainsi que sur un circuit de 850 salles. En outre, le département télévision de la

1. Cf. Frederic Dannen, *Hit Men*, Random House, 1990.

major était l'un des plus solides du secteur, avec des jeux extrêmement populaires (*La Roue de la fortune* et *Jeopardy*), et des feuilletons à succès comme *Who's the Boss, Designing Women, Married... with children*. 25 000 épisodes en stock... Le vrai risque de l'acquisition résidait en fait dans l'état de commotion du *studio*. Columbia, qui avait connu quatre équipes de direction successives depuis le début de la décennie, avait fini bon dernier au box-office américain de 1988. Pour le premier trimestre clos en mai 1989, ses bénéfices étaient en baisse de 53 % à 2 millions de dollars (sur un chiffre d'affaires de 351 millions). Dawn Steel, qui avait pris la tête du *studio* en 1987 — après le règne bref et controversé du producteur britannique David Puttnam — n'avait pas eu le temps de redresser la barre. Mais Michael Schulhof plaide tout de même pour aller de l'avant. « Ces faiblesses étaient passagères, explique-t-il : on met 18 mois à faire un film... mais 35 ans à constituer une filmothèque. » Aussi le conseil d'administration international de Sony, réuni à Cologne en juillet 1989, donne-t-il un feu vert de principe à Michael Schulhof pour négocier l'acquisition.

« Dans ce genre d'affaire, Sony agit exactement comme une firme américaine, constate le financier Steve Schwarzman du Blackstone Group, la banque d'affaires du groupe japonais. Elle repose sur un faible nombre de décideurs, bouge rapidement et parie sur les hommes. » Une règle d'or distingue cependant le titan nippon d'un prédateur américain : toutes ses acquisitions aux États-Unis doivent impérativement être amicales... et si possible bien acceptées. Michael Schulhof en est très conscient : « Il était prévu, dès le départ, de recruter l'équipe dirigeante avant de faire l'acquisition. » Il marque un temps : « Monteriez-vous dans un avion sans pilote expérimenté? » Parieur, oui. Mais pas casse-cou!

Fin juin 1989, Michael Schulhof et Herbert Allen s'étaient déjà vus une quinzaine de fois. Dans les bureaux de l'une ou de l'autre compagnie ; à déjeuner ou à dîner. Mais toujours discrètement, pour ne pas alimenter le moulin à rumeurs. « Quelquefois, on faisait de réels progrès. D'autres fois, non », se souvient Schulhof. À ce stade, les deux parties avaient en tout cas assez confiance l'une dans l'autre pour passer à des négociations plus sérieuses. C'est alors que Sony gèle les négociations, pour laisser Schulhof et Yetnikoff aller à la « pêche aux managers ». Le tenant du titre, Victor Kaufman, n'avait pas laissé planer d'ambiguïtés sur sa volonté de s'effacer. Pourquoi se serait-il fait prier ? Grâce à sa participation au capital de Columbia, la vente lui rapportait personnellement 22 millions de dollars. « Il est dommage que l'équipe en place ne soit pas restée ; cela aurait épargné à Sony beaucoup de dépenses », notera plus tard Herbert Allen avec ironie. Les dirigeants de Sony savent déjà, à ce stade, que la quête n'est pas aisée : les talents susceptibles de manier un poids lourd de l'industrie du film, de veiller à sa santé financière tout en stimulant sa créativité, se comptent sur les doigts d'une main. Schulhof et Yetnikoff sont cependant loin de se douter des péripéties qui les attendent.

L'agent le plus secret de Hollywood

L'agent Michael Ovitz, guide de Sony dans la société si fermée de Hollywood, s'était distingué au fil des négociations par sa discrétion, son efficacité et sa compétence. C'est donc à lui que Schulhof et Yetnikoff proposent d'abord la direction de Columbia Pictures. Ce petit homme de 44 ans, au visage juvénile, est un ancien de l'agence William Morris, parti en 1975 pour fonder Creative Artists Agency (CAA). Si son nom est totalement inconnu du grand public, le « super-agent » occupe dans l'Olympe hollywoodien le rang d'un demi-dieu. Misant davantage, au départ, sur les scripts que sur les stars, Michael Ovitz a profité de l'essoufflement du pouvoir créatif des *majors* pour s'imposer comme un initiateur actif de projets. Il a ensuite su attirer les talents en prélevant des commissions très faibles et réussi à leur obtenir des contrats juteux. Ovitz a notamment été l'un des premiers à étendre au cinéma la technique des *packages*, courante pour le développement des séries télévisées : au lieu de se contenter de placer, sur chaque projet, un auteur, un acteur ou un directeur, l'agence fournit l'ensemble des talents... et prend un pourcentage sur les recettes. Elle est alors en position de force par rapport à la maison de production.

Aujourd'hui, Creative Artists — dont Michael Ovitz possède plus de 50 % — réalise un chiffre d'affaires de quelque 70 millions de dollars. La liste de ses clients se lit comme le *Who's Who* du showbiz : Silvester Stallone, Robert Redford, Paul Newman, Dustin Hoffman, Jane Fonda y côtoient Oliver Stone, Martin Scorcese et Barry Levinson, ainsi que la crème des auteurs de scénarios et les « monstres sacrés » de la chanson comme Madonna, Michael Jackson et Prince. Le siège de CAA, un cylindre écrasé de béton et de verre, au coin des boulevards Wilshire et Santa Monica, a été dessiné par le célèbre architecte E.M. Peï. Depuis son bureau en demi-lune, Michael Ovitz règne sur Hollywood : il fait et défait les films, orchestre les carrières et jongle avec des projets de budgets de 70 millions de dollars. Quand il était à la tête de Columbia, David Puttnam a voulu résister à Ovitz. CAA a immédiatement déclaré un embargo qui a torpillé *Ghostbus-*

ters II. « Il est possible de faire du business à Hollywood sans avoir affaire à Michael Ovitz. Mais c'est difficile », note le *New York Times Magazine*, dans une enquête consacrée à « l'agent le plus secret de Hollywood[1] ». Le pouvoir de Michael Ovitz n'a d'égal que sa discrétion maladive. Il refuse systématiquement les demandes d'interviews et possède les négatifs de toutes les photos prises de lui.

Le « super-agent » est tellement discret — ou tellement craint — que personne n'a jamais révélé la teneur exacte de ses négociations avec Michael Schulhof. Selon le scénario le plus plausible, Sony offrait à Ovitz la direction de la Columbia et lui proposait de racheter très généreusement CAA... qui aurait ensuite été revendue à prix raisonnable à ses 70 cadres. Ovitz aurait, dans la transaction, touché quelque 200 millions de dollars. Il semble cependant que cela n'ait pas suffi à le tenter. « Pourquoi Ovitz aurait-il accepté ? Il aurait eu moins d'autonomie et moins de pouvoir à la tête de la Columbia qu'il n'en a maintenant... », estime l'avocat Mike Adler. Car, à écouter la légende de Hollywood, Ovitz dirige déjà tous les studios ! On retrouve d'ailleurs Ovitz et Allen, à l'automne 1990, comme conseillers de Matsushita pour l'achat de MCA-Universal.

Schulhof et Yetnikoff ont contacté beaucoup d'autres poids lourds de Hollywood. Mais aucune de ces conversations n'a abouti. Les producteurs de talent préfèrent souvent créer leur propre structure et passer des accords de distribution avec une *major*, plutôt que d'accepter la lourde tâche de gérer un *studio*. Il était par ailleurs entendu que le futur manager de Columbia devrait avoir l'assentiment de l'autre homme du software Sony : Walter Yetnikoff. Or Yetnikoff n'est pas un personnage qui laisse indifférent. Si ses manières directes, son humour au

1. L.J. Davis, 9 juillet 1989.

vitriol et ses poses de comédien ont su conquérir certaines étoiles du show-biz, ses effroyables sautes d'humeur, son habitude de n'apparaître au bureau qu'en fin de matinée, sa propension à bâiller au conseil d'administration et à dormir aux assemblées d'actionnaires lui valent plus d'une solide inimitié. Walter a l'habitude de gratifier ceux qui ne lui reviennent pas de bordées d'injures et de les faire expulser — *manu militari* — de l'immeuble de CBS. Ce fut notamment le cas du chanteur Paul Simon... Mais le plus célèbre de ses ennemis est sans doute son ancien patron, Larry Tisch, président du groupe CBS. Au moment où il cherchait à libérer son département disques de la tutelle de la maison mère, Yetnikoff avait pris l'habitude de qualifier Tisch de « nain diabolique ». Pour essentiel qu'il soit dans la quête du futur dirigeant de Columbia Pictures, le patron de CBS Records doit pourtant interrompre brusquement toute activité en août 1989 : la vodka a eu raison de son foie. Sur ordre médical, il part aussitôt pour l'austère clinique Hazelden, dans le Minnesota, fréquentée à l'occasion par certains de « ses » artistes. Le calendrier ne pouvait être pire. Mais, plaisantera plus tard le patron de CBS, « à quoi bon conquérir la planète si c'est pour perdre son âme[1]... ? ».

Les pères de la « Batmania »

Ayant retrouvé son foie et sa forme, Walter Yetnikoff passe un coup de fil, mi-septembre, à son ami Peter Guber. Peter Guber et Jon Peters sont alors les producteurs les plus en vue de Hollywood. Leur maison, Guber-Peters Entertainment, qui travaille

1. Peter Boyer, « Hollywood Banzai », *Vanity Fair*, février 1990.

sous contrat pour Warner Brothers, compte à son actif des triomphes comme *Rain Man, The Color Purple, Flashdance, Les Sorcières d'Eastwick, Gorilles dans la brume, Missing*... Une liste couronnée, en 1989, par la gloire tapageuse de *Batman*. Yetnikoff sait que son appel sera entendu : « Guber, Peters et moi avions longtemps partagé l'espoir de travailler ensemble », affirmera-t-il plus tard. Il sait aussi que le moment est propice. Ni Guber ni Peters ne cachaient leur brûlante envie de régner sur une *major*. « Je veux bâtir un nouveau MCA », déclarait Jon Peters au *Los Angeles Times* en 1987. Les deux producteurs avaient d'ailleurs déjà fait plusieurs tentatives : en 1987, ils avaient refusé une ouverture de Columbia, qui ne leur offrait pas assez de pouvoir. En 1988, ils avaient monté avec le financier Burt Sugarman une opération qui leur aurait donné 25 % de Metro Goldwyn Mayer-United Artists. Mais, comme souvent avec Kirk Kerkorian, l'affaire était tombée à l'eau.

Peter Guber, comme en témoigne sa carrière fulgurante, n'est pas homme à négliger les opportunités. Sa trajectoire météorique commence par des études universitaires irréprochables : boursier de la prestigieuse Law School de New York University, le jeune Guber travaille le droit le jour... et fréquente les cours du soir de l'école de commerce. Reçu avocat à plusieurs barreaux américains, il poursuit son Master in Business Administration à New York University. En 1968, Peter atterrit un peu par hasard en stage chez Columbia Pictures. « Je pensais qu'il était plus facile de supporter le manque d'argent et l'hiver en Californie... », confiera-t-il quelques années plus tard[1].

Mais Peter Guber n'aura ni faim ni froid : il fait, au contraire, rapidement son chemin dans un *studio* en

1. Wayne Warga, *Los Angeles Times*, 1er juillet 1971.

pleine crise. « À peine étais-je arrivé... que tout le monde commençait à partir. » Devenu l'un des seuls éléments stables de Columbia, il se hisse en trois ans à la tête de la production internationale. À 28 ans, il a l'enthousiasme d'un jeune premier et apprend le métier avec zèle. « Les barracudas risquent de mourir de faim s'ils comptent avaler Guber », proclame un portrait de l'époque, publié par le *Los Angeles Times*[1]. Comprenant qu'à Hollywood, l'information vaut de l'or, le jeune producteur a installé, sur un mur entier de son bureau, un « Tableau de bord des metteurs en scène » qui détaille les performances et les projets de chacun. Il supervise des succès comme *Taxi Driver, Tommy, Shampoo*... et commence à enseigner à UCLA (Université de Californie-Los Angeles). « On venait, l'après-midi, dans la salle de conseil d'administration de Columbia... Peter nous faisait son numéro. On était fascinés », se souvient Jean-Yves Pitoun, un de ses anciens élèves devenu scénariste.

Mais « l'enfant prodige » de Hollywood a vite des fourmis dans les jambes : en 1976, avec 25 000 dollars sur son compte en banque, Peter Guber quitte Columbia pour s'associer avec le producteur de disques Neil Bogart à la tête de Casablanca Records and Film Works, devenu ensuite Polygram Pictures. Pour ses deux premiers bébés de producteur indépendant, Peter se démène comme un beau diable. En lisant les journaux, il est séduit par l'histoire d'un jeune Américain qui croupit dans les geôles turques. Il achète les droits et met le jeune homme en contact avec un agent littéraire. En même temps, il commande le script à Oliver Stone : ce sera *Midnight Express*. À la même époque, Guber convainc Columbia d'acheter les droits d'adaptation du futur roman de Peter Benchley, *The Deep* (*Le Grand Bleu*). Il invite

1. Wayne Warga, *article cité.*

les journalistes aux Bermudes et leur offre des leçons de plongée pour qu'ils puissent suivre le tournage de plus près. Le livre est un best-seller et le film bat à l'époque tous les records de recettes de la Columbia.

En 1976, juste avant que Guber parte voler de ses propres ailes, un jeune garçon plein d'enthousiasme entre dans son bureau et lui propose de produire *Les Yeux de Laura Mars*. C'est Jon Peters, le petit ami de Barbra Streisand, devenu producteur de ses films. Les deux hommes se lient d'amitié. Sans éducation, d'une nature agressive, ne reculant pas devant quelques bons coups de poing, Peters est on ne peut plus différent de Guber. Il est fils d'un Indien Cherokee, mort d'une crise cardiaque quand Jon avait 8 ans, et d'une Italienne, remariée avec un alcoolique qui le bat. Expulsé de l'école à 12 ans, Jon est envoyé en maison de correction. En sortant, il devient réceptionniste dans le salon de coiffure de ses deux oncles à Los Angeles. À 14 ans et demi, il épouse une adolescente de son âge et part exercer ses talents à New York. En rentrant, il ouvre deux salons dans la vallée de San Fernando, puis reprend celui de ses oncles sur le très chic Rodeo Drive de Los Angeles. Jon Peters devient la coqueluche des stars... et place ses économies sur leurs tuyaux boursiers. À 21 ans, il est millionnaire. Six ans et un deuxième mariage plus tard, Jon Peters séduit une de ses clientes, Barbra Streisand. Il se lance alors avec elle à Hollywood, où il produit *Une étoile est née*, puis *Les Yeux de Laura Mars* et *The Main Event*. C'est à cette époque qu'il rencontre Walter Yetnikoff, le producteur de disques de Barbra.

En 1980, à la mort de Neil Bogart, Jon convainc Peter de s'associer avec lui. Pourquoi Guber accepte-t-il ? « J'ai réalisé que j'avais besoin de quelqu'un pour faire rebondir mes idées », a-t-il un jour expliqué[1]. « Guber-Peters : une lune de miel sans fin? » s'interrogeait déjà le *Los Angeles Times* en juin 1981. Neuf ans plus tard, les clefs de ce mariage professionnel — et surtout le secret de sa longévité — restent l'un des mystères les plus insondables de Hollywood. « Ils ne peuvent pas se séparer : trop de cadavres dans les placards... Il faut être deux pour tenir la porte! » lâche un producteur qui tient le tandem en peu d'estime. « Peter déteste les affrontements, il a besoin de Jon pour aller à la bagarre », suppute une relation de Guber. Le bon gars et le mauvais gars? Le cerveau et l'inspiration? L'initiateur et le finisseur? Quelle que soit la véritable alchimie de la relation Guber-Peters, elle fonctionne en tout cas avec une efficacité redoutable.

Le couple infernal n'a pas, bien sûr, produit que des succès. Mais Hollywood a la mémoire courte. Et le souvenir des bides est bien vite étouffé sous le poids des centaines de millions de dollars gagnés avec les triomphes. Omniprésents, rapides et farouchement déterminés, Guber et Peters sont les rois du « coup ». Pour tourner *Gorilles dans la brume*, ils ont arraché un accord d'exclusivité à tous les humains — et sans doute tous les gorilles! — qui avaient de près ou de loin approché la biologiste Diane Fossey. Pour s'assurer les droits sur l'histoire du Brésilien Chico Mendes, Guber et Peters ont séduit la veuve du syndicaliste qui a payé de sa vie la défense de la forêt amazonienne... coiffant ainsi au poteau de grosses pointures comme Robert Redford et Ted Turner.

Personne ne conteste, à Hollywood, que les deux producteurs sont au moins aussi doués pour « se faire mousser » que pour produire de bons films : ils ont été extrêmement habiles à s'emparer du succès

1. Diane Shah, « The Producers », *New York Times Magazine*, 22 octobre 1989.

de projets dont ils avaient flairé les potentialités mais qui ont été entièrement réalisés par d'autres. C'est le cas de *Flashdance, The Color Purple* ou *Rain Man*, pour lesquels le tandem n'a joué que le rôle assez distant de producteur délégué. Des producteurs et réalisateurs frustrés de leur gloire aux auteurs dessaisis de leurs manuscrits, en passant par les envieux de tous ordres et les ego froissés par les insultes de Jon, le duo Guber-Peters compte à présent d'innombrables ennemis. Peu d'entre eux sont cependant prêts à exposer publiquement leurs griefs : le couple est devenu trop puissant. Dans ce milieu, constate un producteur, la notoriété est synonyme de capacité de nuire.

Avec le triomphe du film *Batman* et la mode qui s'en est suivie — la « Batmania » —, la petite firme Guber Peters est en effet devenue presque aussi influente qu'une *major*. Parfois comparés à Samuel Goldwyn et Louis Mayer, Peter Guber et Jon Peters (respectivement 50 et 42 ans) font la une des magazines et défraient la chronique mondaine. Ils vivent en nababs dans leurs palaces-piscine-tennis sur les collines de Beverly Hills, fréquentent toutes les vedettes de l'écran, sautent de jets en hélicos et de yachts en Jaguars. Quand ils estiment qu'ils n'ont plus rien à se mettre, ils prennent rendez-vous dans les magasins chics du Rodeo Drive, quinze minutes après la fermeture, et font une razzia à coups de milliers de dollars... À Hollywood, les deux producteurs-vedettes incarnent la réussite. Ce qui n'a pas de prix. Warner Brothers renouvelle en 1989 un contrat exclusif de production de 5 ans avec Guber-Peters Entertainment : c'est l'un des plus généreux de l'industrie, à la fois en termes d'argent et de liberté de création.

Rien ne peut néanmoins distraire Guber et Peters de leur quête de gloire. Répondant immédiatement à l'appel de Walter Yetnikoff, Guber dîne avec lui à New York, le samedi 16 septembre 1989. Le lendemain, Schulhof revient de sa résidence d'East Hampton pour faire sa connaissance. Quand il entre, un peu après midi, dans la suite de Guber à l'hôtel Regency, Schulhof tombe sur un type en jeans, chemise de flanelle, chaussettes blanches et mocassins, assis en tailleur sur un divan. Peter s'habille toujours de manière décontractée. Schulhof ne se laisse surprendre ni par les airs de yogi, ni par le catogan du candidat à la direction de la future filiale de Sony. Yetnikoff les rejoint et les trois hommes parlent pendant la moitié de la nuit. Peter Guber, qui a été radio-amateur comme Michael Schulhof, porte un intérêt réel à la technologie audiovisuelle. Il racontait déjà à ses camarades de classe, en 1966, comment il avait découvert la vidéo, lors d'un voyage d'études au Japon. « J'entre dans une pièce où il y a une boîte. Un type installe un écran, branche un câble à la boîte et, tout à coup, fait apparaître *West Side Story* ! Je ne pouvais pas y croire. Je me suis même levé, en agitant les bras en l'air, pour tenter de découvrir le projecteur caché[1]. » Peter Guber a la même capacité d'émerveillement communicative devant le vidéodisque ou la télévision haute définition. Ce n'est pas pour déplaire à Michael Schulhof, qui fait venir sur-le-champ au Regency les banquiers du Blackstone Group et les avocats de Skadden Arps. « Je lui ai trouvé assez de profondeur en tant qu'individu... De fortes potentialités », se souvient Schulhof. Les hommes se séparent dans l'euphorie.

1. Diane Shah, *art. cité.*

Dès le lendemain, chacun enclenche la quatrième vitesse. Car Herbert Allen et Coca-Cola s'impatientent. « Le temps pressait, explique Steve Schwarzman. Non que Columbia ait alors douté de notre détermination à acheter. De toute manière, dans cette gamme de prix, il n'y avait pas grande concurrence. Mais ils avaient dû repousser des décisions. Il est très difficile de gérer une compagnie à vendre. » Coca-Cola était plus que jamais vendeur : les dernières productions de Columbia, *Ghostbusters II* et *Casualties of War*, n'avaient pas obtenu les résultats escomptés au box-office... et le *studio* n'avait touché qu'une maigre commission de distribution sur son seul succès — *When Harry met Sally* — produit par Castle Rock Entertainment. Quant aux managers de Sony, ils voyaient avec inquiétude la montée du dollar renchérir leur cible. « Dans toute acquisition, il y a une dynamique particulière, explique Schulhof. À ce stade, soit les négociations allaient se faire très vite, soit elles allaient s'effondrer. »

Guber retourne donc illico à Los Angeles consulter Peters et ses avocats, puis revient à New York, le mardi 19 septembre, pour mettre au point les détails avec l'équipe Sony. « On a négocié non-stop, se souvient Schulhof. Personne n'a dormi. » Après trois nuits blanches, les deux parties, épuisées, accouchent du contrat le plus faramineux de l'histoire de Hollywood. Sony rachète Guber-Peters Entertainment pour 200 millions de dollars (40 % de plus que sa valeur de marché, selon les analystes). Sur cette somme, 55 millions reviennent directement aux producteurs. Guber et Peters reçoivent par ailleurs chacun un salaire annuel de 2,75 millions de dollars (inflation et notes de frais non comprises), plus un « bonus » de 50 millions de dollars à répartir entre eux et leur équipe. Enfin, ils toucheront 8 % de l'appréciation de la valeur du *studio* pendant leur règne.

Il ne restait plus à Peter Guber qu'à obtenir l'aval de Tokyo. Pendant toute la durée des négociations, Akio Morita était, bien sûr, tenu informé. « J'ai un contact quotidien, soit avec Morita, soit avec Ohga, explique Michael Schulhof. Parfois, on parle avions, quelquefois musique... D'autres fois, on parle business. En quinze ans de Sony, je n'ai jamais reçu une directive écrite de Tokyo, poursuit-il. Toutes les décisions sont prises au cours de discussions informelles : d'homme à homme. » Peter Guber rencontre Akio Morita quelques heures, le jeudi 21, au domaine de Pebble Beach, en Californie, où le président de Sony participe à une conférence sur les relations États-Unis-Japon. Dans la foulée, il s'envole vers Tokyo, où il passe son dimanche avec Norio Ohga. Les patrons japonais sont sous le charme : Guber a l'étoffe d'un « Sony man ». L'affaire peut être bouclée. Ce même dimanche, à New York, Michael Schulhof appelle donc Herbert Allen : Sony fera une offre le lendemain. Le lundi 25 après-midi, le conseil de Sony, réuni à Tokyo, approuve le prix de 27 dollars l'action. L'offre valorise le *studio* à 3,4 milliards de dollars... plus les 1,3 milliard de dollars de dettes que Sony doit aussi assumer. Du jamais vu.

Le même soir, à New York, les administrateurs de Columbia examinent l'offre... et promettent de se prononcer dans un délai de deux jours. En sortant du conseil, le 27 septembre à 8 h 30 du matin, Herbert Allen appelle Michael Schulhof : la vente est approuvée. Sony est propriétaire de Columbia. Allen est satisfait : le *deal* permet à Coca-Cola une sortie plus qu'honorable de Hollywood... et rapporte à sa banque quelque 88 millions de dollars. Un instant plus tard, Schulhof reçoit un coup de fil d'Akio

Morita, qui est dans son jet entre New York et Washington. « Bien, approuve laconiquement le président nippon. Rappelez-moi à la signature. » Michael Schulhof paraphe les documents légaux le matin même et ratifie, dans l'après-midi, le contrat de management de Peter Guber et Jon Peters.

Le Japon, ennemi public n° 1

Dans le contexte de relations commerciales nippo-américaines tendues, l'annonce de cette transaction fait sensation. Les animateurs de *talk-show* font de mauvaises blagues sur un second Pearl Harbor... Des Congressmen réclament à grands cris des barrières anti-investissements étrangers... « Le Japon envahit Hollywood », titre l'hebdomadaire *Newsweek*, à la une duquel la femme au flambeau, emblème de Columbia Pictures, est remplacée par une geisha au visage impénétrable. « Cette fois, les Japonais ne se sont pas simplement payé un nouveau building ; ils ont acheté un morceau de l'âme américaine », constate le magazine. Il dévoile dans le même temps un sondage à faire frémir les investisseurs nippons : 43 % des Américains pensent que cet achat est « une mauvaise chose », contre 19 % « une bonne chose ».

Cette réaction épidermique de l'opinion publique américaine trouve un écho de l'autre côté du Pacifique. La transaction aurait dû être moins voyante et le moment mieux choisi, entend-on dans les milieux d'affaires nippons. « Les Japonais ont tendance à se vanter de l'acquisition de sociétés ou d'actifs étrangers... Ce n'est pas bon », constate le patron des patrons du Keidanren[1], Eishiro Saito, dans une interview au quotidien *Asahi Shimbun*. « Ce n'est pas une surprise ; je m'attendais à cette réaction,

1. Keidanren : l'équivalent nippon du CNPF.

déclare Akio Morita, le 3 octobre, à Tokyo. Nous sommes à une époque où les investissements japonais sont très critiqués, et je connais les affinités particulières des Américains avec l'industrie cinématographique. » Le patron de Sony a pourtant lui-même ajouté à la tourmente. Il a cosigné avec le politicien ultra-conservateur Shintaro Ishiara un best-seller à usage intra-japonais intitulé *Le Japon qui peut dire non*. Morita y développe, avec son franc-parler habituel, les causes du déclin de la compétitivité américaine et Ishiara s'y fait, avec des accents provocateurs, l'avocat d'une politique économique nippone beaucoup plus indépendante de Washington. Le Japon pourrait très bien vendre ses composants électroniques les plus avancés à l'Union soviétique plutôt qu'aux États-Unis, rappelle Ishiara. Une traduction-pirate de cet ouvrage, effectuée par les services du Pentagone, commence alors à circuler dans les milieux politiques et industriels américains. Très embarrassant pour Morita... La seule manière de convaincre l'Amérique que l'achat de Columbia ne menace en rien l'intérêt national américain, explique ce jour-là le président de Sony, est de gérer la compagnie « comme une firme américaine à part entière ».

Akio Morita n'est cependant pas au bout de ses mauvaises surprises. Sous le coup de l'euphorie, Peter Guber et Jon Peters ont « oublié » de régler un petit détail : ils sont encore juridiquement sous contrat avec Warner Brothers. « Nous avons toujours su que cela constituait une difficulté potentielle, explique Steve Schwarzman, de Blackstone. Nous étions couverts, dans notre accord avec eux, par une clause de conditionnalité... Mais Guber et Peters nous assuraient en permanence que leur contrat avec Warner ne posait aucun problème. » Il s'agit plutôt, de la part des producteurs, d'une erreur d'appréciation que d'un défaut de mémoire. Bon prince, le P-DG du groupe Warner, Steve Ross, n'avait, en effet, par le passé, fait aucune difficulté quand Peter et Jon avaient demandé à être libérés pour briguer la direction de *studios* concurrents.

À peine rentré de Tokyo le lundi 25 septembre, un Peter Guber ravi se rend au *studio* de Burbank annoncer la bonne nouvelle à ses amis de Warner. Il a même apporté le modèle du formulaire de rupture signé par Warner, un an plus tôt, lors de la tentative d'achat partiel de MGM-UA. Mais Peter découvre alors avec surprise que, cette fois-ci, les choses ne sont pas si simples. Consulté cet après-midi-là au téléphone, Steve Ross explose. Comment ? Guber et Peters ont négocié derrière son dos un accord avec Sony-Columbia ? Warner vient de leur renouveler un contrat mirobolant, a traité les deux producteurs comme des fils, a obtempéré à leur moindre caprice, a investi des millions sur leurs projets... et ils n'ont même pas la politesse de prévenir avant de signer ailleurs ! Ross, un ancien vendeur de jeans du « Sentier » new-yorkais, reconverti dans l'affaire de pompes funèbres de son beau-père, s'est sur le tard passionné pour l'industrie du divertissement. Et, à la force du poignet, il a transformé en empire médiatique la Warner Bros, achetée en faillite pour une bouchée de pain à la fin des années 60. Bref, Ross n'est pas homme à supporter d'être mis ainsi devant le fait accompli. D'autant que cette défection tombe au plus mal : juste au moment où le groupe Warner vient de négocier sa fusion de titans avec Time Inc.

Le lendemain, Steve Ross refuse de voir Peter Guber, pourtant venu exprès à New York. L'habile businessman entrevoit sans doute déjà les bénéfices qu'il pourra tirer de l'imprudence de ses deux producteurs vedettes... Ross et sa femme Courtney participent, ce mardi soir à Washington, à un dîner de gala organisé par l'American Film Institute. Pure coïncidence, ils sont placés à la table du président George Bush, non loin de Michael Schulhof et de son épouse. La conversation roule sur le management à la japonaise : les firmes américaines, lance un convive, feraient bien d'avoir une vision à long terme, comme le prêche Akio Morita. Peut-être, rétorque alors Ross, mais aux États-Unis, au moins, on respecte « le caractère sacré » d'un contrat. Sur le moment, Schulhof juge ces propos anodins. À tort.

La revanche de Pearl Harbor

Le vendredi 13 octobre au soir, Warner dépose en effet une plainte formelle de 17 pages auprès de la Cour supérieure de Justice de Los Angeles. Steve Ross réclame 1 milliard de dollars de dommages et intérêts à Sony, pour avoir « illégalement » tenté de lui « voler » les producteurs Peter Guber et Jon Peters à coups d'« incitations financières sans précédent ». Le partenariat, « parmi les plus profitables et les plus reconnus de l'industrie », a déjà rapporté à Warner quelque 500 millions de dollars, souligne la plainte. Walter Yetnikoff est nommément accusé d'avoir attiré les producteurs, « afin de réaliser son ambition personnelle de gérer un studio de cinéma ». Malgré la répulsion avérée d'Akio Morita pour la dictature des *lawyers* américains, Sony est bien obligé de répliquer. La multinationale japonaise ainsi que Guber et Peters déposent le même jour, devant le même tribunal, une contre-plainte. Sony, réclamant 100 millions de dollars de dommages et intérêts, accuse Warner de saboter l'achat de Columbia en ignorant un « accord oral », selon lequel Guber et Peters sont « libres, si l'occasion s'en présente, d'accepter des positions de haut niveau » chez une autre *major*.

Les deux firmes avaient bien essayé de régler les choses à l'amiable la semaine précédente. Mais une réunion à très haut niveau, le lundi 2 octobre, dans les locaux du cabinet d'avocats Skadden Arps sur la 3e Avenue, n'avait abouti qu'à un échange de « *fuck you!* » (va te faire foutre!) entre Walter Yetnikoff et les hommes de Warner. Le 10 octobre, Sony aggrave son cas : le groupe décide, contre l'avis de ses conseillers juridiques, de procéder à la transaction avec Guber et Peters en dépit des démêlés avec Warner. « On avait le choix, se souvient Schulhof : on pouvait soit leur dire de régler leurs affaires avec Warner et de revenir ensuite, soit les appuyer et négocier ensemble face à Warner. » Pourquoi avoir opté pour la deuxième voie? « On les avait choisis comme partenaires pour 5 à 10 ans... On n'allait pas commencer par les laisser tomber. » Tradition japonaise de la parole donnée? L'appui inconditionnel de Yetnikoff aux producteurs, ainsi que la difficulté de trouver d'autres bons candidats, ont également pesé. Et puis Schulhof avait l'impression que Warner jouerait de toute façon les gros bras. Dès lors, Steve Ross se sent en tout cas pleinement en droit d'attaquer formellement Sony pour incitation à rupture de contrat.

D'autant que l'imprévisible patron de CBS Records choisit précisément ce moment pour jeter de l'huile sur le feu : Yetnikoff refuse de laisser la femme de Steve, le producteur Courtney Ross, utiliser des clips de « sa » vedette, Michael Jackson, pour un projet de documentaire sur Quincy Jones... Dans les déclarations sous serment, Yetnikoff accusera Ross de « préjugés antijaponais », tandis que ce dernier dénoncera les « tactiques à la McCarthy » de Walter. En dépit des insultes et des coups bas, le contentieux se réglera finalement en douceur. En allant en justice, Steve Ross et ses hommes n'espéraient pas vraiment retenir Guber et Peters : ils cherchaient vraisemblablement à faire monter les enchères avant les tractations. Pourquoi se priver d'exploiter la vulnérabilité de leur adversaire, déjà critiqué au Congrès avec des accents xénophobes ? Akio Morita, qui professe dans *Made in Japan* la loyauté mutuelle des employés et de leur entreprise et qui dénonce à tout bout de champ la versatilité des managers américains, n'a qu'une hâte : se sortir au plus vite du guêpier.

Des conversations téléphoniques entre Ross, Ohga et Morita calment le jeu. L'accord à l'amiable, signé avec cérémonie par Morita et Ross le 16 novembre, satisfait presque intégralement à la liste des demandes initiales de la Warner Brothers. Pour commencer, Warner garde l'intégralité des droits sur la cinquantaine de films en développement de Guber-Peters, parmi lesquels une suite de *Batman* et l'adaptation par Brian De Palma du *Bûcher des vanités* de Tom Wolfe. Warner Brothers récupère également les 35 % détenus par Columbia dans le *studio* de Burbank... en échange du « lot » historique de la MGM à Culver City (dont Warner avait hérité en achetant, quelques années auparavant, la firme de télévision Lorimar). Columbia offre par ailleurs à Warner un intérêt de 50 % dans Columbia House, le club de distribution audio et vidéo de CBS Records, le premier au monde avec 450 millions de dollars de chiffre d'affaires. Enfin, Warner obtient les droits pour la distribution par câble des films Columbia et Tri-Star. Les hommes de Steve Ross sont sur un nuage. « Il nous aurait fallu un nouveau *Batman* pour gagner autant d'argent en si peu de temps », confie alors en privé un cadre du département juridique. D'après les analystes de Hollywood, le règlement du différend vaudrait en effet pour Warner quelque 500 millions de dollars. Dans les restaurants à la mode de Beverly Hills, les mauvaises langues parlent alors de l'accord comme de « la revanche de Pearl Harbor ».

« Balivernes : ces chiffres n'ont aucun fondement », rétorque Michael Schulhof. « Warner a gagné la guerre des relations publiques... et Sony l'a laissée faire », renchérit le financier Steve Schwarzman, de Blackstone. Ces arrangements, souligne-t-il, sont également bénéfiques à Sony. Primo, « échanger les studios était une idée du groupe japonais... S'il est vrai que le lot est plus petit, certaines installations audio y sont de meilleure qualité ». Secundo, poursuit Schwarzman, Sony-CBS Records essayait en vain depuis un an et demi de faire de Warner, dont l'accord de licence allait expirer, un véritable partenaire dans Columbia House. « Il fallait empêcher Warner de lancer son propre club, ou de s'associer avec un concurrent comme Bertelsmann. La combinaison des deux catalogues va beaucoup faciliter la pénétration de Columbia House en Europe. » Enfin, affirme le financier de Sony, l'arrangement sur le câble profitera aux deux parties : Columbia pourra, moyennant une commission de distribution, profiter du développement d'un marché plein d'avenir. Reste qu'en l'absence de litige, Warner aurait dû payer ses tickets d'entrée au club et au câble autrement cher... Quant au déménagement et à l'agrandissement du « lot » de Culver City, limité par des plans d'occupation des sols très stricts, ils seront fort coûteux.

Vu de Hollywood, le choix de Guber-Peters pour gérer Columbia ne fait d'ailleurs pas l'unanimité. Seront-ils de bons managers ? « Il faudra maintenant qu'ils sachent extraire des autres cette rage de faire des films, qui les habite », note l'avocat Mike Adler. Autant les qualités de Guber sont partout vantées : on le trouve « brillant », « solide »,

« compétent », « créatif », « charismatique »... Autant Jon Peters est généralement décrit, à Hollywood, comme « un type méprisant », « sans parole », et même « un caractériel, qui marche à la coke ». « Personne à Hollywood ne vaut cette somme d'argent; c'est un traumatisme pour l'ensemble du secteur », estime un producteur. « Je ne vois pas comment Sony, dont le sérieux, la rigueur et le sens de l'éthique sont devenus légendaires, pourrait tolérer longtemps des énergumènes comme Walter Yetnikoff ou Jon Peters », lance un autre. L'avenir lui donnera entièrement raison. Yetnikoff quitte CBS en septembre 1990. Et Peters cesse, en mai 1991, d'assumer un rôle managériel au sein du studio, pour redevenir simple producteur associé.

Fringale de scripts

Sony a payé 5 à 6 milliards de dollars son ticket d'entrée à La Mecque du cinéma. Mais il lui faudra un bon milliard supplémentaire, en 1990 et 1991, pour regonfler des studios anémiés. Sony ne regarde pas à la dépense. À peine débarqués à la tête de Columbia, Peter Guber et Jon Peters font acheter à Sony deux nouveaux jets. Et, tandis que Guber travaille à la réorganisation du groupe, Peters prend en main la destinée du *studio*. À sa manière de chien fou, Jon répand à Hollywood la rumeur de projets architecturaux grandioses : faire réaménager les bureaux de Culver City par le styliste du film *Batman*, acheter la parcelle de terrain attenante pour étendre les locaux et y construire une fontaine... Dès leur arrivée, les deux super-producteurs engagent Columbia et Tri-Star dans une frénésie d'achats. « Ils regardent les scripts par dizaines », confie un agent.

Cinq mois après le début du « nouveau règne », Columbia Pictures a déjà acquis une demi-douzaine de projets, à coups de centaines de millions de dollars. Guber-Peters ont notamment payé 1,25 million pour *Radio Flyer*, l'histoire de deux gosses martyrs écrite et mise en scène par le jeune auteur-réalisateur David Mickey Evans. Le script de ce quasi-débutant avait été refusé par de nombreux *studios*. Dans leur souci de s'affirmer d'entrée de jeu comme des participants agressifs, les nouveaux patrons de Columbia ont également investi 750 000 dollars dans *Fire Down Below* de Jeb Stuart et 350 000 dans un sexy-thriller de Mark Allen Smith, *Cold as Ice*. Hollywood voit avec stupéfaction les prix des scénarios atteindre des hauteurs vertigineuses, et beaucoup de producteurs dénoncent, en privé, cette inflation malsaine.

La compétition pour les bons projets est telle que Columbia doit absolument payer ce prix pour se remettre sur le marché. Peter Guber et Jon Peters n'ont sans doute guère le choix : après examen, ils ont dû abandonner la moitié des projets en développement... et il faut bien alimenter la machine. « La procédure est classique, explique Frederic Golchan, un jeune producteur attaché à Columbia. Il ne s'agit pas de faire table rase de ce qui existe : les dossiers sont évalués un par un, selon leurs mérites propres... » Aucune équipe ne peut se permettre de maintenir des projets à 20 ou 40 millions de dollars auxquels elle ne croit pas vraiment. « C'est une industrie démentielle, s'exclame l'avocat Mike Adler. Chaque film est un pari à plusieurs dizaines de millions de dollars. Et le seul but du *studio* est de faire de l'argent pour nourrir la bête... » Deux ou trois échecs suffiraient à couler la boutique.

Columbia a d'ailleurs connu des transitions plus rudes : lors du départ forcé de David Puttnam, presque tous ses projets, jugés trop étrangers à la culture de masse américaine, ont été mis à la poubelle par Dawn Steel. Le superbe *Temps des gitans* du Yougoslave Emir Kusturica a, par miracle, échappé à l'hécatombe. C'est probablement le seul film de l'histoire de Hollywood à nécessiter des sous-titres sur tous les écrans du monde... Et la légende veut qu'à son arrivée, Dawn Steel ait dû promettre à Coca-Cola que Columbia ne produirait plus jamais de films en serbo-croate !

Les hommes de Sony n'ont apparemment pas non plus l'intention de se livrer à une chasse aux sorcières. Des rumeurs insistantes font bien état d'un incident, fin 1989, au cours duquel l'incontrôlable Jon Peters a essayé d'expulser *manu militari* Dawn Steel de son bureau... histoire de prouver qui est le chef. Mais les nouveaux managers ont ensuite officiellement demandé à Dawn de rester, lui proposant même une augmentation. Et, si la première femme à avoir jamais dirigé une *major* hollywoodienne a finalement, le 8 janvier 1990, annoncé son départ, c'est, semble-t-il, moins par dépit que par souci de retrouver sa liberté et les joies d'une maternité tardive. « Je n'en pouvais plus de passer mon temps à dire non », a-t-elle déclaré en commentant sa décision, le cœur léger et une jambe dans le plâtre. « Ce ne sont pas des jobs dont on démissionne, mais desquels on s'échappe ! » En l'occurrence avec un bon magot : Dawn, qui avait choisi un système de bonus en actions plutôt qu'en liquidités, empoche dans la transaction quelque 7 millions de dollars. Début 1990, celle que le magazine *California* avait baptisée « la reine de la méchanceté » s'est fait tailler sur mesure par Walt Disney un contrat d'« indépendant » à rendre jaloux plus d'un producteur de haut vol.

Début 1990, Peter Guber nomme l'avocat Alan

Levine, de la firme Armstrong, Hirsch & Levine, à la tête du Film Entertainment Group. Cette nouvelle structure chapeaute les départements de production cinématographique de Columbia Pictures, Triumph, Tri-Star et Guber-Peters, ainsi que les unités de production télévision de Columbia et de Merv Griffin. La multiplication des « satellites » est alors la réponse à la mode que les *majors* pportent au déclin de leur créativité. Guber était l'un des premiers clients de Levine, en 1972, bien avant que sa firme ne compte des clients célèbres comme Dustin Hoffman et Tom Cruise. Alan Levine a notamment représenté Guber-Peters pour la rupture du contrat avec Warner Brothers. Pour éviter de traumatiser l'équipe de production de Columbia, plusieurs de ses membres sont alors promus. « Les gens sont remotivés. On sent un véritable regain d'énergie », confie Frederic Golchan.

Sony met cependant longtemps à trouver le management de ses rêves. Fin mars 1990, le groupe annonce la venue de Frank Price comme directeur général de Columbia.

Il n'y fera qu'un passage éclair, cédant rapidement (et moyennant une grosse prime) la place à Mark Canton, jusqu'alors Vice-Président de Warner. Par ailleurs, Mike Medavoy, d'Orion Pictures, prend la tête de Tri-Star. Cette équipe de choc réussira-t-elle à redorer le blason de la Columbia ? « En arrivant, racontera plus tard Guber, on a recensé les tâches à accomplir : il fallait ressusciter les deux *studios*, conforter les départements télévision, travailler sur les chaînes de salles, créer notre propre culture d'entreprise et la fondre dans l'environnement Sony... »

Les hommes du groupe, rebaptisé Sony Pictures Entertainment, ont tout mené de front. Et, début 1992, cela commence à payer : l'ensemble Columbia-Tri-Star est passé de bon dernier du box office, en 1988, à la première place en 1991, avec 20 % des entrées.

Le choc des cultures

Pour faire fonctionner au plus vite la « synergie » qui a motivé son acquisition, Sony se prépare à introduire ses nouveaux gadgets électroniques sur le terrain de la production. Une bonne partie du catalogue Columbia est déjà disponible en cassettes vidéo 8 mm. Et mi-mai 1990, Sony a inauguré en grande pompe, dans les studios Columbia, un laboratoire de télévision haute définition dernier cri. Il pourrait s'écouler cinq ans avant que le mariage entre software et hardware commence à porter ses premiers fruits, reconnaît Schulhof. La démarche de Sony consistera à associer très tôt le personnel créatif de CBS Records ou de Columbia au processus de développement des nouveaux gadgets comme le vidéodisque et aux nouvelles technologies comme le tournage en haute définition. « Nous leur expliquons Sony et ils nous apprennent l'industrie du film », conclut Schulhof.

Le nouveau Sony ne risque-t-il pas d'imploser sous le choc des deux cultures d'entreprise : le hardware contre software, les ingénieurs contre les stars ? « C'est un risque, reconnaît Schulhof. Et nous en sommes conscients. La mixture prendra du temps... » Difficile, en effet, d'imaginer que les « troupes » nippones de Sony acceptent de bon cœur que les bénéfices enregistrés à la sueur de leur front soient misés sur des super-productions à haut risque. Et, si le software devient effectivement, à terme, un centre de profit supérieur à l'électronique grand public, Tokyo ne risque-t-il pas de perdre le contrôle de « ses » managers américains ?

Bien qu'il soit difficile de dresser le bilan de cette acquisition avant plusieurs années, l'expérience est, depuis le début, surveillée de très près par ce qu'en jargon hollywoodien, on appelle « l'Industrie ». À moins qu'un désastre ne frappe le *studio*, Columbia aura probablement permis à Sony d'amortir son investissement d'ici à cinq ans, juge l'avocat Peter Dekom. « Quand vous dites *japonais*, cela veut dire en américain *patience* », souligne-t-il. Quand Sony a payé CBS Records 2 milliards de dollars, tout le monde criait au fou. Mais l'histoire a jusqu'ici donné raison à Akio Morita et à Norio Ohga. Pour l'exercice 1991 (clos en mars 1992) les divisions Software représentent 20 % du chiffre d'affaires de Sony, mais 32 % des résultats.

Peter Dekom est un spécialiste de la question : son cabinet, Bloom, Dekom & Hergott, est l'orfèvre d'un mariage nippo-hollywoodien antérieur mais de taille plus modeste. En août 1989, le groupe JVC-Victor — filiale de Matsushita — a annoncé qu'il misait plus de 100 millions de dollars sur la création de Largo Productions, dirigée par Larry Gordon, patron de la XXth Century Fox de 1984 à 1986 (*Field of Dreams, Die Hard, 48 heures*). « JVC souhaite entrer dans l'industrie, mais a choisi une approche conservatrice. S'allier à l'un des producteurs les plus réputés et créer une structure légère et autonome constituent la meilleure façon d'apprendre », affirme Peter Dekom. Le groupe Matsushita a apparemment abandonné cette approche conservatrice pour reprendre MCA-Universal. Un pari très risqué pour ce titan d'Osaka, beaucoup plus « provincial » que Sony. Son président, Akio Tanii, a d'ailleurs raté ses débuts à Hollywood en refusant de donner l'assurance que Matsushita n'interviendrait pas dans le choix des scripts et des sujets de films. « Je doute que les Japonais sachent créer une atmosphère propice à la création », commente un financier qui a travaillé sur la transaction.

L'or noir de la pellicule

En cette fin de décennie, l'appréciation du yen par rapport au dollar aidant, le *Movieland* international attire des investisseurs aux motivations diverses. Le groupe Pioneer prend, en mai 1990, 5 % du capital de Carolco, le producteur de *Rambo*. Les hommes de l'art, comme Haruki Kadokawa (*Heaven and Earth*) ou Juzo Itami (*Tempopo, Taxing Girl*), sont impatients de produire des films pour une audience internationale. Les grands groupes de communications (Gaga, Fuji Sankei, Dentsu) sont avides de capter des produits américains pour les marchés de la vidéo, du câble et du satellite, encore dans l'enfance au Japon. Fuji Sankei finance notamment le producteur David Puttnam et sa petite firme londonienne Enigma.

Enfin, de nombreux mammouths industriels, croulant sous le cash, veulent à toute force placer des pions sur ce créneau du divertissement, en pleine expansion. Le géant Mitsubishi négocie activement des projets d'investissement. Et le consortium CST (alliance de la maison de trading Itoh, du distributeur de liqueurs Suntory et du réseau de télévision Tokyo Broadcasting) a déjà misé sur trois films de la Metro Goldwyn Mayer (*Fatal Beauty, Bright Lights Big City, Betrayed*). Fin 1991, Toshiba et C. Itoh annoncent un investissement de 1 million de dollars dans les activités cinéma et télévision du groupe Time Warner.

Avec l'explosion mondiale des canaux de distribution, les gisements de films grand public deviennent le pétrole de la société de loisirs. L'or noir de la pellicule n'attire d'ailleurs pas exclusivement les

Japonais : l'Australo-Américain Rupert Murdoch (XXth Century Fox) et l'Italien Giancarlo Parretti (Canon, Pathe Entertainment, MGM-UA...) revendiquent également leur part du gâteau. Les analystes n'excluent pas de nouveaux investissements nippons dans des « mini-*majors* » : Orion Pictures, à vendre, a été refusé par le japonais Pioneer mais pourrait intéresser d'autres acheteurs nippons.

À vrai dire, les investisseurs de l'archipel ont jusqu'ici connu à Hollywood des bonheurs divers. Personne ne semble croire, par exemple, aux chances d'Apricot Entertainment Company, un mini-*studio* entièrement financé et dirigé par le Japonais Naofumi Okamoto. Il ne suffit pas à Okamoto (43 ans) d'avoir derrière lui 16 ans d'États-Unis et une petite expérience de la production à Broadway, et devant lui une cinquantaine de millions de dollars, pour devenir un magnat de la pellicule, estiment les observateurs. « La réputation ne s'achète pas à coups de placards publicitaires, explique Lloyd Phillips, un producteur d'origine néo-zélandaise qui travaille pour la firme du producteur Haruki Kadokawa. Nous, nous ne jetons pas l'argent à la tête des gens. Nous n'annonçons pas, d'emblée, l'importance de notre investissement. Nous construisons, pas à pas et avec prudence, des relations de travail solides avec les professionnels clefs de Hollywood. C'est notre seule chance de longévité. »

Moralité : dans le temple du cinéma, l'argent ne suffit pas : il faut aussi des relations. Le consortium CST, qui n'était pas conseillé par un homme du sérail, a perdu beaucoup d'argent avec les films de la MGM. Il ne se laisse pourtant pas décourager : « Nous sommes là pour le long terme, explique son président Toshihiro Nagayama. Nous avons recueilli, à travers cette expérience, des informations précieuses. » Ce n'est pas par hasard si des investisseurs américains comme les frères Bass ont choisi Michael Eisner pour diriger Walt Disney, note l'avocat Peter Dekom. « Hollywood, c'est une affaire d'*insiders*... Qu'ils viennent de Tokyo, de Sydney, ou de Dallas, les *outsiders* se font manger tout cru ! » Les « pieds-tendres » asiatiques se sentent-ils ostracisés ? « Il existe des réactions purement racistes, mais elles sont très marginales », constate Lloyd Phillips, de Kadokawa Productions. La plupart des professionnels accueillent ces nouveaux venus avec une bonne volonté non désintéressée. « L'industrie » aurait mauvaise grâce de mordre la main qui la nourrit. « Un afflux de capitaux dans un environnement créatif est toujours une bonne chose », affirme un agent de ICM. « Hollywood est par essence une place très internationale, souligne Robert Stein, de l'agence Leading Artists. Les Japonais apportent de l'argent frais et des idées nouvelles et intéressantes. Cela poussera peut-être les Américains à travailler et à réfléchir davantage. » Pour certains, le temps de la réflexion n'a pas été long : le célèbre restaurant *Le Dôme*, de Sunset Boulevard, offre à présent des *sushi* au menu...

3

JEU DE GO PLANÉTAIRE

Le génie de l'infiltration

Le Japon, qui se vit comme une nation isolée et vulnérable, s'est distingué, au long de son histoire, par sa capacité à profiter de circonstances défavorables, à retourner à son avantage les événements contrariants. Plutôt que de sombrer dans le défaitisme, chacun s'efforce d'exploiter au mieux l'adversité. Tout se passe comme si les Japonais appliquaient, à chaque situation, le bon sens populaire : « À quelque chose malheur est bon. » Le pays a su ainsi, depuis la guerre, encaisser sans dommage deux chocs pétroliers, puis la dévaluation brutale du dollar par rapport au yen. Les années 1991-1992, marquées par la baisse conjointe des marchés financiers et immobiliers, représentent à cet égard un nouveau test. Au lieu de mener des combats d'arrière-garde ou de se laisser aveugler par un optimisme déplacé, les dirigeants japonais ont appris à tirer parti des contraintes pour restructurer leur appareil productif et renforcer leur position à long terme.

Ce comportement prend ses racines dans l'histoire : quand la noire frégate de Commodore Perry a forcé l'ouverture du marché japonais en 1853, après les deux siècles et demi d'isolationnisme de l'ère Tokugawa, les responsables de la nation ont eu un choc en découvrant la supériorité technologique des Occidentaux. Le conseiller du shogun de l'époque, Masayoshi Hotta, écrit dès 1857 : « Notre politique devrait consister à tirer parti de cette opportunité, à conclure des alliances, à envoyer des navires partout à l'étranger et à faire commerce, à copier les étrangers pour ce qu'ils savent faire et à rattraper ainsi notre propre retard, à renforcer notre puissance nationale et notre flotte, afin de parvenir à soumettre graduellement les étrangers à notre influence jusqu'à ce qu'à la fin, tous les pays du monde connaissent une parfaite tranquillité et que notre hégémonie soit reconnue sur le globe[1]. »

Cette stratégie a été appliquée à la lettre. Si les Japonais sont connus pour avoir imité les produits occidentaux, d'autres talents spécifiquement nippons ne sont pas assez souvent soulignés. Ils sont notamment passés maîtres dans l'art de détecter les opportunités commerciales, d'adapter leur produit à la demande, de stimuler l'appétit des acheteurs, d'occuper la moindre « niche » de marché et de concevoir des stratégies industrielles globales, à saute-frontières. Toutes ces qualités confèrent aux entrepreneurs japonais une sorte de « génie de l'infiltration » sur les marchés étrangers. Nulle *success story* japonaise aux États-Unis n'illustre sans doute mieux ce trait que le triomphe de Nintendo.

Un marché moribond

Hiroshi Yamauchi habite un quartier de Kyoto qui fut jadis le fief d'un clan de samouraïs. Une grande maison simple, au toit de tuiles, à deux pas des temples zen célèbres dans le monde entier. Une

1. Cf. Clyde Prestowitz, *Trading Places : How we Allowed Japan to Take the Lead*, Basic Books, 1988, p. 21.

demeure qui ne reflète ni la richesse personnelle de cet homme, plus de deux fois milliardaire en dollars, ni la puissance formidable de sa société : Nintendo. Au cours des six dernières années, Yamauchi, grand stratège du jeu de go, a transformé cette PME centenaire, autrefois fabricante de jeux de cartes, en super-géant planétaire du jeu vidéo. Dans une *Blitzkrieg* d'une redoutable efficacité, Nintendo a su conquérir le cœur des petits Japonais et transformer quelques millions de gosses américains en drogués du jeu vidéo. Aux États-unis, où il tient près de 90 % d'un marché de plus de 4 milliards de dollars, Nintendo est maintenant synonyme de jeu vidéo, de même que Kleenex veut dire mouchoir et Xerox photocopie. Pour un Américain de dix ans, ne pas posséder de Nintendo est aussi honteux que de ne pas avoir de batte de base-ball. Cette victoire, le groupe nippon ne l'a pas volée : il l'a édifiée, pierre par pierre, sur les cendres d'une industrie dévastée. Il a su repérer la mine d'or, là où la concurrence n'entrevoyait que poussières.

L'épopée américaine de Nintendo commence en 1984, dans la morne plaine d'un secteur en déroute. Deux ans auparavant, le marché des jeux vidéo à domicile, dominé par l'américain Atari, filiale de Warner Communications, était encore l'un des plus florissants de l'industrie du jouet. Mais, à Noël 1983, les gosses désertent brusquement les jeux vidéo au profit des « poupées à tête de chou » et des robots transformables. Les ventes s'effondrent brutalement : de 3,2 milliards de dollars en 1982 à moins de 100 millions en 1985. Atari abandonne son stock invendable dans une décharge du désert américain... et ferme ses portes, infligeant à Warner une perte de 418 millions de dollars. Les divisions vidéo de Commodore et de Mattel sombrent. Ce marché est considéré comme mort.

Le spectacle du champ de cadavres ne rebute pourtant pas Nintendo. Le groupe connaît alors au Japon un succès retentissant avec son « Fami-Com » : une simple console, plus petite qu'un magnétoscope, qui se branche sur la télévision et avale des cartouches de jeu. Grâce au *joy stick*, une sorte de baguette magique de commande, les gamins entrent pour des heures dans l'univers des missions impossibles et des cauchemars futuristes. Ils sauvent les princesses de l'emprise de monstrueux dragons, combattent des hordes de tortues armées de haches ou affrontent Mike Tyson sur le ring... Nintendo, fondé en 1889 par l'arrière-grand-père de Yamauchi, fabriquait à l'origine les cartes japonaises traditionnelles *hanafuda*. Et, jusqu'en 1970, le groupe n'avait jamais produit autre chose que des jeux de cartes et de fléchettes. Discrétion absolue, détermination farouche : l'entreprise a le caractère d'Hiroshi Yamauchi, que la mort de son grand-père a propulsé, à vingt-deux-ans, à la présidence. À Kyoto, rien, à part quelques jeux Nintendo vendus à la gare, ne signale la présence de l'entreprise-phare et du premier contribuable de la ville. Le siège de la société consiste en deux austères baraquements à l'allure militaire dans la triste banlieue industrielle sud de Kyoto. En 1989, Nintendo n'a pas organisé d'événement spectaculaire pour fêter son centenaire. Et Yamauchi a même fait démolir sa salle d'exposition de jeux, qui « prenait trop de place ». Le groupe, qui a réalisé pour l'année 1991 environ 3,85 milliards de dollars de chiffre d'affaires et quelque 1,2 milliard de dollars de profit, est pourtant l'un des plus profitables du pays.

À l'inverse d'Akio Morita, et bien que 2 000 de ses 3 000 employés soient basés aux États-Unis, le président de Nintendo évite soigneusement voyages à l'étranger, publicité personnelle et apparitions en public... même à la chambre de commerce locale. Il s'en est expliqué au cours de rares interviews : « Il y a des gens qui aiment ça, moi pas[1]. » Ou encore : « Pas besoin de gagner des concours de popularité. C'est à l'avènement de l'âge de l'ordinateur, pas à mes relations mondaines, que l'entreprise doit ce qu'elle est aujourd'hui[2]. » Yamauchi est réputé, au Japon, pour son style de management libéral et son obsession des résultats. « Qui se soucie d'être numéro un ? aime-t-il à répéter. Le vrai baromètre du succès d'une entreprise est sa profitabilité. »

La PME, comme beaucoup de ses rivales, a bien failli sombrer à plusieurs reprises, dans les années 60 et 70. Mais Hiroshi Yamauchi a lutté pour sa survie : d'abord en prenant des initiatives originales, comme d'imprimer des personnages de Walt Disney sur ses jeux de cartes. Puis en misant, au début des années 80, sur la mode toute nouvelle des jeux électroniques. Lancé en 1983, le « FamiCom » de Nintendo conquiert rapidement un foyer japonais sur trois. Pour préserver son expansion et ses profits, le groupe doit impérativement regarder ailleurs. Hiroshi Yamauchi confie alors à son beau-fils, Minoru Arakawa, une mission d'étude du marché américain, où il vend déjà des programmes de jeux vidéo pour machines à sous.

Les enquêtes révèlent qu'après le désastre de 1983, les détaillants ne croient plus aux jeux vidéo à domicile. 98 % des Américains n'ont d'ailleurs jamais entendu parler de Nintendo. Les dirigeants du groupe japonais, têtus, sont persuadés que ce dégoût n'est pas définitif : la demande, dont l'effondrement est dû à un déluge de produits médiocres, doit pouvoir être ressuscitée avec des jeux de nouvelle génération, plus sophistiqués. L'ordinateur

1. *Business Tokyo*, août 1990.
2. *Nihon Keizai Shimbun*, 15 juillet 1989.

Nintendo est en effet techniquement supérieur aux systèmes vendus avant le krach : la définition graphique de ses images est meilleure et son software plus excitant.

Fort de cette conviction, au quatrième trimestre 1985, le groupe Nintendo lance un test de vente à New York. À la stupéfaction générale, le Nintendo Entertainment System (NES) et ses cassettes de jeux — notamment « La Légende de Zelda » et les « Mario Brothers » — connaissent un succès instantané. En 1986, Nintendo étend sa distribution à l'ensemble du pays. L'acheteur est au rendez-vous. En 1987, la firme japonaise prévoit de réaliser 650 millions de dollars de ventes : elle en enregistre 750 millions, sur un marché dépassant le milliard. Nintendo a ravivé, à lui seul, une manie du jeu vidéo qui ne se démentira pas.

Résurrection

À la suite de Nintendo, l'américain Atari mais surtout les japonais NEC et Sega entrent à nouveau dans la danse. Un peu trop tard. Le marché américain du jeu vidéo est désormais devenu la propriété quasi exclusive de Nintendo et de son champion du marketing. Peter Main, la cinquantaine chauve, s'occupait auparavant de la vente de Colgate et d'Ajax au Canada, puis de la gestion de chaînes de restaurants pour le compte de General Foods. En 1986, son ami et ancien voisin de Vancouver, Monoru Arakawa, l'invite à venir travailler chez Nintendo. En étudiant la montée et la chute d'Atari, Peter Main se forge une conviction : le seul moyen d'éviter les mêmes déboires est de produire des jeux de bonne qualité, de stimuler vigoureusement la demande... et de rationner les produits. Autrement dit, de laisser toujours le marché sur sa faim en gérant méticuleusement la frustration des consommateurs.

Au lieu d'imiter ses prédécesseurs et de « surfer » sur la déferlante vidéo, Nintendo limite volontairement le nombre de cartouches de jeu qu'il fabrique et veille à ne satisfaire qu'une partie des ordres de ses distributeurs : en 1988, la demande de consommation atteignait 45 millions de cartouches de jeu et Nintendo n'en a livré que 33 millions. Au début, ses dirigeants prétextent une pénurie de composants électroniques; ensuite, ils défendent plus ouvertement leur politique de restriction au nom de la santé du marché, qui profite à tous. « La gestion des stocks est absolument critique dans ce métier », aime à répéter Peter Main, qui a été consacré « champion du marketing » en 1989 par le magazine *Marketing Week*. Sa tactique s'est révélée plus qu'efficace : elle a propulsé la cacophonie Nintendo dans plus de 20 millions de foyers américains et fait des « Mario Brothers » — les « super-plombiers » rondouillards et moustachus de son jeu originel — les stars fétiches de plusieurs générations de gosses américains.

Le système Nintendo repose sur un principe de base comparable à celui des appareils à développement instantané Polaroïd : vendre le hardware bon marché pour équiper le plus de foyers possible. La console NES peut ainsi être acquise pour la somme modique de 100 dollars, tandis que les cassettes de jeu, sur lesquelles est réalisé le bénéfice, coûtent entre 40 et 60 dollars pièce. Nintendo tient là un grand avantage stratégique sur les vendeurs de jeux informatiques de qualité équivalente, dont l'utilisation suppose l'achat d'un micro-ordinateur à 1 000 ou 2 000 dollars. Encore faut-il que les jeux soient à la hauteur... Au début, le groupe s'est contenté d'adapter ses succès nippons. « Qu'ils soient américains, allemands ou japonais, les gosses sont des gosses, expliquait Arakawa au *New York Times* en 1988. Ils marchent tous au divertissement, à l'excitation et au défi. À quelques nuances près, un jeu qui marche très bien au Japon fait aussi un tabac aux États-Unis. »

Nintendo s'est toujours montré extrêmement sélectif sur la qualité de ses jeux. Il n'en génère lui-même que 25 %. Pour le reste, l'entreprise a mis sur pied, au Japon et aux États-Unis, un réseau de firmes de software triées sur le volet. Le groupe de Kyoto s'est doté d'outils de contrôle : il a placé dans toutes ses consoles une « puce » de verrouillage qui interdit aux jeux fabriqués par d'autres la compatibilité avec son NES. En ce qui concerne son propre club de licenciés, il lui refuse à la fois le droit de fabriquer des jeux Nintendo « non autorisés » et celui de commercialiser une version des cartouches Nintendo pour les systèmes concurrents. Nintendo prévient ainsi à la fois le piratage de ses consoles — dont il avait fait l'expérience désagréable au Japon —, la dégradation de sa réputation et l'engorgement du marché par l'irruption non maîtrisée de produits de basse qualité.

Les quelque 50 boutiques américaines de software qui ont le privilège de faire partie des fournisseurs de Nintendo sont soumises à des conditions draconiennes, sans équivalent dans l'industrie américaine. Elles proposent leurs idées au siège, qui prend parfois des mois pour se prononcer. Dans l'hypothèse où il obtient un feu vert, le licencié développe à ses frais un prototype du programme. Nintendo prend alors une décision finale : si elle est négative, tant pis pour le concepteur ! Lorsque le groupe Nintendo apprécie moyennement le jeu, il peut décider de n'en fabriquer que quelques cartouches et le licencié ne gagnera rien. Lorsque la réaction est enthousiaste, les cartouches sont fabriquées exclusivement dans les usines Nintendo au Japon, puis réexportées aux États-Unis. Mais c'est Kyoto qui décide aussi bien du nombre d'unités fabriquées pour un jeu que du prix des cartouches et du quota de jeux compatible avec NES que chaque « licencié » est en droit d'écrire. Le contrat interdit également au licencié d'exporter son idée à l'étranger. « Nintendo peut nous faire ou nous défaire. Nous sommes à sa merci », a un jour résumé l'un des membres du réseau de software.

Vous avez dit monopole?

Ce comportement quasi dictatorial n'a pas tardé à susciter de hauts cris. Si Ford se comportait comme Nintendo, expliquent ses détracteurs, cela lui donnerait le droit d'imposer aux conducteurs de voitures Ford d'acheter de l'essence uniquement chez les pompistes agréés par le constructeur... Kodak, de son côté, décréterait que les photos prises avec ses films ne peuvent être développées que dans ses propres laboratoires... Atteinte intolérable à la sacro-sainte liberté de commerce! En 1988, le concurrent Atari Corporation attaque Nintendo en justice pour pratique monopolistique : il reproche au Japonais l'interdiction faite à ses licenciés d'écrire des versions de leurs jeux pour d'autres vendeurs de hardware. Par ailleurs, le concepteur de software Tengen, filiale d'Atari Games (non lié à Atari) et licencié de Nintendo, réclame en justice le droit d'écrire des jeux pour les consoles NES, sans pour autant passer sous les fourches caudines de Kyoto. « Qui a donné à Peter Main le pouvoir de décider quel software le public américain veut acheter? », s'exclame Dennis Wood, vice-président d'Atari Games. Tengen, qui réclame 100 millions de dollars de dommages et intérêts, a d'ailleurs réussi à déjouer la vigilance de la puce de verrouillage et à commercialiser sous sa marque des cartouches sauvages compatibles avec le NES. Nintendo contre-attaque aussitôt devant les tribunaux pour violation de contrat et infraction à la loi sur les brevets.

Enfin, en décembre 1989, le représentant démocrate de l'Ohio, Dennis Eckart, président du sous-comité antitrust de la Chambre, demande au ministère américain de la Justice d'enquêter sur les pratiques commerciales « anticompétitives » de Nintendo. Il dénonce les effets de la « puce » de verrouillage, « inutile barrière physique à la concurrence ». Sur le marché nippon, où ce système n'a pas été utilisé, « les possibilités de choix du consommateur sont plus grandes et les prix plus bas », constate Eckart. Il attaque également le caractère exclusif des contrats de licence, qui donne à Nintendo un pouvoir exorbitant sur les producteurs de software. « Aucune société, peut-être même pas IBM dans les années 50 et 60, n'est jamais parvenue comme Nintendo à maintenir un contrôle aussi complet du software utilisé sur ses machines. » Le groupe nippon aurait, par exemple, limité le nombre de cartouches du jeu « Double Dragon », non pas (comme il le prétend) au nom de critères qualitatifs, mais pour punir le concepteur, Tradewest, parce que le jeu était disponible dans le format concurrent Sega. Laisser une entreprise lier à ce point software et hardware est un précédent dangereux, qui pourrait contaminer la sphère de l'informatique, souligne la lettre du parlementaire : « La similarité entre les pratiques de IBM en 1969 et de Nintendo en 1989 est inquiétante. » D'après la pré-enquête effectuée par l'équipe d'Eckart, Nintendo aurait par ailleurs un poids trop important sur le marché de la vente au détail, où les cartouches de jeu représentent un quart du chiffre d'affaires de l'industrie du jouet. Le groupe nippon, accuse Dennis Eckart a, en de nombreuses circonstances, « exercé de manière agressive » son influence sur la grande distribution, pour qu'elle refuse la marchandise de la concurrence. À l'en croire, il existerait même parmi les détaillants « une atmosphère de peur ». Voilà ce qui arrivera, partout où on laisse les Japonais en situation de monopole, avertissent avec des accents chauvinistes les détracteurs de Nintendo.

La complexité de la situation juridique de Nintendo, qui vaut celle des labyrinthes dans lesquels se débattent ses intrépides héros, ne semble cependant pas affoler ses dirigeants. Jalousie ! Nos concurrents attaquent en justice parce qu'ils ne sont pas à la hauteur sur le marché, laisse-t-on entendre chez Nintendo. Quant au représentant Eckart, il cherche simplement, selon Yamauchi, à « se faire de la publicité » à bon compte. Le président ne se départit pas de son flegme légendaire : « Si on veut à tout prix éviter les procès, souligne-t-il, il ne faut pas faire de business aux États-Unis. Le litige y est une activité quotidienne[1]. » Il s'est, en d'autres occasions, montré encore plus explicite : « Si nos conditions sont si strictes qu'elles rendent les gens malheureux, libre à eux de ne pas les accepter[2]. »

De fait, les pratiques de Nintendo sont défendues par la plupart de « ses » licenciés, comme autant de garanties de la solidité du marché. « Cela donne à Nintendo la possibilité de planifier les sorties : de s'assurer que dix jeux de base-ball différents ne sont pas lancés en même temps », explique Robert Holmes, directeur général de la firme de software Acclaim, de Long Island (New York). C'est, selon lui,

1. *Business Tokyo*, août 1990.
2. *Japan Times*, 16 mai 1990.

l'un des seuls moyens efficaces de protéger l'industrie des jeux vidéo des « coups de grisou » d'une activité soumise aux caprices de la mode. Robert Holmes qui a, comme beaucoup de ses collègues, encaissé le krach de 1983, « ne voudrait pour rien au monde revivre cela ». L'esclavage doré dans lequel le tient Nintendo (et dont il tire 80 % de ses revenus) lui semble, somme toute, très acceptable. Nintendo donne cependant, fin octobre 1990, des signes d'assouplissement de sa politique : le groupe annonce alors qu'il envisage de laisser 53 sous-traitants fabriquer leurs propres jeux.

La planète Nintendo

Prétendre que Nintendo doit son foudroyant succès américain à ses seules pratiques monopolistiques serait faire peu de cas de son approche sophistiquée du marketing et du *merchandising*. Nintendo a dépensé 95 millions de dollars en publicité et promotion en 1990, soit 58 % de plus qu'en 1989. Ses personnages les plus célèbres, les « Mario Brothers » et le « Cap'tain Nintendo », sont devenus les héros de dessins animés populaires sur les grandes chaînes de télévision américaines. Et on les trouve, naturellement, en version badge, T-shirt, sweat-shirt, casquette, pyjama, serviette de bain, sur les paquets de lessive, sur les canettes de Pepsi, sur les boîtes-repas des lycées américains... et même dans leurs bols de corn-flakes ! Car Ralston Purina a lancé, pour les estomacs des héros en herbe, deux variétés de « Nintendo Cereal System » aux fruits.

Chez Nintendo, le service au consommateur est lui-même devenu un outil de marketing. À Redmond, dans l'État de Washington, le groupe japonais emploie plus de 120 adolescents avec le titre de

« conseillers en jeu ». Ils sont disponibles, jusqu'à 10 heures du soir, pour donner des « tuyaux » à leurs jeunes clients sur la meilleure manière de jouer le « Donkey Kong » ou les « Ninja Turtles »... Les quelque 50 000 coups de fil qu'ils reçoivent chaque semaine sont ensuite analysés dans une optique stratégique : qu'aiment les 10-16 ans ? Quels types de jeu ? Quelle difficulté ? Quelle quantité ? Nintendo s'efforce ainsi de rester toujours au plus près des goûts de sa clientèle versatile. C'est notamment grâce à cette attention aux désirs de ses jeunes adeptes que l'entreprise a pu générer plus de 250 cartouches de jeu différentes : la gamme la plus variée et la plus appréciée de l'industrie.

Au-delà de l'amusement, le groupe japonais a su créer une véritable « culture ». Il publie un magazine payant, *Nintendo Power*, qui se vend chaque mois à plus d'un million d'exemplaires. Des équipes promotionnelles du groupe organisent régulièrement, dans une trentaine de villes américaines, des « Jeux Olympiques » du *video game* : une occasion de populariser les derniers accessoires et les cartouches les plus récentes. La firme a aussi lancé pour les détaillants un programme appelé *Le Monde de Nintendo*. Les grandes surfaces du jouet conçoivent, sur un minimum de 15 m^2, un module de *merchandising* à la carte, présentant exclusivement des produits Nintendo. Ils reçoivent, en contrepartie, des subventions pour acheter les présentoirs Nintendo, ainsi que force conseils en marketing et en publicité. Depuis Noël 1989, la « Nintendomania » est d'ailleurs sortie des maisons pour envahir les avions, les voitures et les restaurants... Car le groupe nippon a lancé une console de poche, « Game Boy », qui autorise chacun à céder à sa pulsion vidéo-ludique dans les endroits les plus incongrus. « Cela permettra aux parents de s'exercer avant de lancer des défis à leur gamin de 12 ans », a plaisanté Peter Main. Vendu à plus de 5 millions d'exemplaires dès l'été 1990, « Game Boy » fait fureur. Il a notamment permis au groupe d'élargir l'éventail de sa clientèle : si le cœur de la cible reste le garçon entre 8 et 15 ans, Nintendo affirme que 38 % de ses joueurs ont plus de 18 ans, et qu'il a aussi su séduire 25 % des jeunes filles entre 12 et 17 ans.

Devant ce raz de marée, certains parents se révoltent : Nintendo et ses pareils ne sont-ils pas en train de décerveler l'Amérique ? D'arracher les gosses à des sports sains comme la bicyclette ou le base-ball, pour les transformer en bataillons d'automates ? Soucieux de ne pas être uniquement perçu comme le grand manitou de la lobotomie des cerveaux, Hiroshi a accepté une proposition de collaboration du Massachusetts Institute of Technology (MIT), pour travailler à la conception de jeux vidéo éducatifs. Le groupe a annoncé qu'il donnerait 3 millions de dollars au professeur Seymour Papert, du laboratoire Media du MIT, qui a notamment réalisé un travail similaire avec Lego en cherchant à utiliser les jeux favoris des enfants pour stimuler leur mémoire et leurs facultés logiques.

Du divertissement à la communication

Le marchand de rêves électroniques de Kyoto avait d'ailleurs, de son propre chef, identifié l'éducation comme une piste de diversification possible. Pour enseigner aux tout-petits à épeler et compter, Nintendo avait déjà développé deux jeux, mettant en scène des personnages du programme télévisé populaire *Sesame Street*. Cette diversification est impérative : l'empereur Nintendo doit désormais défendre de plus en plus âprement sa suprématie américaine.

Ses deux concurrents les plus sérieux, NEC et Sega, viennent tous les deux de lancer aux États-Unis des consoles de jeux basées sur des microprocesseurs « 16 bits », deux fois plus puissants que les « 8 bits » du NES. Ces super-consoles peuvent manier en un temps plus réduit davantage d'informations, et donc présenter des jeux avec une meilleure définition graphique et une bande-son plus élaborée. Le joueur peut voir les personnages suer d'angoisse, grimacer de peur, pleurer de joie. NEC a même poussé la technicité un cran plus loin, en passant de l'animation au cinéma. Son jeu « Venu du désert », qui a nécessité un tournage aussi long qu'un véritable film, met en scène un archéologue attaqué par une armée de fourmis géantes. L'information visuelle est stockée sur un disque compact. Sega, de son côté, mise beaucoup sur la qualité auditive, avec notamment une cartouche où Michael Jackson fait danser ses ennemis jusqu'à épuisement au son de cinq de ses « tubes ».

« Cela ne nous impressionne pas », déclare Peter Main en janvier 1990, au salon électronique de Las Vegas. De fait, les consoles « 16 bits », introduites en 1989, n'avaient atteint, un an plus tard, que 600 000 foyers. « On n'arrête pas de parler des systèmes hardware, mais la chose importante est de développer un software vraiment puissant à un rythme rapide. Si l'on fait cela, personne ne nous rattrapera », estime Hiroshi Yamauchi[1]. Pour discret qu'il soit, le président n'hésite pas, à l'occasion, à exhiber ses muscles : « Nintendo a presque 90 % du marché américain. Pourquoi? Parce qu'il n'y avait pas de compétition... Franchement, je n'ai jamais considéré NEC et Sega comme des concurrents[2]. » Pour les adversaires de Nintendo, grignoter

1. *Nihon Keizai Shimbun*, 15 juillet 1989.
2. *Business Tokyo*, août 1990.

des parts de marché suppose en effet de travailler avec d'excellents concepteurs de software, ce qui n'est pas facile, compte tenu de l'étroitesse du marché qu'ils contrôlent... Même si un nombre croissant de boutiques spécialisées dans le jeu ordinateur se convertissent, sur le tard, au jeu vidéo. Le mépris apparent de Nintendo pour le hardware ne trompe d'ailleurs personne : chacun sait déjà que le groupe s'apprête lui aussi à sortir, au Japon en 1990 puis aux États-Unis en 1991, un NES « 16 bit ». Il appâtera alors ses fanatiques avec la version n° 4 des « Mario Brothers ».

Les ambitions de Nintendo sont loin de se limiter à la promotion planétaire de ses plombiers italiens. Le groupe espère bien profiter de sa position stratégique pour transformer ses consoles de jeu en terminaux de communication. En un mot : séduire les parents après les enfants. Au Japon, Nintendo s'est allié avec Nomura et propose déjà un service d'informations financières. Aux États-Unis, le groupe négocie activement avec AT&T pour pouvoir connecter ses consoles en un vaste réseau interactif de transmission de données. Moyennant l'acquisition d'un modem et d'un clavier, un possesseur de Nintendo de Los Angeles pourra ainsi non seulement jouer au golf électronique avec un ami de New York ou de Boston, mais acheter et vendre des actions, choisir sur plan une maison à louer dans le Maine, ou commander un bijou pour l'anniversaire de sa femme...

« Nous voulons que nos consoles soient dans chaque maison, dans chaque école, dans chaque chambre d'hôtel du pays », aime à répéter Peter Main. Nintendo sait que le marché américain est proche de la saturation. Et il prépare une offensive en règle sur le marché européen, où il n'a encore vendu, au printemps 1990, que 800 000 consoles.

Les différences culturelles, les subtilités du marketing, la concurrence de Sega, déjà bien implanté, rendront l'entreprise difficile. Mais Nintendo Europe Gmbh, basé à Francfort, a déjà introduit le « Game Boy » portable en RFA et en France. Le cœur des foyers européens ne tardera cependant pas à battre au rythme de ses consoles. En 1992, Nintendo a déjà conquis 67,5 % du marché français du jeu vidéo, devant Sega (20 %), Atari (9,5 %) et Amstrad (3 %).

De la soupe au saké

Non seulement les firmes japonaises savent, comme nulle autre, devancer les désirs des consommateurs américains avec des gadgets dont ces derniers n'imaginaient même pas l'existence, mais elles ont fait preuve d'une détermination farouche à exploiter le plus petit segment de marché. Les entrepreneurs nippons surgissent par exemple, aux États-Unis mêmes, sur le créneau en plein boom des produits exotiques : celui de la soupe aux nouilles en poudre et celui du saké, ou alcool de riz.

Les supermarchés yankees subissent en effet, ces derniers temps, l'assaut silencieux d'une catégorie méconnue de produits nippons : le *ramen* ou soupe déshydratée à base de nouilles. Économique et facile à préparer, le *ramen* en poudre a conquis les estomacs de plus en plus pressés des Américains : avec 245 millions de dollars de ventes en 1989, il compte pour une bonne moitié en valeur (et 75 % en volume) du marché des soupes sèches. Or le titan mondial du *ramen* est un groupe japonais qui, avec 1,2 milliard de dollars de ventes, contrôle 15 % de la production planétaire. La légende veut que ce soit son fondateur, Momofuku Ando, qui ait inventé le concept de la nouille déshydratée[1]. C'est en tout cas sa filiale américaine, Nissin Foods, qui a introduit le *ramen* aux États-Unis en 1970. Bien que grignotée par des concurrents asiatiques qui fracassent les prix, Nissin tient encore 46 % de la place.

Les géants américains de la soupe, eux, n'ont réagi que très tardivement. Campbell, qui a fait des tests régionaux à Denver, hésite à se lancer à l'échelle nationale. Et Lipton, l'ancien leader des soupes sèches, n'a finalement dégainé son « Lots-a-Noodle » que fin 1989, après plusieurs ballons d'essais locaux infructueux. Le problème des rois américains de la soupe ressemble un peu à celui de leurs collègues de l'automobile ou de l'électronique : ils ne peuvent plus ignorer ce segment du marché en forte croissance... mais ils entrent si tard dans une bagarre si vive, qu'ils risquent d'y perdre gros. La « guerre du *ramen* » entre différents fournisseurs asiatiques a en effet déjà ramené les prix de détail moyen autour de 20 *cents :* 5 paquets pour 1 dollar! Le paquet de soupe en poudre est ainsi devenu une matière première. Il faut brasser des volumes énormes pour comprimer ses coûts et dégager une marge significative. Les producteurs asiatiques remontent maintenant la chaîne agro-alimentaire vers des produits plus sophistiqués afin d'augmenter leurs profits. Nissin a, par exemple, racheté Camino Real Foods, fabricant de produits surgelés mexicains, qui vient concurrencer les divisions surgelées de Campbell, notamment Swanson et Le Menu.

Autre exemple : l'Amérique découvre avec un plaisir croissant l'alcool de riz japonais. De l'autoroute, quelques kilomètres au sud de Napa, en plein cœur du vignoble californien, on aperçoit un long bâtiment blanc coiffé d'un toit noir. La brasserie Hakusan, qui a ouvert ses portes en 1990, est la petite

1. *New York Times*, 26 décembre 1989.

dernière du boom du saké *made in USA*. La consommation de saké, inexistante au début des années 80, a progressé de 10 à 15 % ces dernières années, pour dépasser à présent les 15 millions de dollars. Croissance extraordinaire sur un marché américain de l'alcool en pleine dépression. En 1988, la production américaine a dépassé pour la première fois les importations et a atteint, en 1989, 61 % des 6,8 millions de litres consommés dans le pays.

L'intérêt de produire sur place? « Le saké vieillit mal », explique Michael Chramko, le gérant de la brasserie Hakusan. Les nombreuses semaines nécessaires pour l'acheminer des brasseries nippones au consommateur américain lui font perdre sa transparence et une bonne partie de son arôme. L'Amérique a d'autres atouts : un riz de bonne qualité, de l'eau pure et un climat qui permet de produire en toutes saisons. Cinquième brasserie à s'installer en Californie, Hakusan n'a en face de lui que des poids lourds de l'industrie, tous japonais. En tête, Takara, qui produit à deux pas du campus de Berkeley et dispose d'une autre brasserie à Hawaii, tient les deux tiers de la production américaine. Quant au numéro un japonais, Geikkan Saké, il a ouvert boutique à Folsom, tandis que Hakushika, 8e au Japon, emménage un peu plus loin, dans le Colorado.

Hakusan Saké, de Napa, est décidément l'original de la bande : son fondateur, Toyoshi Hombo, 84 ans, a fait fortune au Japon... dans l'embouteillage du Coca-Cola. Il possédait déjà quelques vignobles à Sonoma, quand il a décidé d'acheter 11 hectares au sud de Napa et d'investir 21 millions de dollars dans une brasserie sophistiquée. « C'est un peu comme dans une bande dessinée », explique Michael Chramko en faisant admirer aux touristes, grisés par la dégustation, l'architecture zen et la technologie dernier cri. D'un côté entrent les camions de riz, de l'autre sortent les bouteilles de saké : sec ou doux, pasteurisé ou non, nature ou parfumé à la prune, selon les goûts. Entre les deux, se déroule le processus très simple de la fermentation alcoolique : polissage du riz, lavage, cuisson, ensemencement, fermentation sucrée, pressage, décantation, filtrage. Contrairement à ce qui se passe dans la vinification, l'arôme final du saké dépend davantage de la qualité des moisissures et des levures (importées du Japon) avec lesquelles on l'ensemence que de la variété de riz utilisée.

Toyoshi Hombo est peut-être un « parvenu » de l'alcool de riz. Mais il a un rêve bien à lui : convertir les Américains au saké. « À 5 dollars la bouteille avec un taux d'alcool à 16 %, moins fort que les alcools blancs, sans conservateur et sans additif, le saké pourrait devenir l'alcool à la mode des années 90 », explique Chramko. La consommation américaine est jusqu'ici surtout le fait des restaurants japonais : plus de 1 200 entre Los Angeles et San Francisco. Mais ce marché est proche de la saturation. Or, souligne Chramko, « 75 % des clients sont non asiatiques et n'ont aucune fidélité de marque ». La brasserie Hakusan va donc essayer de pousser ses bouteilles dans les supermarchés et les magasins de liqueurs de quartier... avec l'espoir de se faire une petite place quelque part entre le vin blanc, la vodka et le gin.

Des cow-boys japonais au cheval de Troie mexicain

Aux États-Unis, ce n'est pas forcément sur le terrain agro-alimentaire qu'on attend le Japon. Pourtant, les entrepreneurs nippons sont avides, dans ce secteur, d'acquérir des affaires américaines. Tant qu'à être dépendants d'importations, autant les contrôler! En juin 1988, le Japon annonce qu'il est prêt à céder aux suppliques répétées de Washington et à démanteler ses drastiques quotas d'importation de viande de bœuf, pour les remplacer par des droits de douanes dégressifs. Les consommateurs japonais, qui mangent traditionnellement six fois plus de poisson que de viande, commencent à découvrir les charmes de la « barbaque » : le marché, en expansion de 30 % par an, atteint presque le milliard de dollars. Les producteurs américains salivent : ils voient déjà leurs steaks bon marché déloger les fameuses pièces de Kobe Beef. C'était compter sans la vivacité de leurs clients japonais. En octobre 1988, l'importateur de viande Zenchiku s'offre, pour 12,6 millions de dollars, un des plus vastes ranches du pays, le « Lazy 8 » : 30 800 hectares de prairies près de Dillon, dans le Montana. Zenchiku donne ainsi le coup d'envoi d'une déferlante de yens sur l'Amérique de la bouse de vache. Depuis 1988, les Japonais ont investi plus de 100 millions de dollars en pâturages, bétail et usines de conditionnement, de la Californie au Nebraska, du Montana à l'État de Washington. Ils ne négligent pas non plus les vergers d'agrumes de Floride.

Au « Lazy 8 », les lassos volent, les cow-boys jurent et les vaches meuglent toujours. Mais pas en japonais, comme le suggérait récemment une caricature quelque peu xénophobe du *Dillon Tribune*. Le nouveau propriétaire a cependant imposé quelques modifications. Le ranch compte deux ou trois apprentis-cow-boys nippons. Les actionnaires nippons de passage ne se sentent pas trop dépaysés : on leur prête des chaussons, on leur sert du saké et on leur fait admirer le nouveau jardin japonais. Le mode de gestion, plus participatif qu'auparavant, a fait fuir quelques *lonesome cow-boys*. Mais la production du ranch a surtout été adaptée au goût des consommateurs japonais, qui représentent maintenant 80 % de ses débouchés.

Chacune des 2 800 têtes de bétail porte à l'oreille un numéro, qui permet de la suivre par ordinateur de la naissance à l'abattoir. Le troupeau mange une mixture spéciale d'orge, de maïs et de sorgho, concoctée pour donner au steak l'aspect rouge marbré de blanc qu'affectionnent particulièrement les ménagères nippones. Enfin, le personnel du ranch s'assure que les industriels découpent et emballent la viande selon l'orthodoxie bouchère nippone. À plus de 20 dollars la livre à Tokyo, le jeu en vaut la chandelle. Certains « ranchers » nippons parlent même de produire aux États-Unis des steaks prêts à cuire, marinés dans la sauce de soja...

La démarche de Zenchiku consiste tout simplement à produire là où il dispose d'avantages comparatifs. Condamnés, de par l'étroitesse de leur pré carré, à s'intéresser tôt aux marchés étrangers, les Japonais ont une vision véritablement globale des affaires. L'utilisation de la « zone franche » industrielle, au nord du Mexique, comme tête de pont pour l'assemblage de produits destinés au marché américain, en constitue un exemple frappant. En 1979, le vaste corridor industriel qui s'étire de Tijuana (à l'extrême ouest) jusqu'à Matamoros (sur la côte atlantique) ne comptait que 4 usines japonaises. En décembre 1989, elles sont 52. Une prolifération liée au système très spécial de la *maquiladora*. Ce terme désigne les zones franches où les usines d'assemblages établies au Mexique bénéficient d'un régime douanier préférentiel. Les législations mexicaine et américaine prévoient en effet que les *maquiladoras* peuvent importer en franchise de taxes des équipements industriels et des composants de n'importe quel pays du monde. Après assemblage, les produits finis ou semi-finis exportés ne sont taxés, à leur entrée aux États-Unis, que sur la valeur ajoutée au Mexique. Fin 1989, les quelque 1 600 usines en régime de *maquila* employaient 15 % de la main-d'œuvre industrielle nationale et constituaient la deuxième source mexicaine de devises après le pétrole.

Ce privilège douanier, consenti par Washington à Mexico en 1962 au nom de l'aide économique, a rapidement attiré les industriels américains, mais aussi asiatiques. Pourquoi, en effet, payer un travailleur à la chaîne 8 dollars de l'heure aux États-Unis, alors qu'il reviendra à moins de 1 dollar si l'on établit une filiale au sud du Rio Grande ? « Un dixième des salaires américains, la moitié de ceux de Singapour ! », clame la vidéo publicitaire du parc industriel de Tijuana. L'avantage mexicain est d'autant plus important, souligne son directeur général Miguel Velasco, que les coûts d'infrastructure et de fonctionnement sont en moyenne inférieurs de 40 % aux tarifs américains. « Les entreprises asiatiques représentent le réservoir de croissance privilégié du système *maquila* », affirme Velasco. En 1989, les professionnels publics et privés des *maquiladoras* mexicaines ont réalisé au moins six voyages promotionnels au Japon, en Corée, à Taiwan et à Hongkong.

Dès 6 h 45, la file des limousines argentées se dirigeant vers le sud s'allonge devant le poste de douane de San Ysidro. Les agents mexicains de l'immigration jettent à peine un regard sur les laissez-passer des cadres de *maquiladoras*, qui, comme chaque matin, quittent leurs résidences cossues de la banlieue de San Diego pour rejoindre leurs usines de Tijuana, à moins de 20 kilomètres plus au sud. Si les Japonais ne représentent que 2 % du nombre total des *maquiladoras*, leur présence n'est nulle part plus manifeste qu'ici, sur le front Pacifique, prolongement naturel de la Californie. Sony, Hitachi, Toshiba, Matsushita, Panasonic : tous les géants nippons de l'électronique sont là. Tijuana, devenue capitale mondiale des téléviseurs, exporte chaque année 20 millions de postes vers les États-Unis !

La présence croissante des Japonais en *maquila* ne va évidemment pas sans heurts. Fin 1988, Zenith, désormais le seul producteur américain de téléviseurs, ouvre les hostilités en accusant certains Asiatiques d'utiliser les *maquiladoras* pour contourner les lois antidumping sur les tubes et les téléviseurs. En 1990, l'affaire n'était toujours pas réglée ; les syndicats américains ont renouvelé les plaintes. Le Mexique devient un cheval de Troie du Japon, accusent en écho certains Congressmen. Au point que les milieux d'affaires mexicains s'effraient de voir menacé l'un de leurs principaux instruments de développement industriel : « Nous devrions sélectionner les firmes asiatiques qui désirent s'installer ici, estime Xavier Rivas, directeur du parc industriel de Mexicali. Il faut vérifier qu'elles n'ont pas pour seule motivation de contourner les réglementations américaines à l'importation. »

4

LES « BELLES JAPONAISES »

Le baiser de la mort

Sur l'affiche se profile un mastodonte noir aux allures de barracuda de la route. « La LS400... Ce n'est pas une voiture, c'est une invention. » En septembre 1989, les États-Unis se couvrent de placards publicitaires vantant les mérites de la dernière gamme de voitures japonaises : Lexus de Toyota. Cette fois, il ne s'agit pas d'une nouvelle petite « compacte » bon marché. Sièges en cuir, volant escamotable, tableau de bord en trois dimensions, incrustations de bois laqué, nouveau réseau de concessionnaires avec salle d'exposition de luxe : Toyota se lance, pour la première fois, dans le haut de gamme. Objectif avoué : enfoncer Mercedes et BMW sur le terrain de la qualité, de l'esthétique, de la performance et, bien sûr, du prix. Au bout d'un an, en novembre 1990, Toyota a vendu aux États-Unis 40 000 LS400 : soit deux fois plus que Jaguar, davantage que BMW... et autant que Mercedes pour les modèles de la même classe. Et en 1991, 70 000 !

Sur les traces de Toyota : le n° 2 japonais Nissan lance en novembre 1989 sa propre voiture de prestige : l'Infiniti Q45. S'il vise le même créneau, le produit est très différent : plus innovateur, plus austère. La Q45 est lancée en fanfare par une campagne de publicité télévisée « zen » qui, chose inouïe aux

États-Unis, ne montre pas du tout le véhicule. Sur un fond d'images de fleuves, d'arbres et de nuages, les spots sophistiqués vantent d'une voix chuchotée les mérites de l'harmonie, de la puissance et de l'équilibre. Cette campagne, qui a provoqué une très bonne reconnaissance d'image, n'a cependant pas conquis les acheteurs potentiels. Les ventes de la Q45 ont démarré plus lentement que prévu et restent encore décevantes. Mais les qualités techniques de l'Infiniti sont unanimement reconnues par les spécialistes, et Nissan parie sur le long terme pour imposer aux États-Unis un modèle moins commercial que celui de Toyota.

Les « belles japonaises » sont en tout cas instantanément prises au sérieux par Washington, Stuttgart et Detroit. Chacun de ces véhicules creuse le déficit commercial américano-nippon trois fois plus qu'un modèle bas de gamme. Et, pour la concurrence, le cauchemar ne fait apparemment que commencer : les lignes Lexus et Infiniti — ajoutées aux Acura de Honda lancées en 1986 — devraient, selon les analystes américains, dépasser les importations de voitures européennes de luxe aux États-Unis dès 1992 ! Lexus a également fait, au printemps 1990, son entrée sur le marché automobile européen, où elle vient narguer les constructeurs ouest-allemands. Ces véhicules d'excellente qualité, fabriqués avec les procédés les plus modernes, marquent une nouvelle ère de la voiture japonaise. Comment Toyota et Nissan ont-ils réussi, du premier coup, à égaler sur leur propre terrain la performance et la technicité d'un Bayerische Motoren Werke ou d'un Daimler-Benz ? Pourquoi les groupes japonais arrivent-ils à construire des modèles de meilleure qualité, plus vite et moins cher que leurs concurrents ? C'est l'aboutissement d'une longue tradition de savoir-faire manufacturier, et surtout d'un système de production supérieur, que les experts du Massachusetts Institute of Technology ont baptisé « production frugale » (*lean manufacturing*), par opposition au système de production de masse appliqué en Occident [1].

Cette étude, effectuée en cinq ans par 53 chercheurs du MIT dans une centaine d'usines, livre des résultats époustouflants. Non seulement les groupes nippons les plus performants construisent des voitures trois fois plus fiables, avec moitié moins de main-d'œuvre, sur une surface d'usine deux fois moins importante que les constructeurs occidentaux, mais leurs stocks de voitures finies équivalent à un quart et leurs stocks de pièces à un dixième de ceux de leurs concurrents, et ils développent de nouveaux modèles tous les 46 mois, au lieu de 60. Cette super-compétitivité japonaise fait de plus en plus mal aux *Big Three* de Detroit : les pertes cumulées de General Motors, Ford et Chrysler, ont atteint 7,5 milliards de dollars en 1991. Fin 1991, GM se résout à l'électrochoc : le premier groupe automobile mondial annonce la fermeture de 25 usines et le licenciement de 74 000 personnes... Ensemble, les constructeurs nippons contrôlent directement 31 % du marché automobile américain et indirectement plus de 35 %, si l'on compte les véhicules de marque américaine fabriqués dans les usines japonaises aux États-Unis ou au Canada. Signe des temps : la voiture la plus vendue aux États-Unis est, pour la première fois en 1989, une japonaise : la Honda Accord.

« *Flagship One* »

Août 1983. Le président Eiji Toyoda rassemble ses idées pour la rédaction d'un livre à l'occasion du

1. James Womack, Daniel Jones, Daniel Roos, *The Machine that Changed the World*, Rawson Associates, octobre 1989.

cinquantenaire de l'entreprise fondée par son oncle, Sakichi Toyoda, l'inventeur du métier à tisser automatique. Toyota, premier constructeur nippon (55 milliards de dollars de ventes en 1989), fabrique alors 8 % de toutes les voitures vendues sur la planète et ne cesse de progresser en volume et en qualité. L'entreprise ne doit pas s'endormir sur ses lauriers : elle est mûre pour un nouveau défi. Toyoda convoque dans le plus grand secret les mandarins de la firme : « Pouvons-nous fabriquer la meilleure voiture de luxe du monde ? » Le directeur général Shoichiro Toyoda, les stratèges, les ingénieurs et les designers présents sont formels : non seulement Toyota le peut, mais il le doit. Le groupe est prêt à jouer sa réputation sur la voiture emblème d'un demi-siècle de savoir-faire. De ce jour, Toyota concentre ses ressources sur le chantier automobile le plus ambitieux de son histoire : l'opération *Flagship One* (F 1).

Fin 1984, le projet F 1 dispose de son équipe autonome : Shoji Jimbo, plus tard remplacé par Ichiro Suzuki, est responsable de l'ingénierie, Kunihiro Uchida du design, Tomohide Yamada de l'aménagement intérieur, Katsuhiko Shjiro des couleurs. Dans l'esprit de ces vétérans de l'automobile, il est clair, dès le départ, qu'il ne s'agit pas simplement de construire une Toyota de luxe, comme les limousines Crown ou Century déjà vendues sur le marché nippon. *Flagship One* est destiné à créer une ligne exclusive d'automobiles très haut de gamme, de classe mondiale : « Une voiture de luxe supérieure aux meilleures européennes, explique alors Suzuki, mais vendue meilleur marché que leurs modèles milieu de gamme. »

« Les États-Unis, premier pays consommateur de voitures de luxe, étaient évidemment la cible principale », souligne Kazuo Okamoto, le jeune chef ingénieur de la division planning-produit du groupe. Toyota allait, pour la première fois, créer un modèle spécifiquement ciblé pour le continent nord-américain. La stratégie de Toyota et de Nissan est de « suivre avec leurs produits l'évolution de leur clientèle », explique Chris Cedergren, analyste de J.D. Power Associates. Ce cabinet de consultants d'Agoura Hills, en Californie, rend en matière de qualité automobile des avis qui, de Detroit à Tokyo, ont l'autorité du Jugement dernier. « Les *baby boomers* américains sont devenus pères de famille et montent dans l'échelle sociale, constate Cedergren. Leurs goûts et leurs besoins ont changé : ils sont prêts à troquer leur Toyota Cressida ou leur Nissan Maxima contre des voitures qui parlent mieux de leur standing. » C'est cette clientèle-là que visent la LS400 et l'Infiniti Q45, dont le prix de base (38 000 dollars) est de 20 % inférieur à celui de leurs concurrentes européennes.

Première étape : ausculter le marché. Au printemps 1985, deux équipes traversent le Pacifique : Shoji Jimbo, à la tête d'un petit groupe d'ingénieurs, et Kunihiro Uchida, avec cinq de ses meilleurs dessinateurs. De San Francisco à Denver, de Miami à Houston, les Japonais sillonnent le pays, interrogeant anonymement les concessionnaires de voitures de luxe et les groupes d'acheteurs potentiels, sondant les réactions à l'éventuel lancement d'un modèle de luxe nippon. Mais l'un de leurs objectifs, explique Okamoto, était « de vivre la vie quotidienne des riches Américains : de comprendre ce qu'ils aiment, d'étudier la manière dont ils utilisent leur voiture ». Kunihiro Uchida et sa petite troupe élisent donc domicile pour trois mois dans une grande villa de Laguna Beach, à 90 kilomètres au sud de Los Angeles, avec vue sur le Pacifique.

« La beauté des paysages, le sens de la mode et les

habitudes de consommation en font un lieu idéal pour la création », explique Uchida. Kunihiro Uchida a maintenant regagné Toyota City, le fief du premier constructeur nippon, près de Nagoya. Installé dans l'une des tristes petites salles de réunion du siège vieillot de Toyota, il raconte l'épopée de la création de Lexus. « Une voiture a l'air différent dans différents décors. Il était impossible de dessiner la Lexus depuis le Japon si l'on voulait qu'elle s'accorde avec les États-Unis : ses buildings, la largeur de ses rues, les autres voitures sur l'autoroute... et même la végétation. » De leur maison de Laguna Beach, les hommes de Toyota font des expéditions d'observation sur les parkings des country clubs, ils louent des voitures de luxe, ils font le pied de grue à la sortie des restaurants chics de Los Angeles. Ils étudient comme des entomologistes le mode de vie de ces *baby boomers*, dont ils n'ont alors que des idées vagues glanées sur les écrans de cinéma, ou lors de trop courts séjours.

Grâce aux employés de la filiale américaine de Toyota, Kunihiro Uchida et ses collègues sont invités à une garden party chic de Houston : « On a vu le jardin impeccable, le mobilier élégant, les statues antiques; on a apprécié les mets délicats, les bons vins. » De retour en Californie, les stylistes japonais ferment les yeux... et tentent d'inventer les formes de la voiture qui s'harmoniserait le mieux avec cet environnement raffiné. Ils traduisent leurs intuitions sur les planches des studios de design de Toyota, à Newport Beach. Ils tiennent dès lors leur concept : « Les Américains riches ne recherchent ni la modernité ni le gadget, explique Kunihiro Uchida. Il fallait éviter le tableau de bord genre "Tokyo de nuit". L'idéal à atteindre était celui de la beauté classique, indémodable. Une voiture "à l'image du *David* de Michel Ange" », résume Okamoto.

Curieusement, l'équipe d'Infiniti, qui effectuait le même type de voyage d'étude, presque au même moment, dans la communauté californienne voisine de Laguna Miguel, en a tiré des conclusions très dissemblables. Pour le responsable du projet, l'ingénieur Takashi Oka, « il n'était pas question de créer un modèle stéréotypé : de copier les voitures de luxe européennes ». Nissan souhaitait au contraire accoucher d'un modèle différent, « une voiture à part, spécifiquement japonaise, qui enrichisse la gamme des modèles de luxe déjà existants ». Avant d'être nommé responsable du projet Infiniti, Oka travaillait dans les laboratoires de Nissan, qui créent des prototypes aux formes futuristes. Il savait qu'un style avant-gardiste et novateur mettrait plus longtemps à s'imposer. L'acheteur américain est par exemple tout à fait déconcerté par l'absence de calandre sur la Q45... Mais, depuis quelques années, le président de Nissan, Yukata Kume, encourage son équipe à prendre des risques pour redresser l'image d'un groupe aux produits vieillots. À l'issue d'une compétition entre sa cellule américaine de design et deux unités de Tokyo travaillant respectivement sur un style européen et un style nippon, Nissan a opté, fin 1986, pour la « japonité ». « *Japan Original* », proclament les affiches publicitaires pour la Q45. Takashi Oka adore qu'on compare « sa » Q45 à la mode *made in Tokyo* : celle des Issey Miyake, Comme des Garçons, Yamamoto. Car Infiniti, c'est aussi l'affirmation délibérée d'une identité culturelle. Une déclaration d'intentions adressée à la planète : les constructeurs automobiles japonais ne se contentent plus de copier, ils créent leur propre style, qui peut aussi être universel. Le séjour américain de l'équipe Nissan a cependant permis à Takashi Oka de vérifier ses intuitions : visant un public d'enthousiastes, il privilégierait la performance technique plutôt que le confort.

La démarche de ces dessinateurs et de ces ingénieurs nippons illustre une nouvelle tendance de l'industrie. L'observation sociologique est devenue partie intégrante des études de marché des constructeurs de voitures. La Californie du sud, berceau de la « culture automobile » américaine, constitue pour cette nouvelle science un laboratoire de prédilection. Dans les années 30, la région comptait déjà plus de véhicules par habitant que n'importe quelle autre dans le monde. Plus tard, Los Angeles est devenue célèbre pour ses innombrables autoroutes, ses *drive-in* Mac Donald's, ses restaurants chics avec valets de parking... et même ses mitraillages en voiture entre gangs rivaux. Aujourd'hui, Los Angeles et Orange County représentent à eux seuls plus de 13 % des nouvelles immatriculations de voitures et de camions aux États-Unis. Dans une ville où l'apparence est reine, la voiture que l'on conduit vaut une déclaration de revenus : dis-moi en quoi tu roules, je te dirai qui tu es! Étant plus riche que l'Américain moyen et moins conventionnel que le consommateur de la côte Est, le Californien représente pour les firmes japonaises le « cobaye » de rêve, comme en témoigne l'anecdote suivante.

Stephen et Maritza French n'ont pas trouvé bizarre, sur le moment, que Takashi Morimoto mette tant d'application à essayer de comprendre leur mode de vie. Le jeune Japonais de dix-neuf ans, placé chez les French par une annonce du Centre culturel nippo-américain, ne leur avait-il pas expliqué qu'il travaillait chez Nissan et qu'il était là pour perfectionner son américain et sa connaissance du pays? Takashi Morimoto, qui a passé six semaines à Costa Mesa pendant l'été 1989, aimait particulièrement prendre des photos de la maison familiale et de tous les pavillons cossus de cette banlieue résidentielle d'Orange County. Il était calme, poli, serviable. Il regardait volontiers la télévision avec Stephen, Maritza et leurs filles, Sheryl et Danielle. Il faisait les courses avec eux au supermarché, les accompagnait avec plaisir lors des sorties familiales. Il aidait même, parfois, à laver la voiture...

Quelle ne fut pas la surprise de Stephen et Maritza, un matin d'octobre 1989, en recevant une enveloppe à en-tête Nissan, contenant un article du *Los Angeles Times* qui relatait en détail la « mission » de leur hôte ! Takashi Morimoto avait été envoyé chez eux par le constructeur automobile afin d'étudier à la loupe le style de vie des Californiens aisés et d'en tirer des enseignements pour un nouveau modèle de voiture. « Pendant un mois et demi, il a vécu avec les French, observé, posé des questions et rempli des pages de notes chaque soir dans sa chambre d'hôte[1] », expliquait l'article. « Il est important de pénétrer l'esprit des gens... Quelquefois, ils ne savent pas exprimer eux-mêmes leurs désirs... Alors nous observons attentivement et nous sommes juges », déclarait Makato Tachikawa, le directeur de la stratégie-produit de Nissan.

Le sang des French ne fait qu'un tour : le 7 décembre, jour anniversaire de Pearl Harbor, ils attaquent Nissan en justice devant la Cour supérieure d'Orange County. « Ils se sentent outragés, violés », explique leur avocate Nancy Kaufman. Dans une plainte de 9 pages, les French soulignent que les « véritables motivations de Morimoto, en s'insinuant dans leur foyer, étaient de les espionner et d'enregistrer le moindre aspect de leur vie privée pour le bénéfice de Nissan ». Les French clament avoir, de ce fait, subi « humiliation, détresse,

1. « Southern California : It's the Auto Industry Lab », *Los Angeles Times*, 2 octobre 1989.

angoisse, stress physique et mental et perte d'intimité ». Ils réclament des dommages et intérêts. Nissan réagit en déclarant cette plainte « totalement absurde ». Morimoto n'a jamais caché qu'il travaillait pour le compte du constructeur automobile japonais et voulait parfaire sa connaissance de l'Amérique.

L'affaire montre avec quel enthousiasme — et parfois quelle naïveté — les Japonais se sont lancés dans l'observation comportementale. Ils y ont déployé un zèle d'autant plus méthodique que leur connaissance de la société américaine était sommaire. « La différence entre les constructeurs automobiles américains et japonais? Les Américains croient savoir ce que le consommateur veut, alors que les Japonais insistent pour l'apprendre sur le terrain », explique George Peterson, un consultant automobile qui compte des clients des deux côtés du Pacifique. Ancien de Ford, Peterson travaille maintenant à son compte, dans une jolie villa perchée sur les collines de Santa Anna : « Les gens de Ford prennent des décisions à plusieurs millions de dollars en restant assis dans leur fauteuil à Detroit... » Exemple révélateur : le chef de la planification des produits n'assiste pas lui-même aux ateliers de recherche. De même, les ingénieurs vont rarement voir les concessionnaires. Les Japonais, au contraire, font maintenant réaliser des entretiens avec des familles américaines : des films vidéo de leur intérieur, de leur réfrigérateur, de leur garage, de leur jardin... Ils écoutent avec davantage d'attention la voix du consommateur et tentent de comprendre ce qui déclenche un achat. Alors que les principaux constructeurs japonais mènent ce type d'analyses comportementales depuis 1984, les Américains, eux, commencent seulement : Ford presque systématiquement, Chrysler et General Motors occasionnellement.

Ce genre de travaux permet concrètement de corriger des erreurs sur des modèles en cours de réalisation, ou bien de nourrir des recherches à long terme sur les tendances de consommation. Pour tester le dernier véhicule tout-terrain de Mitsubishi, George Peterson a, par exemple, organisé récemment des excursions dans la célèbre Vallée de la mort de l'Arizona : « Nous nous sommes aperçus que, compte tenu des distances à parcourir, le réservoir à essence prévu était trop petit. » Selon lui, ce type d'étude est encore plus justifié sur les créneaux du sport ou du luxe, où la cible est connue et les risques élevés. Sans leur séjour à Laguna Miguel, les stylistes de Nissan n'auraient sans doute pas conçu pour l'Infiniti Q45 des poignées de porte aussi massives, à l'image de celles des maisons américaines.

Le groupe Nissan, qui ne disposait même pas au Japon d'une cellule de planification à long terme avant 1986, a considérablement renforcé, depuis, sa capacité à effectuer des analyses comportementales. En 1990, son département américain de stratégie de marché est dirigé par Steve Barnett, anthropologue de formation, ancien professeur d'université et ex-consultant en marketing. « La première chose à faire est d'établir une base de données de l'état d'esprit des consommateurs, explique Barnett. On les classe, par exemple, en individualistes confiants, enthousiastes agressifs, acheteurs utilitaires désintéressés. Ensuite, on cherche les points de rupture et on établit des scénarios d'évolution pour ces groupes de comportements. » Citant Barthes et Lévi-Strauss à tout propos et s'habillant à la dernière mode new-yorkaise, l'intellectuel semble totalement déplacé au siège de Nissan, situé à Carson, à quarante minutes d'autoroute au sud de Los Angeles. Mais son nouveau job l'enthousiasme : « Il ne s'agit absolument pas d'établir des projections, comme le font la plupart des autres firmes. On observe les gens conduire comme s'il s'agissait d'étranges rites tribaux : la manière dont ils enfoncent la clef de contact, dont ils prennent la route, dont ils tiennent leurs mains sur le volant. Il faut ensuite fabriquer des modèles : inventer des règles qui permettent de traduire des traits de comportements, des symboles, des styles de vie — le chien de la famille ou la montre préférée... — en choix d'ingénierie, en formes et en couleurs de voitures. » Ce dictionnaire symbolique risque de comporter des erreurs de traduction d'autant plus graves que la maison mère est japonaise. « Il faut mettre encore davantage de soin à expliciter les symboles. » L'anthropologue de Nissan est cependant convaincu que l'analyse comportementale appliquée à l'automobile est sur le point d'exploser, y compris sur le marché intérieur japonais, où elle est quasiment inexistante, mais où les moins de 30 ans ont des goûts plus variés que leurs aînés.

Une Miata cali-sushi

La multiplication de ces recherches d'un genre nouveau est allée de pair avec l'éclosion, dans la région, des studios de design automobile : on n'en trouve maintenant pas moins de 11 entre Thousand Oaks, au nord-ouest de Los Angeles et San Diego, à la frontière mexicaine. Dans le secret de ces laboratoires, protégés par des portes à code et des systèmes d'alarme perfectionnés, une soixantaine de jeunes stylistes américains et japonais, en jeans et en T-shirt, s'efforcent de traduire en courbure de capot les goûts changeants des automobilistes. Bon nombre d'entre eux sont diplômés du Pasadena Art Center College of Design voisin : une des écoles les plus prestigieuses du monde, qui a accouché ces dernières années d'un style de dessin industriel joliment baptisé « cali-sushi ».

Les dessinateurs de Toyota sont venus en Californie les premiers, dès 1973. Suivis de près par ceux de Honda, Nissan, Mitsubishi, Isuzu et Subaru..., puis par ceux du groupe suédois Volvo. Les Américains, eux, n'ont rallié le mouvement qu'à partir de 1983. Pour ne pas être en reste, Daimler Benz-Mercedes a, lui aussi, débarqué en 1991 dans le paradis américain du design. Mais les studios satellites de General Motors, Ford et Chrysler, sont relativement peu autonomes par rapport à Detroit. Ils fonctionnent davantage comme des « avant-postes » chargés de surveiller sur le terrain les percées de la concurrence nippone. Tâche ingrate car, ici, « l'ennemi » est partout : en 1992, les Japonais contrôlent la moitié du marché automobile californien. Si bien que pour les cadres des *Big Three*, les autoroutes d'Orange County tiennent du cauchemar éveillé. Imaginez quatre files ininterrompues de Honda Accord, de camionnettes Toyota et de coupés Nissan 300ZX... parmi lesquelles on distingue, de temps en temps, une « belle américaine » : le plus souvent une immense Chevrolet décapotable, ou une Ford pastel de la fin des années 60, vestiges de l'époque glorieuse de Detroit.

Les planches à dessin nippo-californiennes ont notamment enfanté le mini-van Toyota Previa, la Nissan Pulsar, la version break de la Honda Accord, et la nouvelle Toyota Camry. Mais le coup automobile nippon le plus spectaculaire des dernières années est sans conteste celui de la petite Mazda Miata. C'est une deux-portes décapotable aux formes rétro et aux couleurs vives, qui ressemble comme une sœur au sympathique taxi jaune de Toon Town, le copain de Roger Rabbit. Pourquoi la Miata n'est-elle pas née à Detroit ? Parce que l'idée d'une version moderne de la MG ou de la Triumph britanniques a germé dans le crâne de deux employés californiens de Mazda et que le huitième constructeur japonais était bien décidé à explorer la moindre « niche ». Persuadés qu'il y avait une possibilité de résurrection du segment des voitures de sport bon marché, Bob Hall, un ancien journaliste automobile reconverti dans la planification de produits, et Mike Jordan, un jeune dessinateur transfuge de la division Opel de General Motors, ont poussé chez Mazda le concept d'un véhicule « amusant à conduire ». En septembre 1984, leur dessin, pourtant en compétition avec deux autres en provenance du Japon, remportait l'assentiment de Tokyo. Le premier prototype de la Miata a été essayé près de Santa Barbara, en octobre 1985. La voiture, dont le développement n'a coûté que 100 millions de dollars contre 1 milliard pour un nouveau modèle de Detroit, a fait son entrée sur le marché le 1er juillet 1989. Elle est instantanément devenue la folie des *yuppies* californiens : fin août, Mazda en avait déjà vendu 5 800 et les candidats à l'achat, plutôt que de patienter des mois sur des listes d'attente, offraient jusqu'à 35 000 dollars... pour un véhicule qui en vaut 13 800. On observe aujourd'hui des Miata dans les rues de Londres, Bruxelles... et même Paris (sous l'appellation MX-5).

Esthétique et efficacité

Quand, en juillet 1985, les stylistes du projet *Flagship One* quittent Laguna Beach pour Tokyo, ils ont réalisé de nombreux dessins et trois modèles en argile. Quelques années plus tard au siège de Toyota, Kunihiro Uchida se souvient : entre une tasse de café et un Coca-Cola, il montre avec nostalgie sa collection d'esquisses de la LS400, collées dans un album semblable à ceux où l'on garde les photos de famille. À l'origine, la voiture de ses rêves tenait davantage de la Jaguar que de la Mercedes. Elle était racée, avec des lignes nerveuses, un habitacle aux formes aériennes. Mais la moulinette du consensus a finalement accouché de contours assez massifs. Car le dessinateur doit, bien entendu, soumettre son travail aux exigences des départements techniques : passer des heures avec les aérodynamiciens dans les tunnels à air, remanier inlassablement le dessin jusqu'à ce qu'il traduise le compromis optimal entre esthétique et efficacité. Les règles de l'aérodynamisme commandent, par exemple, que le coffre soit le plus haut possible, avec une queue étroite, mais alors la silhouette du véhicule n'a plus rien d'élégant. Pour la Lexus, les enjeux étaient si élevés que les discussions entre stylistes et ingénieurs ont été particulièrement âpres. « Que de compromis, soupire Uchida : une véritable torture pour le designer ! » Sans compter les exigences de la hiérarchie : pour une voiture normale, les dessinateurs font en général 2 présentations à la direction. Pour la LS400, il y en a eu 8 avant l'approbation finale, en mai 1987 !

Dans le même temps, Ichiro Suzuki et ses hommes s'attellent à l'ingénierie. Toyota affecte à F1 une véritable armée : 24 équipes, comprenant 1 400 ingénieurs, 2 300 techniciens et 220 travailleurs d'appoint... Avec un seul mot d'ordre : faire mieux que la concurrence. Ils commencent, bien sûr, par se payer quelques superbes Mercedes, BMW et Jaguar qu'ils désossent pièce par pièce, boulon après boulon. Extérieur et intérieur. Chaque équipe doit d'abord identifier, dans son domaine de compétence, les attributs des voitures de luxe les plus sophistiquées de la planète. Elle s'attache ensuite à développer des mécanismes plus performants...

C'est la pratique du *reverse engineering*, l'ingénierie à rebours, qui a aussi permis aux Japonais de copier, tout en les perfectionnant, les gadgets américains de l'électronique grand public.

Il ne s'agit pas, en l'occurrence, pour Toyota, de fabriquer une bonne mécanique sans âme. La voiture se doit d'être plus chaleureuse, plus « humaine » que ses concurrentes ouest-allemandes. En juillet 1985 sort un prototype F1, premier d'une série de 450 voitures-tests ! C'est alors que, du moteur aux transmissions et aux suspensions, en passant par le moindre loquet de porte, toutes les pièces du véhicule sont soumises à un programme de « torture » maximale. Chaque défaut est ensuite analysé et corrigé. Un programme « anti-âge » simule le vieillissement de 96 zones cruciales. L'écaillage de la peinture, la corrosion de la carrosserie sont combattus, tout comme les grincements et les vibrations dus au jeu des pièces. Les ingénieurs de Toyota ont notamment redoublé d'ingéniosité pour rendre la voiture extrêmement silencieuse.

« En général, il existe des barrières entre les équipes chargées du développement, de la production et de la préparation de l'usine, explique l'ingénieur Kazuo Okamoto. Ici, nous avons tenté une approche totalement originale : les trois divisions et les principaux sous-traitants étaient tous représentés au sein du "Comité F1" pour la qualité. Nous nous sommes débarrassés de nos préjugés. Et nous avons radicalement changé notre approche. » L'ingénieur sort de son sac deux plaques de tôle et un maillet. « Il est convenu de penser que la tôle doit résonner comme ceci. » La première plaque émet sous le choc un son métallique… « Mais, en l'occurrence, poursuit-il, on utilise un alliage unique, qui sonne comme cela. » Souriant, il frappe la seconde plaque, qui produit un son mat de plastique.

Au printemps 1986, vient enfin l'époque des tests en vraie grandeur : l'endurance sur les autoroutes ouest-allemandes, la résistance au froid et la capacité de freinage sur les routes glacées de Suède et du Canada, le confort, la maniabilité, ainsi que la qualité du système stéréo aux États-Unis. Pour plus de discrétion, les prototypes F1 sont déguisés en « mules » avec un corps de Toyota Cressida, ou bien masqués par des panneaux soudés à la main.

Les robots et les artisans

L'usine de Tahara, à une heure et demie de voiture au sud de Toyota City, est une langue de terre de 300 hectares, couverte de bâtiments et bordée de toutes parts par l'océan Pacifique. C'est sur ce site spécialisé dans les modèles de luxe que le groupe fabrique, à raison de 6 000 unités par mois, la Lexus LS400, destinée à l'exportation, et sa sœur nippone, la Toyota Celsior. Tahara, qui date de 1979 et assemble quatre autres modèles (Soarer, Supra, Celica et Carina), a été entièrement modernisé à cet effet. Un lifting technologique à 200 millions de dollars lui donne des allures d'usine futuriste. Une fonderie toute neuve moule les pièces en aluminium du puissant moteur V8. Les deux ateliers d'emboutissage sont presque totalement déserts. Des robots à souder informatisés de haute précision, à qui des bataillons de véhicules à guidage automatisé apportent en clignotant les pièces, réalisent des soudures invisibles et impalpables. Des machines de contrôle dernier cri vérifient, au laser, la précision du montage. Enfin, la chaîne d'assemblage final, entièrement repensée, traite simultanément 3 types de véhicules différents... Flexibilité, précision et qualité, caractéristiques traditionnelles du *made in Japan*, sont ici recherchées jusqu'à l'obsession : « Lexus : la recherche intransigeante de la perfection », proclament les panneaux verts affichés dans tous les bâtiments. Lors de son processus de fabrication, une LS400 s'arrête en moyenne 4 minutes à chaque station, contre 70 secondes seulement pour une Toyota banale. Par rapport au modèle Supra, la Lexus LS400 subit 300 opérations de vérification supplémentaires. Elle bénéficie notamment, après assemblage final, d'une ligne de contrôle spéciale, où s'agitent des essaims d'inspecteurs en gants blancs.

Selon les experts du MIT, Toyota construit sa LS400 en 19 heures de travail, soit le temps qu'il faut à Daimler Benz pour corriger les défauts de ses Mercedes en fin d'assemblage ! En bout de chaîne, les Lexus sont testées pendant 17 kilomètres sur la piste remodelée de Tahara. De cette route, on aperçoit, à l'horizon, l'énorme paquebot noir et blanc, peint à l'enseigne de Toyota, qui s'apprête à filer sur l'Amérique.

Par contraste, 400 kilomètres plus au nord, dans son usine de Tochigi (qui assemble aussi les Pulsar, les Cedric et les Gloria), Nissan fabrique 4 000 Infiniti Q45 par mois, avec le soin jaloux d'un artisan japonais traditionnel. Contraint par des ressources limitées, le groupe ne pouvait pas se lancer dans une mécanisation démesurée. « Nous n'avons pas dessiné la Q45 pour qu'elle soit assemblée par des robots », explique le chef de projet Takashi Oka. Dans le bâtiment d'assemblage primaire, le contraste est frappant : à gauche, la chaîne de montage de la Q45, grouillant d'ouvriers en pantalon beige, T-shirt vert, casquette Nissan et gants blancs ; à droite, celle de la Cedric, presque entièrement automatisée. À ce stade, l'Infiniti requiert deux fois plus de main-d'œuvre qu'un autre modèle, mais elle bénéficie, pour la soudure de la carcasse, d'un appareillage dernier cri : l'IBAS ou *Intelligent body assembly system*, fondé sur l'utilisation du rayon laser. L'opération de soudure peut être contrôlée d'une cabine attenante, où les ouvriers pianotent, en cas de besoin, sur un ordinateur de contrôle.

Au lieu de prévoir, comme chez Toyota, une ligne supplémentaire de contrôle de la qualité, Nissan a intégré des équipes d'inspecteurs spécialisés à chaque étape de la fabrication de la Q45, et les vérifications sont en grande partie manuelles. « Nombreux sont les postes où l'homme travaille beaucoup mieux qu'un robot », souligne un des managers de Tochigi. Le soin apporté à la Q45 — dont la fabrication requiert 35 heures, soit une fois et demie plus de temps que les autres modèles — est encore plus manifeste sur la chaîne d'assemblage final. Les véhicules y sont arrêtés — ce qui arrive rarement sur les autres chaînes de montage — pour que les ouvriers se livrent aux tâches les plus délicates : l'injection d'uréthane dans les piliers, pour la rigidité de la carcasse, ou encore l'installation d'un système de suspension hydraulique actif très sophistiqué, jusqu'alors seulement disponible sur les modèles de course de type F1. Six détecteurs électroniques communiquent un flux ininterrompu de données sur le mouvement des roues à un microprocesseur « 16 bit », qui commande instantanément les corrections au système hydraulique.

Résultat : la voiture répond à la route en compensant le moindre dévers. « On a délibérément réglé le système pour qu'il roule un peu dans les tournants. Autrement, la plupart des conducteurs ne se seraient aperçus de rien avant que la voiture ne verse », explique en souriant un ingénieur. La stabilité conférée à l'Infiniti par cette suspension futuriste fait la fierté des hommes de Nissan. Les performances dynamiques de la Q45 sont, selon eux, très supérieures à celles de la Lexus LS400 et des concurrentes européennes.

La Q45 enthousiasme les amateurs de conduite sportive. Sur la piste d'essai de l'usine de Tochigi, la voiture absorbe les bosses sans se balancer, ne chasse pas dans les tournants, ne plonge pas du nez au freinage. Elle « danse », sous la main experte d'un des pilotes professionnels, qui conduit chaque véhicule pendant 30 kilomètres. « Les problèmes sont toujours détectés pendant le processus de fabrication. On livre du zéro défaut », souligne Takebe, l'un des managers de l'usine. Par moments, l'Infiniti croise sur la piste un bolide tous phares allumés... emballé de plastique noir, comme une œuvre du sculpteur Christo. C'est le prototype d'un nouveau modèle ultra-secret de Nissan, testé sur le circuit qui entoure complètement l'usine, et qu'un épais rideau d'arbres protège du regard indiscret des *paparazzi*.

Une cible mouvante

Les innovations techniques réalisées au cours du développement de Lexus et d'Infiniti sont progressivement diffusées aux autres sites de Toyota et de Nissan, ce qui pourrait creuser davantage l'écart de compétitivité entre les grands groupes nippons et leurs concurrents occidentaux. Qu'ils produisent en effet des compactes à 6 000 dollars ou des voitures de luxe à 40 000, qu'ils les assemblent avec force robots ou dans des usines peu mécanisées, les principaux constructeurs japonais ont pris, depuis les années 70, une avance très nette sur la concurrence. Les Américains s'efforcent, depuis, de combler leur retard... En vain, constate Chris Cedergren, du cabinet J.D. Power, car, en matière de qualité, « les Japonais sont une cible mouvante ». Après dix ans d'efforts et des milliards de dollars investis, les *Big Three* de Detroit ont, certes, fait de gros progrès : le taux de défauts des voitures américaines a baissé de 40 % depuis 1985. Et, en 1989, c'est une américaine — la Buick Le Sabre, de General Motors — qui remportait, derrière la Nissan Maxima, le deuxième prix de fiabilité. Mais, pendant que GM, Ford et Chrysler s'efforçaient d'améliorer la qualité traditionnelle de leurs produits, les Japonais, eux, réinventaient le concept de qualité. Non seulement ils ont redoublé d'attention sur les détails, la finition, mais ils ont, en outre, conçu des véhicules plus attrayants. Pour les Japonais, le terme qualité ne recouvre pas seulement les améliorations mécaniques qui font qu'une voiture ne tombe pas en panne; il désigne aussi l'art de fournir au conducteur l'« expérience de conduite » la plus sophistiquée possible. Notion inquantifiable, mais qui parle aux sens : le plaisir de l'œil, la sensation de confort, de bien-être au contact d'un intérieur raffiné. Bref, c'est l'art de fabriquer une voiture qui entraîne, comme la drogue, un phénomène de dépendance. Le Salon automobile 1989 de Tokyo présentait une débauche de gadgets électroniques : du téléphone de voiture à commande vocale au télécopieur taille boîte à gants, du système de navigation par satellite au vibromasseur incorporé dans le siège du conducteur... Auprès de la Toyota MR2, de la Mitsubishi 3000 GT, ou de l'Acura NSX super-sport de Honda (60 000 dollars !), les derniers modèles de Detroit ont l'air désuet.

Les efforts des Japonais ne s'arrêtent pas à la fabrication du produit : les relations avec les clients sont, elles aussi, particulièrement soignées. C'est pourquoi Lexus et Infiniti se sont constitué des réseaux de concessionnaires séparés de Toyota et de Nissan. Leurs points de vente devaient respecter des spécifications très précises, tant pour l'architecture que la qualité du service. C'est notamment grâce à ce souci du service que Toyota a réussi à transformer en atout un problème qui aurait pu être fatal au démarrage de Lexus. Début 1990, les concessionnaires ont dû rappeler toutes les LS400 vendues aux États-Unis pour réparer deux défauts mineurs. « Mon concessionnaire est venu chercher la voiture chez moi, m'a laissé une autre LS400 en échange et a ramené la mienne le lendemain, lavée et le réservoir à essence plein. Chapeau pour le service! », commente un informaticien de la Silicon Valley qui avait troqué sa Mercedes pour une Lexus. Pas étonnant, dans ces conditions, de voir les constructeurs nippons avancer aux États-Unis comme en terrain conquis.

Le maintien de quotas d'importation de voitures nippones, le souci d'éviter la montée du protectionnisme, l'évolution des taux de change et la volonté de coller aux tendances du marché ont conduit les Japonais à fabriquer aux États-Unis une partie croissante de leur production. Alors que, dans les années 80, les firmes de Detroit fermaient usine sur usine, les constructeurs nippons, eux, multipliaient les nouvelles unités d'assemblage. Honda, Toyota, Nissan, Mazda, Mitsubishi, Suzuki et Isuzu gèrent désormais 11 usines sur le continent nord-américain, et Toyota a décidé, en novembre 1990, de doubler la capacité de son usine du Kentucky. Les observateurs ont longtemps voulu croire que l'avantage automobile japonais découlait essentiellement de spécificités sociales et culturelles inexportables, notamment une main-d'œuvre soumise et bon marché. Mais les faits sont venus détruire ce mythe : en 1990, un travailleur à la chaîne de Toyota est payé en moyenne 49 000 dollars par an, contre 40 000 chez Ford. Le niveau moyen des salaires reste en revanche moins élevé chez les sous-traitants ou équipementiers nippons que chez leurs équivalents américains. Les usines japonaises aux États-Unis (les *transplants*) ont en tout cas amplement démontré que les Japonais pouvaient réitérer le miracle en employant une main-d'œuvre américaine. Selon l'étude du MIT, les *transplants* sont 25 % moins efficaces que leurs jumeaux du Japon, essentiellement parce qu'ils n'ont pas encore développé un réseau de sous-traitants de qualité comparable.

« *If you can't beat them, join them!* » Si vous ne pouvez pas les battre, ralliez-vous à eux, conseille le proverbe. Chaque constructeur américain possède une ou plusieurs usines en partenariat avec des Japonais et importe ou commercialise sous sa marque des véhicules de fabrication nippone. Toyota a commencé l'assemblage aux États-Unis en 1984 : s'associant à General Motors, le groupe japonais a rouvert sous le sigle de NUMMI (New United Motors Manufacturing Inc.) l'usine de Fremont, à une cinquantaine de kilomètres au sud de San Francisco. Cette unité assemble des Toyota Corolla et, pour GM, la Chevrolet Nova puis la Geo Prizm. General Motors est également associé au Canada à Suzuki, qui produit des petites voitures et des jeeps. Ford est propriétaire de 24 % de Mazda, qui assemble des Mazda MX-6 et des Ford Probe à Flat Rock (Michigan). Chrysler et Mitsubishi ont établi à Normal (Illinois) une usine qui fabrique des Plymouth Laser et des Mitsubishi Eclipse. Au total, un bon quart de la production des *transplants* japonais aux États-Unis est vendu sous enseigne américaine.

La famille des fournisseurs

La supériorité nippone est multiforme. D'une part, les Japonais dessinent et développent leurs modèles plus rapidement que les Américains ou les Européens. On retrouve ce décalage sur le segment du luxe : « Les gammes Lexus et Infiniti auront un cycle de remplacement de 6 ans, contre 8 à 12 pour les européennes de même standing », explique le consultant George Peterson. Cela n'assure pas seulement aux constructeurs nippons l'avantage du look moderne : ils peuvent aussi plus facilement corriger le tir si un modèle se vend mal. En outre, les designers japonais travaillent en étroite collaboration avec les ingénieurs pour intégrer, dans le dessin des voitures et des pièces, les contraintes ultérieures de fabrication et d'assemblage. Les parties sont conçues dès le départ pour s'emboîter comme dans un jeu de Lego.

D'autre part, les constructeurs japonais associent beaucoup plus étroitement leurs fournisseurs de pièces détachées au processus de recherche et développement que ne le font les Américains et les Européens. Il est, par exemple, courant que les fournisseurs extérieurs assistent aux réunions d'ingénierie sur des modèles non encore approuvés pour la production. Leur rôle est capital : Toyota, Nissan ou Honda achètent 70 % à 80 % de leurs pièces à des sociétés extérieures, contre 30 % pour General Motors... Les sous-traitants fournissent parfois des pièces de grande importance, comme Aichi Machine Industry, qui produit pour Nissan des moteurs complets. Les usines des équipementiers japonais sont le plus souvent situées à quelques minutes de camion de la chaîne d'assemblage, ce qui leur permet de livrer les pièces « à flux tendus » et élimine la nécessité de stocks coûteux. L'usine Mazda d'Hiroshima, par exemple, est entourée de 120 ateliers de fournisseurs, qui peuvent lui livrer dans la demi-heure 80 % de ses pièces détachées.

Mais il ne s'agit pas simplement de proximité

géographique : les constructeurs japonais entretiennent avec leurs fournisseurs privilégiés des relations étroites et de long terme, participant fréquemment à leur capital et formant avec eux une sorte de famille industrielle, ou *keiretsu*. Les principales sociétés sous-traitantes établissent leurs critères internes de qualité, effectuent leur propre recherche-développement et servent d'intermédiaires aux constructeurs pour une multitude de fournisseurs de second ordre. Cela permet à Toyota de ne travailler directement qu'avec 200 ou 300 sociétés extérieures... alors que GM, par exemple, en gère en direct plus de 5 000 ! Ce système est, semble-t-il, un des garants de la qualité : chez Toyota, le taux de rejet des pièces fabriquées au Japon est de 25 %, contre 3 % pour les pièces achetées à des fournisseurs américains. Par ailleurs, la délégation des tâches permet aux constructeurs nippons, qui tournent avec des effectifs moins nombreux, de concentrer leurs forces sur le design, l'ingénierie et l'assemblage.

Naturellement, les *transplants* japonais importent la totalité de leur équipement lourd du Japon, ce qui contribue à aggraver le déficit commercial américain. Leur premier réflexe a aussi été d'importer beaucoup de pièces. Mais la critique des « usines tournevis » devenant de plus en plus vive, les constructeurs nippons ont incité leurs fournisseurs habituels à venir, eux aussi, s'implanter outre-Pacifique. Face à la concurrence redoutable de ces quelque 350 firmes, le nombre des équipementiers américains a chuté de 35 % depuis la fin des années 70. Ceux qui restent font des efforts pour travailler avec les Japonais. S'ils décrochent un contrat avec Honda ou Nissan, ils doivent le plus souvent importer des machines-outils et des pièces secondaires japonaises, et le « zéro défaut » est leur seule assurance de survie. L'adaptation aux méthodes de travail nippones est ardue, même quand il s'agit d'usines en partenariat. « Les efforts de NUMMI pour établir avec ses fournisseurs américains des relations à la japonaise ont inégalement réussi », note John Krafcik, un ancien ingénieur de contrôle de la qualité de l'usine Toyota-General Motors de Fremont [1]. La division Packard Electric de General Motors a, par exemple, très bien su se mettre à niveau : elle a envoyé des ingénieurs à plein temps à NUMMI et à demandé l'assistance de Sumitomo Wiring Systems, le fournisseur traditionnel de Toyota. D'autres, en revanche, s'en sont montrés incapables. En octobre 1990, la Federal Trade Commission américaine ouvre une enquête, à la demande de deux comités du Congrès, pour examiner si Nissan, Honda et Toyota n'accordent pas une préférence anti-concurrentielle aux sous-traitants de leur propre « famille » industrielle.

Du fordisme au toyotisme

La véritable révolution des *transplants* relève du management des ressources humaines. Qu'ils produisent en Europe, au Mexique ou aux États-Unis, c'est l'atout-maître des Japonais. Le cas de NUMMI est particulièrement marquant parce que General Motors avait dû fermer l'usine de Fremont en raison de problèmes sociaux. Toyota, ayant rouvert une unité existante, a dû non seulement réembaucher 80 % des contestataires licenciés deux ans plus tôt par GM, mais aussi accepter la présence en ses murs du puissant syndicat américain de l'automobile, l'UAW. Tapie dans le coin sud-est de la baie de San

1. « Learning from NUMMI ». International Motor Vehicule Program, MIT, 15 septembre 1989.

Francisco, la longue usine gris-kaki fait figure de dinosaure industriel au pays de la haute technologie : dans la région, on l'appelle « le Cuirassé ». Depuis sa renaissance nippone, ses performances sont étonnantes : à NUMMI, les voitures sont produites en 20 heures, au lieu de 28 pour un véhicule comparable dans l'usine GM de Framingham (Massachusetts). « Fremont ancienne manière aurait eu besoin de 50 % de travailleurs de plus que NUMMI pour assembler une voiture similaire en utilisant la même technologie », souligne John Krafcik. L'absentéisme non excusé des travailleurs de NUMMI est de 2 %, au lieu de 9 % dans les autres unités GM. Et, alors qu'aucune autre voiture GM ne figurait dans les 15 premières places, la Chevrolet Nova de NUMMI a remporté le deuxième prix de qualité de toutes les voitures du marché américain.

Les techniques de management et les relations avec les ouvriers permettent, à elles seules, un gain de productivité qui économise 750 dollars par voiture. La clef du miracle, c'est le « système de production de Toyota ». Ce que les experts appellent « toyotisme » par opposition au « fordisme » inventé par Henry Ford et appliqué à Detroit. Le système Toyota, conçu par un de ses ingénieurs légendaires, Taiichi Ohno, est tripode : travail d'équipe *(teamwork)*, livraison des pièces « juste à temps » ou à « flux tendus » *(just in time)* et amélioration continuelle du processus de production *(kaizen)*. Les travailleurs sont répartis en équipes de 5 à 7 membres, dont un leader. Ce chef d'équipe n'a pas de fonction spécifique sur la chaîne, mais remplit des tâches qui, dans une usine américaine typique, sont effectuées par des ingénieurs et autres spécialistes. Il contrôle la qualité, forme les membres de son groupe à des travaux multiples et assure certaines tâches administratives. Si un membre du groupe manque, le chef d'équipe le remplace. Règle qui, couplée avec un système de sanctions sévère, explique un taux d'absentéisme particulièrement faible.

« Travail d'équipe » signifie en principe que les cadres et les ouvriers — dans la plupart des usines japonaises, on les appelle « techniciens » — travaillent dans le respect mutuel. Dans les *transplants* japonais, les managers ne jouissent pas des mêmes privilèges matériels que dans les usines américaines. Ouvriers et cadres se garent sur le même parking, portent le même uniforme de travail, déjeunent à la même cantine. Avant de prendre des décisions majeures, les cadres sont censés consulter les travailleurs concernés. Ces derniers sont multispécialisés, ce qui permet davantage de flexibilité dans leur affectation. Ils changent régulièrement de tâche. La nomenclature des travaux, ainsi que les droits d'ancienneté, ont été considérablement réduits : NUMMI ne distingue que 4 catégories de postes, au lieu de quelque 180 dans une usine américaine typique.

Enfin, le système repose sur une standardisation poussée de toutes les tâches : chaque phase d'une opération d'assemblage est définie en termes de localisation des pièces, de mouvement du corps et de temps nécessaire à son accomplissement. Reste ensuite à pratiquer la *kaizen* : l'amélioration continuelle de la manière dont ces gestes sont effectués, donc de la performance. Les « techniciens » sont invités à faire des suggestions qui visent à simplifier ou réduire leurs mouvements, à éliminer gaspillage et perte de temps *(muda)*. Les Japonais ont également essayé, au début, de faire faire à leurs ouvriers américains la traditionnelle gymnastique de mise en forme matinale. Mais ils ont touché la limite de l'exportation culturelle : cette pratique a vite été abandonnée.

La force du système Toyota ne réside pas, comme on l'a longtemps cru, dans une mécanisation très poussée, mais dans la philosophie qui consiste à tirer le meilleur parti des ressources technologiques et humaines existantes. General Motors a inutilement dépensé des dizaines de milliards de dollars en robotisation avant d'arriver à le comprendre. Si la notion de travail en équipe connaît des variantes d'une usine à l'autre, toutes les unités du continent gérées par les Japonais pratiquent la standardisation des tâches, la flexibilité de la main-d'œuvre, une sévère répression de l'absentéisme et, bien sûr, la *kaizen*. Ces travailleurs « japonisés », qui parlent de « kaizeniser » leurs opérations et dénoncent la *muda*, forment une « main-d'œuvre hybride » qui, estime John Krafcik, « incarne peut-être le meilleur des deux mondes ».

Sur les chaînes de montage, ce jugement fait cependant sourire. Car, si les ouvriers de NUMMI reconnaissent certains mérites aux méthodes de travail japonaises, ils sont loin de considérer leur usine comme l'utopie sociale décrite par les théoriciens. « On a accepté ce système, mais ce n'est pas le paradis », résume George Nano, négociateur principal de l'UAW pour l'usine de Fremont. Les bons côtés? « La communication est meilleure et nous avons davantage de responsabilités que dans l'ancien système GM. » Les ouvriers discutent avec les ingénieurs et les contractants : ils participent aux décisions sur l'installation des machines, sont associés à la répartition des tâches, ont leur mot à dire sur la qualité des pièces achetées à l'extérieur. Responsabilités qui auraient été impensables dans l'ancien système. Et puis, comme les Japonais de Tahara ou de Tochigi, ils ont le droit d'arrêter la chaîne de montage en cas de problème. Une lumière clignote alors sur le grand tableau électronique de l'atelier, et une musique retentit. Chaque équipe choisit un air personnalisé, ce qui permet de localiser le problème à l'oreille. Les responsables convergent alors (au Japon, en courant) vers le poste en difficulté. « Cette participation motive un peu les ouvriers, reconnaît George Nano. Mais il y a encore énormément de problèmes : beaucoup d'anciens cadres de GM ont gardé leur mentalité de petits chefs. »

« *Ils ne nous licencient pas : ils nous tuent d'abord!* »

À NUMMI, l'UAW joue le jeu de la coopération : au lieu d'avoir systématiquement recours à une procédure de plainte, les responsables syndicaux servent d'intermédiaires dans les différends qui opposent les ouvriers à la direction. Tony Dejesus, qui a travaillé 16 ans à General Motors avant la fermeture de l'usine, affirme que les plaintes résolvaient rarement les problèmes. En mai 1990, Tony est président du « local 2244 » de l'UAW : une petite baraque coquette en face du « Cuirassé », de l'autre côté du boulevard Fremont. « Le syndicat entretient avec la direction des rapports moins conflictuels. On tente de coopérer, de régler les litiges par le dialogue, explique-t-il. Et puis, on se préoccupe davantage de la qualité. On n'essaie plus, comme avant, de profiter systématiquement de l'entreprise. »

Cette attitude conciliante a des raisons historiques. Quand General Motors a fermé les portes de Fremont en 1982, il y a eu des suicides, des départs, des couples brisés... « L'UAW a dû organiser des soupes populaires sur le parking », se souvient un vétéran de l'usine. Après ce cataclysme social, les ouvriers étaient prêts à essayer un autre système.

« Les gens ont compris qu'on ne pouvait pas construire des voitures en restant au lit, qu'il fallait produire de la qualité... » L'important était de survivre. Autrefois, il y avait 5 usines automobiles en Californie; aujourd'hui, il ne reste plus que Van Nuys et Fremont. Les jobs industriels à 15 dollars l'heure sont une denrée rare. Alors l'UAW a coopéré : ses dirigeants sont partis apprendre la *kaizen* à Toyota City. En échange, Toyota, comme la plupart des constructeurs japonais implantés aux États-Unis, a fait une promesse de non-licenciement... à moins d'une situation d'extrême gravité. « En 1988, les ventes des Chevrolet Nova sont tombées de 30 %, se souvient George Nano. Dans le système General Motors, on aurait vidé la seconde équipe. Mais Toyota a tenu parole : la firme a construit davantage de Corolla et mis la main-d'œuvre inoccupée en formation... Depuis, les ouvriers ont davantage confiance. » Au point que certains ne verraient pas d'un mauvais œil que, comme la rumeur en court, Toyota rachète effectivement les parts de GM, au terme de leur contrat de partenariat en 1996. Dans l'immédiat, le constructeur japonais s'apprête en tout cas à étendre la capacité de production de NUMMI pour assembler 100 000 camionnettes.

Chez NUMMI, la position accommodante du syndicat n'est pas du goût de tous. « Travail d'équipe? Vous voulez dire management par le stress », s'exclame Robert Fernandez. Robert, dit Bob, est le trésorier de la section syndicale. En cette belle matinée de mai 1990, il est installé à une grande table du « local 2244 ». « Au début, je croyais aux méthodes japonaises, explique-t-il posément, moustache tombante, voix grave et regard triste. C'était parfait sur le papier, je ne demandais qu'à voir... Mais c'était trop beau pour être vrai : dans la pratique, la direction ne respecte aucun de ses grands principes.

Responsabilité ? Participation ? Balivernes ! Le gars qui tire le cordon pour arrêter la chaîne est harcelé par son chef d'équipe. Le travail d'équipe, c'est surtout la pression des pairs, la division : cela entraîne les ouvriers à se battre entre eux, au lieu de s'en prendre à la direction. »

Le système Toyota « repose sur la peur », analyse Bob : peur d'être mal noté, peur de perdre son job, peur que l'usine ne ferme. « Construire des voitures de qualité est un but honorable, concède-t-il. Tout le monde est pour. » Mais, en bon marxiste, Bob Fernandez pense que cet objectif ne vaut pas d'y sacrifier les intérêts de sa classe : « Quel que soit le nom que vous donnez au système de production, il y a toujours une ligne infranchissable entre management et ouvriers. Qu'on s'habille pareil, qu'on mange à la même table et qu'on pisse dans les mêmes chiottes n'y changera rien ! » Indigné par la mollesse des élus du syndicat local, Fernandez a créé en 1986, au sein même de l'UAW, un courant plus revendicatif appelé « Comité du peuple » (*People's Caucus*).

Pour ce contestataire, c'est le toyotisme même qui est vicié : « La *kaizen* conduit à un rythme de travail tellement infernal qu'on n'a même pas le temps de se gratter le nez... » A l'usine Mazda-Ford de Flat Rock, dans le Michigan, les ouvriers mécontents ont adopté un slogan : « Ils ne nous licencient pas : ils nous tuent d'abord ! » Et, dans beaucoup de *transplants*, les ouvriers américains désignent leur fastidieuse journée de boulot par un terme imagé : « huit heures d'aérobic », une savante chorégraphie industrielle, orchestrée à la seconde près. En outre, selon Bob Fernandez, le système Toyota est appliqué avec autoritarisme à NUMMI par des managers américains sans scrupules : « Au bout de quelques années, les gars sont "brûlés" et l'usine s'en débarrasse.

Depuis la réouverture, 800 ouvriers ont été renvoyés pour accidents ou mesures disciplinaires... ou bien sont partis dégoûtés. »

Le « Comité du peuple » ne préconise pas le retour du « Cuirassé » aux vieilles méthodes. Il reconnaît que General Motors ne mettait pas l'accent sur la qualité : les ouvriers devaient souvent forcer pour monter des portières qui ne s'adaptaient pas ! Il sait aussi que le toyotisme est largement accepté et que son extension à l'ensemble de l'industrie automobile américaine est plus ou moins inéluctable. Réaliste, Fernandez accepte presque que le syndicat doive, pour survivre, faire son deuil des privilèges de l'ancienneté et de la nomenclature complexe des tâches, pourtant imposés au prix de grèves historiques. Il milite en revanche pour un syndicat plus démocratique et plus combatif : « Sous prétexte de ne pas faire de vagues, l'UAW local ne défend plus le droit des travailleurs, accuse-t-il. Rendons au moins le système plus humain. » Un mot d'ordre qui porte : aux élections de 1989, Fernandez a été élu au poste de trésorier... bien que la direction l'ait empêché de faire campagne dans l'usine.

Tony Dejesus, blasé, balaie toute allusion au « Comité du peuple » d'une formule : politique syndicale. « Bob Fernandez noircit le tableau, tranche-t-il. Et c'est normal : comment voulez-vous qu'il arrive à prendre ma place, s'il reconnaît que je fais bien mon boulot ? » Et ses supporters ? « 90 % des gens ont compris que nous devions devenir compétitifs, tranche Dejesus. 10 % préféraient les vieilles méthodes : ils n'aiment pas les responsabilités. » Les dirigeants du « local 2244 » nient que la charge de travail globale ait considérablement augmenté. « À NUMMI, on ne travaille pas forcément davantage, on travaille plus intellectuellement », analyse George Nano. Et Tony Dejesus de renchérir : « Dans le système GM, certains se tuaient au boulot pendant que d'autres lisaient le journal. Aujourd'hui, le travail est mieux réparti. » La fronde du « Comité du peuple » sera en tout cas de courte durée. En 1991, c'est l'un de ses membres, Charles Curry, qui est élu président du « local 2244 ». Mais son discours s'est normalisé : il est pour la cogestion, et affirme même qu'à NUMMI, il n'est plus question de lutte des classes.

On retrouve cependant ce type de débat au sein des autres partenariats nippo-américains, où une étrange alliance de vétérans conservateurs et de jeunes activistes remet en question — et déloge parfois — une direction syndicale jugée trop molle. Même chose au niveau fédéral : si le président de l'UAW, Owen Bieber, a officiellement approuvé la notion de travail d'équipe à la japonaise, un courant dissident minoritaire, appelé « Nouvelles Directions », milite pour l'adoption d'une ligne antijaponaise dure. C'est que, victime de la déconfiture de Detroit, le syndicat a vu sa jouissance fondre à mesure que les *Big Three* automatisaient la production, puis fermaient leurs unités non compétitives. L'UAW, qui a perdu plus d'un tiers de ses effectifs au cours des dix dernières années, est maintenant tombé au-dessous du million de cotisants. Son seul espoir : pénétrer les vigoureux *transplants* japonais.

Syndicat n'est pas nippon

Aux États-Unis, aucune des forteresses automobiles 100 % japonaises n'a encore cédé à l'UAW. En 1985, le syndicat a même dû abandonner une campagne dans une usine Honda de l'Ohio avant que le vote ait lieu, tant il manquait de soutien. Mais la lutte la plus décisive, la bataille historique, a été livrée — et perdue — à Smyrna, dans le Tennessee.

Quand on arrive à Smyrna par l'ancienne autoroute de Nashville, au sud, on remarque d'abord la tour Nissan : un château d'eau massif, qui émerge de l'océan émeraude de la forêt. Plus loin, les terrains de sport, puis les ateliers, entourant un siège ultramoderne. 31 hectares sous un même toit, une capacité de production de 265 000 véhicules : la plus vaste unité d'assemblage de tout d'un seul tenant continent. Le 27 juillet 1989 au matin, devant l'usine, un groupe de travailleurs manifeste bruyamment sa joie : ils lèvent les bras au ciel, crient, sautent sur place. Ces hommes et ces femmes, en T-shirts Nissan, agitent des drapeaux américains et des panneaux : « *Union Free and Proud* » (non syndiqués et fiers de l'être). Le management, lui aussi, triomphe : les travailleurs de Smyrna viennent de se prononcer, par 1 622 voix contre 718, contre l'entrée de l'UAW dans leur usine. « Nous sommes heureux que ces élections soient derrière nous... La campagne a été quelque peu perturbatrice, mais nos employés ont gagné », commente Jerry Benefield, président de Nissan Motor Manufacturing Corp., qui regroupe les opérations de production de Nissan aux États-Unis.

Benefield a l'art de la litote : l'usine sort alors d'une guerre électorale de 18 mois, qui l'a littéralement coupée en deux camps ennemis. Comme les Français au moment de l'affaire Dreyfus, les « pro » et « anti »-syndicat ne mangeaient plus aux mêmes tables, ne se fréquentaient plus, se regardaient en chiens de faïence. Entre amis de camps opposés, on s'efforçait de ne pas « en » parler. Chaque faction avait ses généraux. Pour mieux résister aux efforts de l'UAW, la direction de Nissan avait fait appel au cabinet d'avocats Ogletree, Deakins, Nash, Smoak & Stewart, de Nashville, spécialisé dans les manœuvres antisyndicales. Aux États-Unis, le recours à des « casseurs de syndicats » professionnels (*Union Busters*) est en effet courant. Sur les conseils de ces experts en « déminage social », la bonne parole est abondamment véhiculée, pendant les mois précédant l'échéance, à travers les 200 postes du système de vidéo interne de l'usine, stratégiquement placés sur les aires de repos des ateliers.

« Impossible de lutter contre cette maudite télé! », se lamente Mike Williams. En cette fin d'après-midi du 23 mai 1990, Mike, qui sort de l'usine, est assis dans le modeste local de l'UAW, un vieux hangar à dix minutes au sud de Smyrna. « Nissan les intoxiquait avec l'idée que l'UAW est synonyme de pertes d'emplois. Ils leur montraient sans arrêt les usines GM fermant leurs portes... » Jeans, T-shirt bleu, regard bleu, abîmé par le boulot, Mike porte lourdement ses 42 ans. Il travaillait pour le constructeur de camions Peterbilt et militait déjà à l'UAW avant d'être embauché par Nissan il y a 5 ans. La direction de Smyrna, dans son cas, semble avoir fait passer son besoin de travailleurs qualifiés avant son aversion pour le syndicalisme. Elle le regrette sûrement : Mike est aujourd'hui l'un des principaux « activistes » de l'usine. En plus des vidéos, les cadres de Smyrna organisaient des réunions pendant les pauses. « Ils nous laissaient entendre que si le syndicat passait, nos privilèges sociaux seraient remis en cause... Un véritable bourrage de crânes! » Les coups portaient, car les ouvriers de Smyrna disposent de certains avantages que les travailleurs des groupes américains n'ont pas automatiquement : notamment un système de retraite plus avantageux et la possibilité de location-vente au rabais de voitures Nissan.

Affirmant que les travailleurs de l'usine Ford de Nashville gagnaient 7 900 dollars de plus par an, l'UAW a focalisé sa campagne 1989 sur les revendications salariales. Son autre cheval de bataille, c'était la sécurité du travail : le rythme insoutenable de la chaîne conduit à de nombreux accidents, affirment les partisans de l'UAW. « Regardez ! Mike Williams tend ses deux mains. J'ai subi deux opérations chirurgicales des os carpiens. À force de manier ce maudit pistolet à air. » Selon Williams, certains ouvriers blessés sont ensuite réaffectés au même poste : « J'ai dû me battre bec et ongles pour décrocher un nouveau job... Ils prétendent que les travailleurs sont leur "plus précieuse ressource", mais ils se moquent bien de nous. Tout ce qui les intéresse, c'est que les voitures sortent de cette foutue chaîne ! C'est un univers sans lois, où règne un arbitraire absolu. »

Conscient des enjeux de cette bataille, l'UAW avait dépêché à Smyrna une trentaine de ses organisateurs expérimentés. Ils ont mis des publicités dans la presse locale, distribué des tracts aux grilles de l'usine, appelé à des réunions. Ils ont même téléphoné personnellement à la plupart des ouvriers, et sont venus discuter le soir chez eux... Mais les forces pro-syndicales avaient du mal à se faire entendre dans l'usine : « Pas moyen de contrer leur intox ! Sous prétexte que j'avais déjà choisi mon camp, je n'étais pas admis aux réunions organisées par les cadres pendant les pauses », explique Williams. Selon lui, les ouvriers étaient terrorisés par les tactiques de la direction : « Des gamins de 20 ans... Ils ne savent pas comment se défendre. Quand ils venaient à nos réunions, leurs mains tremblaient. Ils n'osaient même pas signer le registre ! En Amérique ! Un pays libre ! »

En cette matinée de mai 1990, Jerry Benefield, calé sur un divan de la salle de réunion, au siège de Nissan-Smyrna, justifie la campagne électorale musclée de l'année précédente. « L'existence d'un intermédiaire entre ouvriers et cadres est une perte de temps. Cela crée un climat “nous contre eux”, “travailleurs contre managers”... Notre système marche mieux sans. » Comme ses ouvriers, le président, homme trapu au visage carré, encadré de lunettes, porte la veste de travail bleu électrique de Nissan, avec son prénom — Jerry — brodé au-dessus de la poche droite. Mais au siège de Nissan à Tokyo, on l'appelle affectueusement « Ben San ». Benefield, un transfuge de chez Ford, connaît bien le syndicat américain de l'automobile. Travailler avec l'UAW ? « Compte tenu de l'histoire du mouvement, de la personnalité de ses dirigeants, il n'y a aucune chance de progrès », tranche-t-il. En dépit d'expériences positives comme celle de NUMMI, les constructeurs japonais ont peur, s'ils acceptent l'UAW, de voir s'éroder la flexibilité et la multispécialisation de la main-d'œuvre, clé de voûte de leur compétitivité.

Depuis l'été 1989, les supporters de l'UAW sont en procès avec la direction de l'usine de Smyrna. Nissan a été dénoncé par l'État du Tennessee pour refus de publier ses statistiques d'accidents du travail 1989. « Ils veulent la liste des ouvriers blessés pour l'utiliser à des fins de propagande. Pas question ! », rétorque Benefield. Il réfute catégoriquement les allégations des militants syndicaux sur la sécurité : « Nous portons un soin tout particulier à l'ergonomie. Et le taux d'accidents est bien plus faible que la moyenne de l'industrie. » Smyrna a automatisé un grand nombre d'opérations pénibles et utilise un équipement dernier cri. « À certains endroits, une plate-forme hydraulique monte la chaîne à hauteur de la taille pour que les travailleurs soient à leur main, les pistolets à air ont tous été remplacés, les ateliers ont l'air conditionné », explique Gail Neuman, vice-présidente de l'usine, en charge des ressources humaines. Elle tend un graphique où des colonnes comparatives indiquent que Smyrna a enregistré, en 1988, 14 accidents pour 100 employés à plein temps, contre 47,8 % pour la moyenne nationale.

Jeune, mâle... et blanc

La petite voiture électrique utilisée pour promener les visiteurs file dans les allées interminables de l'usine : Vicky Smith, du service de presse, désigne sur la chaîne les carrosseries des deux modèles fabriqués par l'usine : la boîte rectangulaire de la Sentra côtoie les cabines à deux places des camionnettes à ridelles basses. Sur chaque corps de véhicule, un groupe d'ouvriers concentrés. À peine un regard aux visiteurs, et la tête se penche à nouveau sur le travail. Près de l'atelier de peinture, pourtant entièrement automatisé, l'odeur est suffocante; du côté des presses, le bruit assourdissant. À certains postes surnage, au-dessus du vacarme de la chaîne, la musique d'un poste de radio. « Les pièces, les outils sont toujours à proximité immédiate », note Vicky Smith. Pas d'allées et venues; pas de temps perdu; pas de temps à perdre. La voiture électrique s'arrête devant une fenêtre et Vicky tend le bras vers un vaste chantier à l'extérieur : « Ce sont les futurs bâtiments. » Nissan investit 450 millions de dollars dans un ambitieux plan d'extension. Dès l'été 1992, une troisième chaîne assemble à Smyrna 200 000 véhicules supplémentaires : la Stanza modèle 1992, dessinée à San Diego (Californie) et développée par les équipes d'ingénierie d'Ann Arbor (Michigan).

Bien que les travailleurs à la chaîne ne soient pas organisés en petites équipes, le système de production de Nissan-Smyrna est très proche de celui de NUMMI : c'est un management qui se veut participatif, soucieux d'intégrer les suggestions des ouvriers. « Nous avons beaucoup appris des Japonais, et nous l'avons combiné avec ce qu'il y avait de mieux chez les constructeurs américains », explique Gail Neuman. À Smyrna comme à Fremont, des règles disciplinaires draconiennes maintiennent le taux d'absentéisme autour de 3 %. « Pas pour punir, insiste la responsable des ressources humaines : pour corriger les attitudes inacceptables. Les travailleurs doivent être impliqués dans leur travail, et il est naturel qu'il s'exerce une pression collective sur celui qui ne partage pas le fardeau. » Le principe de la « pression du groupe », fondement de la culture d'entreprise japonaise, est plus généralement un trait de la société nippone. Le regard d'autrui – du parent, du voisin – est juge de la conformité de vos actes à l'éthique sociale que vous êtes censés respecter et incarner.

Smyrna présente pourtant une différence de taille avec NUMMI : sur la chaîne, on trouve surtout des jeunes hommes et des jeunes femmes de la région, anciens fermiers ou caissières de supermarchés, dépourvus d'expérience industrielle et syndicale. « Ce manque d'expérience est en réalité un atout, explique Benefield : ces gens n'ont pas d'idées préconçues sur la manière de travailler. Ils sont plus faciles à former et donnent de meilleurs résultats. » Gail Neuman loue « la forte éthique de travail » de la communauté locale. Ce n'est pas un hasard. Comme les autres constructeurs nippons, Nissan a stratégiquement sélectionné pour son site un État rural du Sud américain : Honda a choisi Marysville et East Liberty dans l'Ohio ; Subaru-Isuzu, Lafayette dans l'Indiana ; et Toyota, Georgetown dans le Kentucky. Pour attirer les usines nippones, ces régions à fort taux de chômage rivalisent entre elles à coups d'avantages fiscaux, de fonds de formation et de facilités d'infrastructure. Le Tennessee présentait en outre pour Nissan l'avantage d'être un *Right to Work State*. C'est-à-dire que, même dans les usines syndiquées, les travailleurs sont libres de ne pas adhérer au syndicat et de ne pas payer de cotisation. En cas de problème, en revanche, le syndicat doit les représenter. Résultat : 13,5 % seulement des ouvriers du Tennessee sont syndiqués, contre 53 % dans le Michigan, fief américain de l'automobile.

Dans ces États déshérités, les Japonais jouent sur du velours : habituée à un salaire manufacturier moyen de quelque 10 dollars l'heure, la main-d'œuvre des environs de Nashville est prête à se damner pour les 14,80 dollars payés sur les chaînes de Smyrna. À l'ouverture de l'usine, en 1983, plus de 100 000 candidats se sont présentés pour 3 000 emplois ! Nissan a pu trier ses effectifs sur le volet. Après une première sélection sommaire de l'État, les recruteurs de Nissan soumettent les candidats à une batterie impressionnante de tests destinés à jauger leur volonté, leur enthousiasme, leur capacité à travailler en équipe. Ensuite viennent les week-ends et les soirées de formation pré-embauche : 14 heures « offertes » par l'usine, permettant de voir les futurs employés à l'œuvre, de se faire une idée de leur assiduité, de leurs qualités manuelles, de leur résistance physique. Il y a enfin un ultime entretien et un test médical... Ceux qui ont parcouru avec succès ce gymkhana constituent un réservoir de main-d'œuvre dans lequel Nissan puise autant que de besoin.

Ces politiques d'embauche draconiennes permettent aux usines de choisir une main-d'œuvre jeune et productive, d'économiser des postes et de réduire les coûts de sécurité sociale et de retraite. Mais la sélection à la japonaise a été jugée discriminatoire dans certains cas. En 1988, Honda Motors a dû payer 6 millions de dollars à 370 personnes, des Noirs et des femmes, candidats malheureux à l'embauche, défendus par la Commission américaine pour un droit égal à l'emploi. Il a en effet été prouvé en justice que la direction de l'usine Honda de Marysville (Ohio) avait découpé la carte géographique, afin d'exclure de la base de calcul de ses quotas d'embauche la capitale voisine de Columbus, à large population noire. Une étude publiée en 1988 par l'Université du Michigan montre que non seulement les constructeurs japonais sélectionnent, pour s'implanter, des zones à faible taux de population noire, mais aussi que, comparés aux *Big Three*, ils embauchent proportionnellement moins de Noirs de ces *pools* régionaux de main-d'œuvre [1].

« Le Tennessee, Nissan et moi »

À Smyrna, dans les jours précédant le vote du 27 juillet, la campagne électorale devient frénétique. Mardi 25, la direction arrête même la chaîne de montage pour projeter un film produit par Nissan, et Jerry Benefield prononce un discours. Par moments, le président est interrompu par des protestations : « Syndicat ! Syndicat ! » Ce sont Mike Williams et ses amis. « C'était une superproduction à la MGM : un show où ils ont chanté "Le Tennessee, Nissan et moi !" en agitant le drapeau américain ! C'est à peine croyable : une firme japonaise vient ici et, non contente de se comporter comme si elle possédait l'État, elle récupère à son profit l'allégeance au

1. Robert Cole et Donald Deskins, « Racial factors in Site Location and Employment Patterns of Japanese Auto Firms in America », *California Management Review*, XXI, nº 1, automne 1988.

drapeau, comme si voter pour l'UAW faisait de vous un mauvais Américain! » Le mercredi 26, jour du vote, la plupart des cadres de Smyrna sont venus travailler avec des T-shirts : « Votez non », enfilés par-dessus leur uniforme.

« Maintenant, ces choses sont oubliées, affirme Jerry Benefield. Nous formons une seule et même famille... L'ambiance est bonne : l'UAW perd de l'audience. » Il faut dire qu'après les élections, la direction s'est discrètement débarrassée de quelques « meneurs », comme Buddy Shonting, un jeune ouvrier de 29 ans converti au syndicalisme. Prétexte? Shonting avait oublié de signaler une blessure mineure à l'épaule dans son dossier d'embauche. Mike Williams sait qu'il risque lui aussi l'exclusion à la moindre faute.

En ce mois de mai 1990, le syndicaliste et ses amis se disent pourtant optimistes : compte tenu des moyens déployés par la direction et du profil des votants, ils trouvent tout de même encourageant d'avoir obtenu un tiers des suffrages : « Avant les élections, la direction faisait attention aux cadences, confie Mike Williams. Plus maintenant. Alors le mécontentement monte... Beaucoup de gars me disent qu'ils regrettent de ne pas avoir voté pour le syndicat. Sans leurs tactiques terroristes, on gagnerait demain! » Williams pense d'ailleurs que tous les *transplants* finiront, un jour ou l'autre, par admettre l'UAW : « L'Amérique ne tolérera pas ce système indéfiniment. »

L'Amérique et le management à la japonaise sont pourtant unis par la logique implacable de la productivité. Leurs liens semblent désormais indissolubles. D'autant que les constructeurs nippons font des efforts croissants pour s'intégrer davantage. Le groupe Nissan est le premier à s'être doté d'une structure américaine lui permettant de concevoir, dessiner, effectuer la recherche-développement, pratiquer l'ingénierie et assembler ses voitures sur le continent, avec très peu d'aide du Japon. Le minivan Nissan modèle 1992 est son premier véhicule entièrement *made in USA*. En outre, les *transplants* incorporent apparemment dans leur production une proportion croissante de composants américains. La Sentra de Smyrna est passée de 63 % de contenu local en 1990 à 75 % en 1992. Le groupe Honda, le plus agressif à cet égard, a introduit dès 1991 une Accord à 75 % américaine et compte atteindre rapidement le seuil des 82 % pour ses Accord et ses Civic. Il est vrai cependant que ces chiffres, d'une part comptent comme américaines les pièces fabriquées aux États-Unis par les sous-traitants nippons, d'autre part incluent le coût des services dans la valeur de la voiture.

Les constructeurs japonais américanisent aussi progressivement la direction de leurs filiales. « Il n'y a pas à Smyrna de cadre japonais, souligne Jerry Benefield. Seulement une dizaine de "conseillers" de production. » Et le numéro un de Nissan aux États-Unis est, depuis juin 1990, un Américain : Thomas Mignanelli. De leur côté, les *Big Three*, placés devant le formidable défi des *transplants* japonais s'évertuent avec plus ou moins de succès à « nipponiser » toutes leurs usines. « Difficile, diagnostique Benefield. Pour réussir, il faudrait qu'ils changent la mentalité de chaque personne. » Chez General Motors, Ford et Chrysler, tout le monde ne semble pas s'être encore aperçu qu'il s'agissait d'une question de survie. Aveuglement à méditer de ce côté-ci de l'Atlantique.

5

L'HOMME À LA LIMOUSINE BLANCHE

L'Amérique à l'encan

Au début, il vivait à l'hôtel. Il louait une suite à l'Halekulani, un des vieux établissements d'Honolulu, acheté au début de la décennie par le groupe japonais Mitsui Fusodan. Il avait fait son premier séjour à Hawaii en août 1987. Une nuit seulement... et il était tombé amoureux de ces îles américaines du Pacifique.

« Avant, je m'imaginais un endroit primitif : des gens nus, portant des sandales en plastique », racontera-t-il plus tard. Genshiro Kawamoto a vite découvert qu'Hawaii, c'étaient les États-Unis plus une ambiance de paradis tropical : des plages magnifiques, un climat délicieux, des plaisirs raffinés. Mais aussi une culture japonaise omniprésente : un bon quart de la population a du sang nippon dans les veines. Kawamoto a d'abord pensé acheter une résidence secondaire sur l'île d'Oahu, où il passerait une ou deux semaines par an. Mais, quand on est à la tête de la 5e fortune du Japon, on perd vite le sens de la mesure.

« J'ai été surpris, expliquera plus tard le tycoon japonais, de voir des panneaux : "À vendre" partout. » À ses yeux, l'île hawaiienne d'Oahu avait des allures de vaste marché aux puces immobilier. Quand Genshiro Kawamoto revient à Hawaii en septembre 1987, ce n'est donc pas pour aller à la plage. À cette époque, il monte tous les matins dans la Rolls Royce blanche qui vient le chercher à l'hôtel. Destination : Kahala, Portlock, Hawaii Kai... Les quartiers chics du bord de mer, les avenues Foch d'Honolulu, au sud de la célèbre plage de Waïkiki. Là, les résidences sont posées comme des perles dans leur écrin de végétation luxuriante : plage privée, tennis, piscine. La limousine s'arrête devant la propriété. Genshiro Kawamoto se présente avec son interprète, inspecte sommairement les lieux puis s'en va. « Il est venu un week-end en fin d'après-midi, à l'improviste », se souvient Ignatius Segovia, qui habitait une jolie villa à Kokohead, près de la mer. Kawamoto reste chez lui 10 à 15 minutes. « Le lendemain, raconte Segovia, on a reçu de l'agent immobilier une offre que l'on ne pouvait pas refuser. »

La propriété n'était *a priori* pas à vendre. Mais comment résister à des prix de 40 à 50 % au-dessus du marché ? Tope là ! En quelques minutes, l'affaire est conclue, à charge pour l'agent immobilier et l'avocat de régler les détails.

« Il a essayé d'acheter la moitié du voisinage », se souvient Ignatius Segovia. Le milliardaire nippon, qui débarque quelquefois avec sa cohorte de conseillers dans trois ou quatre limousines, visite et achète, à cette époque, jusqu'à une quinzaine de maisons par jour. Il les paie cash, comme d'autres font leurs courses au supermarché. Au bout d'un moment, il ne prend même plus la peine de sortir de sa voiture. Plus tard, un article du *Boston Globe* citera Kawamoto qualifiant les maisons d'Hawaii de « bicoques mal construites ». Il démentira plus tard avoir jamais tenu ces propos. Mais ces manières arrogantes valent bientôt à Genshiro Kawamoto une réputation de goujat. « Il est l'équivalent de "l'affreux Américain" des années 50, débarquant partout comme en pays conquis, en exhibant ses tombereaux de dollars », constate un avocat d'affaires hawaiien.

Kawamoto a commencé par les résidences les plus luxueuses du bord de mer, à un million de dollars. Il s'est ensuite intéressé aux propriétés entre 600 000 et 400 000 dollars. Au fil de ses visites, l'investisseur japonais écrème le marché des immeubles résidentiels de luxe, comme le Yacht Harbor Tower. L'un des buildings, le Royal Capitol Plaza, lui plaît tellement qu'il donne instruction à ses subordonnés d'acheter tout ce qui reste : en l'occurrence, une quarantaine d'appartements. Plus tard, en février et en mars 1988, le milliardaire nippon porte son attention sur la côte est de l'île, plus sauvage. Il achète une vingtaine de maisons dans des communautés de Kailua et des Lacs Enchantés.

Au printemps 1988, le Tout-Honolulu ne parle plus que des « raids » immobiliers de la limousine blanche, surnommée la « Kawamotomobile ». Certaines résidences arborent bientôt des annonces : « À vendre : bienvenue aux yens. » D'autres, au contraire, affichent des panneaux : « Pas à vendre ! » En avril, l'excentrique Japonais fait à nouveau la une de la presse locale. Après avoir négocié pendant des mois et changé plusieurs fois d'avis, il s'offre comme « pied à terre » local l'ancien « Kaiser Estate », du nom de l'industriel défunt Henry Kaiser. Le domaine, qui s'étend sur un peu moins de 3 hectares, entre Portlock Road et la baie de Maunalua, comprend trois maisons, un miniport de plaisance, une piscine olympique, deux tennis avec éclairage de nuit et quelques fontaines. De ses terrasses, on peut contempler au loin le coucher de soleil sur les gratte-ciel d'Honolulu. Les propriétaires précédents, Alfred et Monty Goldman, avaient équipé le domaine de gadgets à la James Bond : chenil à air conditionné, douves, pont-levis électrique, antennes paraboliques... On y voyait alors régulièrement l'ancien président Lyndon Johnson, ainsi que l'ex-First Lady Jacky Kennedy. Genshiro Kawamoto rachète le tout pour 42,55 millions de dollars, la plus grosse somme jamais payée, aux États-Unis, pour l'acquisition d'une propriété résidentielle.

En dehors du « Kaiser Estate », le milliardaire se fera peut-être construire une deuxième résidence hawaiienne dans les montagnes de Kaneohe, où il possède du terrain. Kawamoto dispose aussi d'une maison à Tiburon, en Californie, et de deux résidences au Japon, dont un palace de quatre étages à Tokyo.

Des kimonos au béton

« Je n'aime pas les nouveaux riches », a un jour confié Genshiro Kawamoto au *Nihon Keizai Shimbun*. Aucune expression ne peut pourtant mieux définir ce célibataire de 57 ans, dont la naïveté et le manque de tact en ont fait à Hawaii l'archétype du Japonais sans scrupules. Genshiro est le fils aîné d'un notable de la ville de Fukuoka, patron d'une petite fabrique de kimonos. Son père le réveillait à 6 heures du matin, y compris le week-end et en vacances, et le laissait rarement jouer avec les gamins de son âge. Promis à la succession, il a été mêlé, dès sa tendre enfance, aux réunions d'affaires familiales. Mais en dépit — ou à cause — de cette éducation austère, Genshiro suit un chemin moins conventionnel que celui de ses cinq frères et sœurs. Très jeune, il a des manies bizarres : après le bain, il s'essuie avec un grand nombre de serviettes ; à table, il exige que l'on redispose la nourriture dans son assiette. « Mes parents me disaient toujours : "Ne regarde pas trop haut, tu vas perdre l'équilibre et tomber"... Mais j'ai toujours pensé qu'il fallait être un peu extravagant pour arriver à quelque chose », confie Kawamoto au quotidien local, l'*Honolulu Advertiser*[1].

À 18 ans, Kawamoto entre à l'Université de Keio. Mais il doit abandonner ses études l'année suivante pour prendre à contrecœur la tête de la PME familiale de kimonos. C'est alors qu'en marge de son activité professionnelle, Genshiro Kawamoto commence à emprunter de l'argent à ses parents pour investir dans l'immobilier. Il se concentre sur de petites parcelles résidentielles ou commerciales de Fukuoka. Puis il y fait construire des maisons et des bureaux, qu'il loue. Kawamoto emprunte de l'argent gagé sur ces revenus et place son capital dans de nouvelles acquisitions immobilières, à Tokyo cette fois. Le moment est particulièrement bien choisi : il est aux premières loges pour profiter de la flambée spectaculaire de l'immobilier au Japon.

Genshiro Kawamoto déserte tout à fait l'industrie du kimono, dès 1972, pour se concentrer sur le béton. Son groupe, Marugen Corporation, possède à présent pour quelque 3,8 millards de dollars d'actifs immobiliers : plus de 3 000 appartements et maisons à Tokyo, ainsi qu'une soixantaine de buildings commerciaux, abritant bars et night-clubs dans les quartiers chics de Ginza, d'Akasaka et de Roppongi. Le patrimoine personnel de Kawamoto s'élève, début 1990, à quelque 1,6 milliard de dollars. Il s'agit, bien sûr, d'une valeur « sur le papier » : assez théorique puisqu'il n'y a pas beaucoup de transac-

1. Beverly Creamer, « The Man behind the Money », *Honolulu Advertiser*, 13 novembre 1989.

tions dans l'immobilier japonais. La tradition nippone décourage les ventes et une fiscalité de 95 % sur les actifs de moins de 10 ans rend la spéculation à court terme absurde. Les investisseurs, assis sur leurs actes de propriété, pouvaient en revanche — il y a peu — emprunter auprès des institutions financières 100 % de la valeur de leurs actifs. Le raffermissement spectaculaire du yen par rapport au dollar depuis 1985 et le bas niveau des taux d'intérêt nippons ont ainsi donné aux propriétaires fonciers japonais un pouvoir d'achat considérable à l'étranger. Quand on emprunte à des taux de 4 %, sur la base de garanties qui s'apprécient de 20 % par an, on est doté d'un fort pouvoir d'achat. Surtout dans des pays à monnaie dévalorisée par rapport au yen. On comprend alors mieux que les magnats japonais aient été particulièrement portés à s'offrir des arpents d'Amérique. En 1990, la vente de 3 hectares de terrain à Tokyo suffisait pour acheter la totalité de l'île d'Oahu, la valeur du seul Palais Impérial, à se payer toute la Floride !

Le gonflement de la « bulle immobilière » nippone n'est pas dû au hasard. L'archipel est, certes, exigu. Le manque de place est un casse-tête permanent : l'entreprise Kajima ne vient-elle pas de proposer à Tokyo la construction du premier cimetière souterrain du monde ? Mais la démesure des prix fonciers résulte au moins autant des règles fiscales, des plans d'occupation des sols et des habitudes architecturales que de la pénurie de terrain. La surface cumulée des terrains vacants de Tokyo représenterait même la superficie de la ville de Chicago[1] ! Le problème est largement politique : la dépréciation de l'immobilier japonais n'est favorisée ni par les 60 % de ménages nippons propriétaires de leur logement, ni par les grandes entreprises

1. David Russell, *Business Tokyo*, août 1990.

riches en terrains, qui sont les principaux soutiens du Parti libéral-démocrate au pouvoir.

La folle spirale des prix immobiliers japonais apparaît rétrospectivement comme un des fondements de la puissance économique du pays. La cherté du logement a fonctionné pour les Japonais comme une puissante motivation à épargner, et leur assise foncière a fourni aux banques et aux entreprises un formidable « bras de levier » financier à l'étranger. Cette politique délibérée de la terre hors de prix commence cependant à atteindre ses limites. D'une part, les économistes nippons et occidentaux commencent à redouter l'explosion de cette bulle immobilière, qui aurait des effets dévastateurs dans le monde entier. D'autre part, le fossé croissant, au Japon, entre les propriétaires et les victimes de la spéculation est en train de faire voler en éclats le mythe unificateur de l'homogénéité sociale. Les Japonais accepteront-ils longtemps des prêts hypothécaires remboursables par leurs petits-enfants ? Le gouvernement s'est jusqu'ici contenté d'imposer aux banques une limite sur le montant des prêts gagés sur le foncier. La « correction » du marché est d'ailleurs venue rassurer les inquiets. Début 1992, le prix moyen du mètre carré à Tokyo avait baissé de 30 % par rapport à son apogée, deux ans auparavant.

Genshiro Kawamoto mène depuis toujours une vie de célibataire. Non qu'il n'apprécie pas les femmes : il aime les courtiser, « à condition que cela n'interfère pas avec les affaires », a-t-il un jour confié à l'*Honolulu Advertiser*. Le style de vie de Kawamoto, son individualisme, son humour provocateur et sa propension aux éclats médiatiques en font un Japonais atypique. Le milliardaire mène une vie à la fois libre et organisée : soigneusement débarrassée de tout stress mais non dénuée de caprices. Accueilli un jour à l'aéroport de Sacramento par un de ses collaborateurs, dont il trouve la voiture sale et inconfortable, Genshiro s'arrête en route pour acheter sur-le-champ une Volkswagen décapotable. L'homme croit alors qu'il s'agit d'un cadeau et Genshiro, embarrassé, n'ose pas le détromper. Kawamoto préfère des réunions d'affaires courtes et en petit comité. Il n'a pas de collaborateurs réguliers aux États-Unis, mais recrute des conseillers là où il veut faire des affaires. À Hawaii, il est représenté par Carol Asai-Sato, une jeune avocate japonaise américaine, qui lui sert aussi d'interprète.

L'homme s'habille avec raffinement dans un style classique : seules ses cravates vives rompent la monotonie des bleus et des gris sombres, de mise dans la communauté internationale des affaires. Prenant depuis 34 ans ses repas au restaurant, Genshiro Kawamoto ne conserve jamais de nourriture chez lui; il affirme ne pas faire d'autre exercice physique... que la marche forcée que lui impose la traversée de ses vastes résidences. Cette hygiène de vie lui a réussi : en dépit de quelques mèches grises, Genshiro, qui a gardé le sourire juvénile et la silhouette frêle d'un adolescent, paraît moins de 40 ans.

Les réfugiés de Kahala

En mars 1988, Genshiro Kawamoto s'est déjà offert, sur l'île d'Oahu, 160 maisons ou appartements... Bien que ses achats aient fait beaucoup de bruit, il ne s'agit que d'une goutte d'eau dans un océan d'acquisitions japonaises. Taux de change et différentiel de prix obligent, les résidences des beaux et des moins beaux quartiers d'Honolulu sont littéralement prises d'assaut par le yen depuis 1986. « A Hawaii, les Japonais ne se sentent pas dépaysés, explique Fusako Grant, de l'agence immobilière locale Century 21. Ils peuvent parler la langue, acheter du *tofu*, fréquenter les bars à *sushi*. Le tout à 6 heures d'avion de Tokyo, et dans un décor paradisiaque. » Hawaii est depuis longtemps la destination préférée des jeunes mariés japonais. Et de très nombreux « touristes » se sont, comme Kawamoto, mués en investisseurs.

Dès 1986, le quartier de Kahala se hérisse de bétonneuses. Les vieilles résidences en bois, de style colonial, sont rasées et remplacées par de grandes maisons modernes. Les Japonais aiment les espaces ouverts, les tons blancs, le confort américain. L'ambiance de ce type de quartier change. Soit les maisons sont louées par une cohorte tournante de vacanciers, soit elles servent de résidences secondaires et restent vides 11 mois sur 12. Il n'y a plus de vie de voisinage. La ruée japonaise sur l'immobilier n'est pas, en effet, limitée aux investisseurs aisés : les employés de bureau, les professeurs de lycée, les retraités nippons empruntent à tour de bras pour acheter, à Hawaii ou en Californie, le deux-pièces qu'ils ne pourront jamais se payer au Japon. C'est devenu d'autant plus facile que l'immobilier américain est désormais vendu dans les supermarchés japonais, dans les agences bancaires de Tokyo... Et même à la télévision, où les maisons de Kahala et de Beverly Hills défilent en « télévente », entre les montres Rolex et les sacs Vuitton.

Certains groupes industriels japonais achètent des stocks d'appartements pour y envoyer leurs cadres. Des sociétés immobilières nippones acquièrent des immeubles de copropriété en série, entre 40 000 et 80 000 dollars pièce, pour les revendre aussitôt au Japon à plus de 100 000 dollars. Le groupe immobilier Maruko (1 milliard de dollars d'actifs au Japon) a même trouvé mieux : il acquiert relativement bon marché le droit de gestion des appartements sur lequel il a déjà fait la culbute, et il les loue à la semaine aux touristes japonais. Le registre du bureau hawaiien des transactions immobilières indique que Maruko a acheté discrètement un demi-millier d'appartements entre 1987 et 1988. De quoi faire pâlir Kawamoto.

« Regardez l'évolution des prix », indique Nicholas Ordway, de la chaire d'études immobilières de l'Université de Hawaii. Du doigt, il souligne les marches d'une courbe en escalier : « Le marché est très étroit. Une augmentation de 30 % de l'activité peut provoquer un bond spectaculaire des prix. Parce que tout le monde saute alors dans le train de la spéculation. On a ensuite un plateau... puis l'augmentation reprend de plus belle. » À Kahala, la valeur des maisons a grimpé, pendant cette période, de 40 à 100 % par an. Une propriété du front de mer, qui valait 350 000 dollars avant la vague spéculative, se vend, début 1990, plus de 1,5 million.

Les investisseurs étrangers ne sont pas, bien sûr, les seuls responsables de l'envolée des coûts du logement. Le faible nombre de maisons disponibles est un facteur déterminant. Mais l'avalanche de yens a tout de même fortement contribué à l'inflation : d'abord, parce que les Japonais ont tendance à ne pas négocier les prix. Ensuite, parce que les vendeurs, pourvus en cash, sont prêts à payer à leur tour le prix fort pour s'installer ailleurs. Ce qui n'est pas toujours facile : la vague spéculative sur les belles propriétés a fait naître à Hawaii une espèce très particulière de « sans-abris » de luxe, surnommés « les réfugiés de Kahala ». Un million de dollars en poche et pas de toit...

La protestation n'a pas tardé à s'organiser : les quartiers les plus concernés ont créé des « conseils de voisinage ». Selon un sondage, 70 % des habitants de Hawaii estiment « trop élevé » le niveau des investissements étrangers dans l'État. Il faut dire que tous les résidents — même ceux qui ne vendent pas — souffrent, par ricochets, du phénomène. D'une part, parce que les taxes foncières sont assises sur la valeur de la propriété, elle-même calculée en fonction des transactions récentes dans le voisinage. L'impôt foncier devient parfois prohibitif, ce qui chasse certains résidents de longue date. D'autre part, parce que la spéculation étrangère a apparemment servi de catalyseur à une hausse des prix qui s'est propagée aux autres quartiers. En termes de coût du logement, Honolulu est en tête de la liste des 83 zones urbaines américaines établie par l'Association des agents immobiliers. Au dernier trimestre 1989, la maison y valait, en moyenne, 280 900 dollars (en progression annuelle de 25 %), et l'acheteur consacrait la moitié de son revenu au remboursement de ses emprunts.

Par contagion, les loyers grimpent eux aussi. « Tout à coup, ça a été la panique absolue dans la classe moyenne hawaiienne », raconte Tony Locricchio, avocat à Kailua, une communauté peu touristique de la côte est d'Oahu. Il se souvient de la première réunion locale consacrée au problème des investissements japonais. « Nous avions prévu une vingtaine de chaises ; il est venu 400 personnes... Des gens qui avaient épargné toute leur vie pour s'acheter une maison voyaient tout à coup le "rêve américain" leur échapper : ils devaient quitter l'île. »

« Nous vendons nos enfants ! »

Genshiro Kawamoto comptait acquérir à Hawaii jusqu'à 1 000 unités résidentielles. Mais le ressentiment des Hawaiiens est venu limiter son appétit.

Porte-parole de l'indignation croissante de ses concitoyens, le maire d'Honolulu, Frank Fasi, propose, le 21 mars 1988, un projet de loi interdisant l'achat, par des étrangers, de propriétés résidentielles et agricoles. Le terme « étranger » vise bien évidemment les Japonais, responsables, ces dernières années, de 90 % des investissements non américains à Hawaii. Profitant de la réunion d'une association locale de femmes, ce jour-là, à l'hôtel Hale Koa, le maire — chevelure argentée et visage de paysan sicilien — dénonce les dégâts causés par ces « acheteurs japonais, qui ont accès à un dollar au rabais ». Il déclare la guerre aux spéculateurs comme Kawamoto.

Le projet de loi anti-investissements étrangers, intervenant trop tard dans la session parlementaire, n'a pas été examiné cette année-là par les élus locaux. Mais la stratégie politique s'est révélée payante : Frank Fasi est réélu haut la main à l'automne 1988 pour un cinquième mandat de maire. Il a repris depuis, à chaque occasion, son couplet protectionniste : « Hawaii est devenue la 48e préfecture de Tokyo !... Nous vendons nos enfants et nos petits-enfants !... Ne laissons pas Hawaii à la merci d'une poignée de requins cupides !... Je veux être débarrassé de ces maudits spéculateurs ! », déclame Fasi au fil des réunions populaires. Entre 1988 et 1990, la municipalité a proposé au moins 12 projets de loi visant à contrôler ou restreindre les investissements étrangers sur l'immobilier. En vain : pas un seul n'a passé le barrage des élus.

« L'élite économique de Hawaii, trop occupée à courir après les yens, accorde extrêmement peu d'attention aux problèmes que cette spéculation pose pour les gens ordinaires », souligne Galen Fox, l'adjoint de Fasi chargé des questions immobilières.

La position du maire paraît cependant assez démagogique. Frank Fasi n'a-t-il pas sauté dans un avion pour Tokyo, à peine sa proposition antijaponaise lancée ? Le maire d'Honolulu sait bien que les îles dépendent à 40 % du tourisme... et que les Japonais représentent 22 % des visiteurs et 40 % des dépenses effectuées sur place. Il voulait tout de même s'assurer que les flots de touristes et de capitaux nippons, fondements incontestables de la prospérité hawaiienne, n'allaient pas trop souffrir de ses propos. « Il y a de bons investisseurs et de mauvais investisseurs, explique alors le maire aux hommes d'affaires nippons... Hawaii accueillera toujours favorablement les investisseurs qui créent des emplois de qualité. » Mais le maire est loin de conformer ses décisions politiques à ses prêches électoraux. Début 1990, Frank Fasi accepte de vendre pour 111 millions de dollars un golf municipal à un investisseur japonais et il s'apprête à faire construire un palais des congrès par un autre groupe nippon.

La position antijaponaise de Fasi est purement « à usage interne », souligne l'avocat Tony Locricchio. Ce cheval de bataille permet au maire républicain de marquer des points faciles sur le gouverneur démocrate de l'État, John Waihee, traditionnellement plus favorable aux investissements étrangers. « Hawaii ne génère pas assez de capital. Nous avons besoin d'investissements extérieurs », explique Roger Ulveling, directeur du développement économique au cabinet du gouverneur. « Que ces capitaux viennent du continent américain ou du Japon importe peu, souligne-t-il. Ce qui compte, c'est notre capacité à définir quel type d'investissement nous souhaitons, quel mode de relations doit s'instaurer avec les investisseurs, quel degré de contrôle nous allons exercer sur leurs placements. » L'État, explique Ulveling, « n'a que faire des propriétaires absents. Il faut qu'ils jouent le jeu, qu'ils participent aux efforts de la communauté locale, qu'ils acceptent de déléguer une partie de leur pouvoir à des gestionnaires locaux ».

La question japonaise apparaît en réalité comme le prétexte à une inéluctable bataille politique locale. 80 % des habitants de Hawaii demeurant à Honolulu, Fasi et Waihee sont comme « deux crocodiles » dans un même marigot : ils ont presque la même base électorale... et leurs prérogatives se chevauchent largement. Ils se livrent donc en permanence à un bras de fer qui aggrave considérablement le problème du logement. Dans un nombre croissant de cas, les familles hawaiiennes vivent à plusieurs générations dans la même maison. Quant aux entreprises locales, elles se plaignent de ne pouvoir attirer des professionnels rebutés par le coût prohibitif des appartements. Compte tenu du rythme de sa croissance économique, l'île d'Oahu a besoin d'au moins 7 000 logements bon marché supplémentaires par an. Et il est plus facile, pour le maire, de blâmer les Japonais que de démêler l'écheveau bureaucratico-politique qui limite les constructions nouvelles.

Contre-attaque

L'initiative belliqueuse de Frank Fasi surprend Genshiro Kawamoto. « Je ne m'attendais pas à tout ce foin ! Après tout, il ne s'agit que de 160 maisons... » Dans une interview à l'*Honolulu Advertiser*, le tycoon japonais estime le projet du maire « dangereux », car il risque de décourager les bons investisseurs. « Je n'ai jamais voulu causer de problèmes... Je n'achèterai plus de maisons à Hawaii tant que l'opinion publique restera aussi hostile aux investisseurs nippons », expliquera-t-il, un an plus tard, lors d'un déjeuner du Press Club d'Honolulu. « J'ai fait ces acquisitions pour les garder à long terme... », plaide Kawamoto, qui s'indigne d'être traité de spéculateur. Début 1990, aucune des maisons achetées par Genshiro Kawamoto n'a en effet été revendue. Elles sont mises en location, au prix du marché, par la société de gestion Hawaiian Trust et sont, pour la plupart, occupées par des résidents permanents de Hawaii. « Mon taux de rendement se situe entre 3 et 8 %, fait valoir le milliardaire en juillet 1989... Je gagnerais davantage en laissant ces capitaux en banque. »

Genshiro Kawamoto a acheté sur Oahu 179 maisons, pour 173 millions de dollars, quand, refroidi par le climat politique hawaiien, il reporte ses ambitions sur la Californie. Là, il change tout à fait de tactique. Il achète des lotissements entiers et y construit des ensembles pavillonnaires : 245 à Santa Rosa, au nord de San Francisco, 500 autres répartis sur six sites des environs de Sacramento. « Kawamoto est un propriétaire interventionniste, explique un avocat de Sacramento : il choisit lui-même les arbres à planter dans les rues, les couleurs pour la décoration intérieure des maisons... »

Échaudé par son expérience hawaiienne, Kawamoto soigne cette fois-ci l'establishment local : il invite les hommes d'affaires de la région à une réunion de présentation... et fait don de 100 000 dollars à la Mac George School of Law. La « mairesse » de Sacramento, Ann Rudin semble mieux disposée à l'égard de Genshiro que son collègue d'Honolulu : « Nous avons besoin de capital extérieur. En quoi l'argent de Genshiro Kawamoto est-il différent de celui d'une firme new-yorkaise qui viendrait investir ici ? » Sacramento commence à attirer les industries électroniques, mais la région n'est pas encore aussi courue que celle de San Francisco. L'excentrique investisseur nippon n'est d'ailleurs pas le seul à tenir cette ville-champignon pour « le meilleur marché immobilier » des États-Unis. Le géant japonais de la construction, Kumagai Gumi, allié à David Rockefeller, entreprend l'édification d'un important complexe commercial et hôtelier dans le centre ville.

Fort de son succès de Sacramento, Genshiro Kawamoto prépare son retour à Hawaii. Il annonce en fanfare, dans une série de conférences de presse à Honolulu en juillet et août 1989, qu'il a l'intention de construire dans l'île d'Oahu 2 000 logements à bas prix. Je veux faire quelque chose « pour le bien des gens d'Hawaii », explique le milliardaire, qui se déclare alors prêt à « perdre de l'argent » sur ces projets... « Cette initiative me tient à cœur, explique-t-il par la voix de son avocate Carol Asai-Sato, parce que les investisseurs japonais souffrent ici d'une image stéréotypée ». Genshiro, qui souhaite montrer l'exemple, en appelle aux propriétaires fonciers, à la municipalité et à l'État pour disposer de parcelles de terrain à des prix raisonnables.

Les fonctionnaires de la mairie répondent aussitôt qu'ils n'ont pas de terrain disponible. Quant aux représentants du gouverneur, ils « souhaitent la bienvenue à ce genre d'initiative » et encouragent l'investisseur nippon à soumettre une proposition dans le cadre des lotissements de Kapolei, en cours d'attribution. La fin de non-recevoir de Frank Fasi déclenche entre les deux hommes une véritable guerre médiatique. « Il pense que ses millions de dollars peuvent acheter n'importe qui !... Qu'un coup de fil de ses avocats ouvre automatiquement ma porte ! », tempête publiquement Fasi. « Le maire réalise qu'il s'est trompé à mon égard et ne veut pas perdre la face », rétorque Kawamoto, ulcéré. Pour prouver sa bonne foi, il fait distribuer à la presse un document retraçant les conversations de son avocate avec le bureau du maire et envoie aux télévisions locales une cassette-vidéo de ses lotissements californiens en construction.

Le gouverneur John Waihee, un peu agacé par ce tapage médiatique, prie Kawamoto de « passer à l'acte ». Le 28 décembre 1989, l'investisseur japonais est retenu pour construire le « Village 2 » du projet Kapolei, sur la côte ouest d'Oahu : 317 maisons, dont 152 « bon marché ». Les négociations entre Genshiro Kawamoto et les fonctionnaires de l'État tournent pourtant vite à l'aigre. Début janvier, Kawamoto se met à critiquer publiquement les spécifications du lotissement : il veut construire davantage de logements à bas prix... et louer les maisons au lieu de les vendre. Il écrit directement au gouverneur et multiplie les déclarations dans la presse locale pour tenter d'influencer les discussions. Les fonctionnaires hawaiiens sont fous de rage. « On ne négocie pas un contrat par médias interposés », s'indigne Jospeh Conant, directeur de l'agence hawaiienne du logement.

Cap sur Maui

Le 18 janvier, Kawamoto annonce brusquement qu'il se retire du projet Kapolei parce que les demandes de l'État sont « ridicules » et l'atmosphère de négociation « très froide » : « Au lieu de perdre mon temps et mon énergie en discussions dénuées de sens, je pense plus utile d'acheter des terrains privés et de construire dessus. » Stupéfaction à l'agence du logement : « Je n'ai jamais compris ce brusque retrait. Tout était négociable », s'étonne Conant en mars 1990. La rupture se résume, semble-t-il, à une affaire d'amour-propre :

« Kawamoto voulait être accueilli en sauveur : se faire un maximum de publicité sur le projet pour redorer son blason, confie un initié. Or, année électorale oblige, le gouverneur tenait à donner personnellement les clés aux heureux bénéficiaires de "ses" logements sociaux... »

Genshiro Kawamoto a heureusement trouvé, sur l'île voisine, un politicien plus conciliant. « Dès que j'ai lu dans la presse les intentions de M. Kawamoto, je lui ai passé un coup de fil ; il est venu dans la semaine », raconte Hannibal Tavares. Assis à son immense bureau, au sommet de l'hôtel de ville — un des seuls immeubles de Wailuku à plus de sept étages —, le maire de Maui, un personnage jovial et corpulent, raconte ses premiers contacts avec le tycoon japonais. Hannibal Tavares a reçu le personnage et son avocate dans le style direct qu'il affectionne : « Si vous voulez vraiment construire des logements sociaux, achetez du terrain ici. Vous êtes le bienvenu. » Le maire de Maui prend un malin plaisir à provoquer amicalement ses visiteurs japonais, si formalistes. Venu parler affaires en costume-cravate, Genshiro a trouvé monsieur le maire en chemise hawaiienne à manches courtes... « Ici, c'est l'uniforme, plaisante Hannibal Tavares. Il faut bien faire tourner les industries locales ! »

Cet après-midi-là, Hannibal prend lui-même le volant de sa Cadillac et embarque Genshiro et Carol dans la tournée des projets immobiliers gérés par sa municipalité. En avril 1990, il vient d'achever 1 000 unités nouvelles. Mais, vu le développement touristique intense de l'île, jusque-là plus préservée qu'Oahu, Maui a besoin de construire 8 000 logements par an au cours des prochaines années. « Ma porte est ouverte à tous les investisseurs potentiels », trompette le maire. À Noël, Hannibal Tavares, qui allait rendre visite à son fils à Sacramento, en a profité pour inspecter les lotissements californiens de Kawamoto : « La qualité m'a plu. Du bel ouvrage. » L'investisseur japonais obtient donc rapidement le feu vert de la municipalité pour acheter 59 hectares de terrain à Kihei, sur la côte sud de Maui... Il y démarre un projet de 1 050 unités, dont la moitié à loyer modéré. « Jusqu'ici, aucun problème », commente Tavares en avril 1990. Kawamoto s'est entouré de conseillers locaux, qui suivent patiemment la procédure administrative requise. Le maire ne redoute-t-il pas la controverse ? « Je ne suis pas le genre à avoir peur, rétorque Hannibal en éclatant d'un rire puissant... Je me défends encore pas mal. » Il désigne un mur de son bureau, où trône une cible en carton, criblée d'impacts de balles.

Un second Waïkiki

Si Kawamoto ne fait pas peur au maire de Maui, il effraie en revanche les autres investisseurs japonais, qui détiennent des intérêts substantiels à Hawaii. « Certains de mes clients critiquent volontiers en privé des individus comme Kawamoto », explique l'éminent avocat d'affaires américain, d'ascendance japonaise, Wallace Fujiyama. Il dénonce « l'amalgame mensonger et raciste » qui pousse la presse et les politiciens à mettre dans le même panier des Kawamoto et des firmes japonaises respectables, établies ici de longue date. Il faut faire la distinction entre « les grandes multinationales japonaises, responsables et habituées à faire des affaires à l'étranger... et les petites firmes, dirigées par des individus beaucoup plus incontrôlables », estime également l'adjoint du gouverneur, Roger Ulveling. Les Hawaiiens devraient pourtant savoir faire ce genre de distinction : avant l'arrivée des spéculateurs sans scrupules, Hawaii était, déjà dans les années 70, le repaire privilégié des dignitaires de la mafia nippone, les *yakuzas*. « Quelques coups de fil à Tokyo suffisent à découvrir que certains investisseurs nippons, qui viennent parader ici, sont des parias chez eux », note Wallace Fujiyama.

Mais le ras-le-bol de la classe moyenne hawaiienne face à la vague nippone ne la pousse pas à distinguer les « bons » investisseurs des « mauvais ». Si les quelque 13 milliards de dollars de capitaux japonais déversés sur Hawaii au fil des années sont en grande partie responsables de la prospérité de l'État, il est vrai qu'ils ont complètement remodelé l'économie locale au détriment des plus démunis. « Les Hawaiiens ne se sentent pas seulement dépossédés de leurs maisons, mais de leur destin », résume l'avocat Tony Locricchio. Les premiers investissements japonais à Hawaii datent de l'après-guerre : les « pionniers », comme la banque Sumitomo ou les grands magasins Shirokiya, sont revenus faire des affaires dans le 50e État américain dès 1954. C'est dans les années 70, avec l'achat d'un certain nombre de grands hôtels, que le terme d'« invasion nippone » a, pour la première fois, été prononcé à Honolulu. Et le flux d'investissement n'est vraiment devenu torrentiel qu'à partir de 1986, avec la baisse brutale du dollar.

La déferlante de yens a d'abord touché les hôtels prestigieux de Waïkiki et les terrains de golf : des établissements traditionnels, comme le Royal Hawaiian (Kokusai Kogyo) et l'Ala Moana (Azabu USA), aux bâtiments modernes, comme l'Holiday Inn (Otaka Inc.) ou le Best Western (Yamada Pacific)... Puis la boulimie s'est étendue aux maisons de Kahala, aux gratte-ciel de Bishop Street, aux centres commerciaux des quartiers touristiques. Et la tendance est maintenant à un engagement plus actif.

Franchise de fast-food, restaurants hawaiiens traditionnels, laiteries, conserveries, compagnies aériennes, entreprises de construction : désormais, les Japonais achètent les entreprises locales par dizaines.

Si bien que les quelque 1,4 million de touristes japonais qui visitent Hawaii chaque année (et y dépensent en moyenne plus de 600 dollars par jour) restent pour la plupart en circuit purement japonais. « Ils arrivent par une compagnie aérienne japonaise, descendent dans un hôtel japonais, conduisent une voiture japonaise, mangent dans un restaurant japonais, font leurs courses dans des magasins japonais et jouent sur des golfs japonais », martèle Victoria Creed, une résidente protestataire de Kailua. « Quel est le bénéfice pour Hawaii ? Du travail ? Bien sûr... Mais, le plus souvent, des emplois de serviteurs : de bagagistes, de femmes de chambre et de danseurs folkloriques... »

Familiarisés avec le marché, les Japonais s'allient maintenant avec des promoteurs locaux pour initier des projets grandioses et controversés. À 45 minutes de voiture à l'ouest d'Honolulu, le groupe Kumagai Gumi, associé à l'investisseur japonais Takeshi Sekiguchi et au promoteur local Herbert Horita, a posé les fondations du plus grand complexe touristique de Hawaii : Ko Olina. 410 hectares de terrain vague le long de la côte rocheuse ont été transformés en quatre lagons artificiels avec plages de sable blanc. Le projet — un chantier à 3 milliards de dollars dont une première phase a été bouclée pour la saison 1992 — comprend un port de plaisance, un musée de la mer, 4 000 chambres réparties dans sept hôtels internationaux avec restaurants et magasins de luxe, un ensemble d'appartements haut de gamme, un village de 5 000 maisons individuelles et, bien sûr, deux terrains de golf. Bref, un « second

Waïkiki »... mais pour touristes fortunés : les chambres d'hôtel coûtent au minimum 300 dollars la nuit.

Le projet Ko Olina, qui créera 9 000 emplois permanents dans l'une des rares régions d'Oahu où il y ait encore du chômage, suscite néanmoins des protestations diverses. « C'est autant de terrains et de travailleurs du bâtiment qui ne sont pas disponibles pour l'édification de logements bon marché », souligne l'adjoint au maire, Galen Fox. « Le projet a détruit des sites historiques : des tombeaux et des lieux de culte traditionnels hawaiiens », s'indigne Georgette Myers, une résidente, d'origine hawaiienne, du village voisin. « Pollution, encombrement, surconsommation d'eau au détriment de l'agriculture locale... », diagnostique l'activiste écologiste John Kelly.

« Les balles de golf, ça ne se mange pas! »

La controverse immobilière la plus spectaculaire porte sur les terrains de golf. Les 36 « greens » privés de l'île d'Oahu sont déjà tous aux mains des Japonais. 12 nouveaux terrains de golf sont en développement... et 40 projets supplémentaires, portant sur plus de 2 000 hectares, attendent le feu vert des élus. « La prolifération des golfs menace de disparition la totalité des petits agriculteurs de l'île », explique l'avocat Tony Locricchio, qui conseille des habitants de Kailua militant contre un projet de golf dans la vallée voisine de Maunawili. L'affaire des golfs est, elle aussi, éminemment politique : sous la pression des investisseurs japonais, les élus hawaiiens ont voté en 1985 une loi facilitant la transformation des terres agricoles marginales en terrains de golf. Les promoteurs nippons ont alors multiplié les initiatives : à Tokyo, le ticket d'entrée dans un club de golf dépasse souvent le million de dollars. Il revient donc moins cher, dans bien des cas, de prendre l'avion et de venir jouer à Hawaii.

De leur côté, les grands propriétaires fonciers de l'île, les compagnies comme Bishop ou Castle & Cooke, dont les cultures traditionnelles de canne à sucre et d'ananas sont de moins en moins rentables, sont ravis de céder à bon prix leurs terres marginales. Les golfs, c'est propre, c'est beau et c'est de loin l'usage de la terre le plus rentable, plaident les partisans des greens. « C'est mieux que les ananas, c'est la culture d'exportation moderne d'Hawaii », affirme David Ramsour, économiste de la Bank of Hawaii. Un avis qui n'est partagé ni par les nombreux golfeurs hawaiiens, ulcérés de se voir interdire l'usage de certains terrains réservés aux Japonais, ni par les petits agriculteurs directement touchés. « Les balles de golf, ça ne se mange pas ! », a protesté Ryoei Higa, un vieux fermier de la région de Waianae, expulsé de sa terre en 1988. La formule est devenue, depuis, le point de ralliement du lobby antigolf de l'île. Sur les domaines vendus aux promoteurs nippons vivent en effet, depuis des années, voire des décennies, des familles entières de petits fermiers, le plus souvent hawaiiens ou philippins. Ils occupent gratuitement, ou louent pour quelque 500 dollars par an, un lopin d'un ou deux hectares, transformé en potager. Leurs bicoques de planches et de tôles sont entourées de bananiers, de papayers, de poules et de cochons, qui rapportent tout juste de quoi subsister.

Dans la vallée de Maunawili, sur la côte au vent, le projet du Royal Hawaiian Golf Club, financé par le Japonais d'origine coréenne Yasuo Yasuda, menace une vingtaine de ces familles. Depuis deux ans, cette poignée de fermiers démunis, défendus par Tony

Locricchio contre une douzaine d'avocats de la partie adverse, résiste avec l'énergie du désespoir. Ni les ordres d'expulsion, ni les manœuvres d'intimidation des promoteurs japonais n'en sont encore venus à bout. « Ils ont rasé certaines baraques au bulldozer, ils ont tué du bétail, ils coupent souvent l'électricité... et ils montent les fermiers japonais-américains et hawaiiens-philippins les uns contre les autres », raconte un des sympathisants de la résistance. « De toute manière, on n'a nulle part où aller », explique Ray Pedrinas, avec son bon sourire de grand-père. Hawaiien d'origine philippine, il a élevé une partie de ses 10 enfants en cumulant plusieurs emplois et le revenu de ses 2 hectares, dans la vallée de Maunawili. « On est prêts à se battre jusqu'au bout, affirme sa fille, Mel. On n'a pas le choix. » Des clubs sur les greens, en lieu et place des rails sur la prairie. Un véritable remake des bons vieux westerns d'antan, avec les golfeurs nippons dans le rôle des colons blancs, et les petits fermiers autochtones dans celui des indiens. On connaît la suite.

Pour ces Hawaiiens déshérités, les responsables ne sont pas tant les Japonais que les politiciens locaux. « Même mon compatriote, le gouverneur Waihee, nous a lâchés », soupire Jenny Olinger, une fermière de 77 ans, qui a été élevée dans la vallée. « La vie politique locale est entièrement contrôlée par les intérêts japonais. Il s'exerce un trafic d'influence au plus haut niveau », dénonce Tony Locricchio. Lors de la campagne municipale de 1988, le promoteur du golf de Maunawili, Yasuo Yasuda, et ses associés ont fait don de 22 000 dollars au candidat Frank Fasi. Locricchio a alors attaqué en justice ce type de cadeaux. Et il a obtenu gain de cause : toute contribution d'une firme étrangère à une campagne politique américaine est interdite par la loi fédérale!

Mais l'avocat ne se fait pas d'illusions sur les conséquences de sa victoire : « Ils ont simplement fait passer "sous la table" ce qui se pratiquait ouvertement. »

Bonsaï de Noël au Rockefeller Center

Hawaii est un État américain particulier, où les effets du yen conquérant sur le tissu social peuvent être observés comme au microscope. Quant à Kawamoto, il s'agit bien d'un investisseur japonais atypique, mais les craintes et les protestations qui surgissent à Honolulu dans le sillage de la « Kawamotomobile » apparaissent comme l'écho amplifié des récriminations de l'Amérique entière. Les investissements japonais dans l'immobilier sont, en effet, le plus souvent considérés avec méfiance, voire avec hostilité, par l'opinion publique locale. « Il est temps de se réveiller, avant que la ville ne tourne *sushi* », titre le quotidien d'une petite ville américaine, où les Japonais font leur première acquisition. Et Nate Holden, un conseiller municipal de Los Angeles, qui souhaite mettre sur pied une organisation appelée « Arrêtez de vendre l'Amérique », marche sur les traces de Frank Fasi en proposant, au printemps 1988, une motion interdisant aux investisseurs japonais d'acheter des propriétés. Ces sentiments xénophobes, nourris par la hausse des prix, sont aggravés par la crainte de la dépossession. Ne parle-t-on pas, en Californie, de projets de villages exclusivement destinés à l'accueil des retraités nippons ? Le Japon comptera, en l'an 2000, plus de 20 millions de citoyens au-dessus de 65 ans. Le ministère nippon du Commerce extérieur et de l'Industrie avait effectivement envisagé, en 1986, de promouvoir la construction, à l'étranger, de « villages argentés ». Mais il a bien vite dû abandonner cette idée, sous le feu croisé de la critique nationale et étrangère.

Le tollé antijaponais a sans doute connu son apogée le 30 octobre 1989, quand le conglomérat Mitsubishi Trust a acheté à la famille Rockefeller le contrôle du prestigieux Rockefeller Center pour 846 millions de dollars. Avec ses buildings art-déco, le long de la 5e Avenue, sa patinoire surplombée en hiver par un immense sapin de Noël, le Rockefeller Center constitue un peu l'emblème de New York. C'est à la fois le centre de gravité de Manhattan et la plus prestigieuse adresse professionnelle de la ville : celle de General Electric, NBC, Time Warner, Morgan Stanley, Lazard Frères... Bâti par John D. Rockefeller Junior pendant la Grande Dépression des années 30, cet imposant ensemble de gratte-ciel incarne la victoire de l'esprit d'entreprise sur l'adversité, la quintessence architecturale du capitalisme américain.

La transaction n'avait rien de très surprenant du point de vue économique. Si l'on en croit le chef de file de la jeune génération, David Rockefeller, la famille était fatiguée de dépenser ses capitaux à « embellir les halls de marbre » de ses immeubles. L'institution familiale, minée par les conflits de génération, n'a pu résister à la tentation d'empocher un magot qui lui permet de diversifier ses avoirs. Mitsubishi, encore relativement peu implanté aux États-Unis, a sauté sur l'occasion... Au mépris, semble-t-il, des consignes des politiciens japonais, alarmés par les répercussions de l'affaire Sony-Columbia. La vente de ce joyau de l'immobilier new-yorkais à des intérêts nippons a été commentée, dans les médias américains, avec des accents racistes. Certains New-Yorkais interviewés se demandaient avec amertume si l'arbre de Noël traditionnel allait être remplacé par un bonsaï... Une chaîne de télévision a même diffusé, à cette occasion, des images du bombardement de Pearl Harbor, en soulignant que les avions de combat japonais de la Seconde Guerre mondiale étaient justement fabriqués par le conglomérat Mitsubishi.

Ces sentiments d'invasion sont totalement irrationnels, soulignent pourtant les experts. Les investissements cumulés des Japonais dans l'immobilier américain sont encore loin de valoir ceux des Britanniques. En outre, les propriétaires nippons ne vont pas démonter le Rockefeller Center pour le transporter à Tokyo! Enfin, les capitaux asiatiques sont très utiles. « Ils fournissent de la liquidité à un marché immobilier que les Caisses d'épargne américaines, en crise, ont presque déserté », souligne Jack Barthell du cabinet comptable Kenneth Leventhal. D'ailleurs, les propriétaires nippons se montrent le plus souvent respectueux du patrimoine : soucieux de valoriser au mieux leurs acquisitions, ils les restaurent et les entretiennent avec grand soin.

L'amorce du retrait

La formidable montée en puissance des achats immobiliers japonais aux États-Unis de 1986 à 1990 s'explique à la fois par la revalorisation du yen et par la dérégulation financière nippone. Tokyo a progressivement libéralisé les règles d'investissement des grandes compagnies d'assurance-vie japonaises, pour les autoriser à placer jusqu'à 30 % de leurs avoirs en monnaie étrangère et jusqu'à 20 % en actifs immobiliers. Après un record absolu de 16,54 milliards en 1988, les investissements japonais dans l'immobilier américain sont tombés à 5 milliards de dollars en 1991, leur plus bas niveau depuis 1985. Cette chute est principalement due à trois facteurs. D'une part, la controverse politique a freiné les acquisitions-trophées. D'autre part, les rendements ont été très décevants avec l'effondrement de l'immobilier américain, en 1990 et 1991. Enfin, certains investisseurs japonais se sont tournés vers l'Europe, perçue comme une opportunité fantastique avant le grand marché de 1993.

La structure des investissements a, elle aussi, peu à peu changé : « Il y a eu un plus grand nombre de transactions, d'un montant moyen moins élevé, sur un territoire plus dispersé et sur une plus grande variété de produits », résume Jack Barthell. Hawaii et les deux côtes américaines restent des pôles d'attraction forts : en 1989, la Californie (31 %), Hawaii (23 %) et New York (19 %) totalisent plus de 70 % du total des investissements immobiliers nippons dans le pays. Mais l'Amérique a assisté, ces dernières années, à une pénétration agressive des marchés dits « secondaires » : notamment Las Vegas (482 millions de dollars en 1989), Houston, Phoenix... Taikichiro Mori qui, à 85 ans, est le deuxième homme le plus riche du monde, a, par exemple, acheté à l'automne 1989 les quatre gratte-ciel les plus célèbres de Houston, sur la place dite des Quatre Chênes.

Les Japonais, qui possèdent les plus belles résidences de Beverly Hills, plus de 30 % du centre de Los Angeles et les immeubles les plus célèbres de Manhattan (notamment la tour Citicorp et l'Exxon Building), continuent à acheter du commercial et du résidentiel. Leur goût pour les hôtels et les restaurants haut de gamme ne se dément pas : en octobre 1988, le groupe Seibu-Saison achetait pour 2,15 milliards de dollars la chaîne hôtelière Intercontinental. D'autres exemples sont moins connus : à la recherche d'hôtels bénéficiant d'environnements culturels prestigieux, la société Tobishima, qui possède déjà le Stanhope new-yorkais en face du Metropolitan Museum, a fait une offre pour obtenir la concession du seul hôtel au monde situé dans l'enceinte même d'un musée. Le bâtiment s'élèverait au cœur de l'ancienne usine textile de North Adams, qui devrait, d'ici à quelques années, abriter le plus grand musée d'art contemporain du monde, le Massachusetts Museum of Contemporary Art.

Plus sophistiqués dans leur analyse du marché, les investisseurs japonais se lancent maintenant activement, sur le continent comme à Hawaii, dans des projets de construction (44 % du total des investissements nippons en 1989). C'est l'occasion, pour les grands groupes de construction japonais, de prendre pied aux États-Unis. Certains suivront l'exemple de Sumitomo Realty and Development, qui a absorbé une petite firme de construction résidentielle de la côte ouest, La Solana.

D'autres misent sur l'industrie américaine des loisirs. Leur folie du golf les pousse, bien sûr, à collectionner les country clubs, comme le très chic Riviera Club de Pacific Palisades, à Los Angeles. En septembre 1990, un conglomérat de golf japonais, la Cosmo World Corporation, a défrayé la chronique en acquérant, pour près d'un milliard de dollars, le célébrissime domaine de Pebble Beach, situé entre Carmel et Monterrey, au sud de San Francisco. La propriété, sélectionnée pour le tournoi US open de 1992, comprend plusieurs hôtels et la plus longue route privée du pays, qui longe sur 27 kilomètres une côte rocheuse superbe. Les investisseurs du pays du Soleil levant se sont également intéressés aux casinos (Aladin, Dunes, San Remo à Las Vegas) et aux stations de ski (Heavenly Valley en Californie, Beckenbridge et Steamboat Springs dans le Colorado, Stratton dans le Vermont).

Les Japonais ne sont plus ces investisseurs boulimiques d'il y a quelques années, prêts à surpayer n'importe quel gratte-ciel. Ils ont appris le marché et sont devenus beaucoup plus sélectifs. Ils refusent à présent une grande partie des transactions qui leur sont proposées. Il arrive même qu'ils se mettent à vendre. Des groupes très actifs dans les années 80, comme Shuwa Corp. (Arco Plaza à Los Angeles, ABC Building à New York), sont à présent surendettés. Ils remettent discrètement sur le marché des propriétés marginales. L'acheteur du golf de Pebble Beach a dû le revendre en février 1992, en encaissant une perte de 350 millions de dollars. Cette amorce de retrait, perceptible dès l'automne 1990, se confirme en 1992 avec la dégringolade des marchés financier et foncier japonais. La remontée des taux d'intérêt sur le yen, la chute sévère de la Bourse de Tokyo, le tassement des prix de l'immobilier nippon, l'inquiétude de certaines grandes banques pourraient marquer le début d'une ère nouvelle. En 1991 et 1992, l'immobilier américain est en plein marasme. Et les voix qui s'élevaient, à la fin des années 80, contre la mainmise japonaise sur le béton américain, regrettent sans doute le temps béni de leurs offres généreuses.

6

LA POMPE À TECHNOLOGIE

L'hégémonie du XXIe siècle

En cette journée de juin 1986, les employés d'Ardent Computers ont peut-être eu des doutes sur la santé mentale de leur patron, Allen Michels. Pourquoi diable a-t-il couvert les murs de son bureau d'affiches de tracteurs ?

Ardent, une petite PME de Sunnyvale, dans la Silicon Valley, a alors huit mois d'existence et s'efforce de développer un super-ordinateur graphique appelé Titan. Rétrospectivement, l'engouement du président pour les tracteurs s'explique parfaitement : il rencontre ce jour-là, pour la première fois, les hommes de Kubota, spécialiste japonais de la machine agricole, intéressé par des possibilités de partenariat. C'était un geste de bonne volonté, racontera plus tard Allen Michels, « pour leur montrer qu'on respectait la réputation de leur firme ». Le contact improbable entre les industriels d'Osaka et la firme américaine naissante avait été établi par l'intermédiaire de Paribas Technology à San Francisco. Kubota avait approché la banque Paribas à Paris... qui était elle-même en relation avec la société de capital-risque Crown Partners de New York, à la recherche de financement pour Ardent.

Au départ, Allen Michels ne prenait pas du tout Kubota au sérieux : qu'est-ce qu'un vendeur de tracteurs et de tuyaux d'irrigation aurait pu comprendre à ses ordinateurs haut de gamme? « Dans mon esprit, c'était une perte de temps. » Mais Allen Michels et son associé cofondateur d'Ardent, Matt Sanders, ont bientôt découvert, auprès du concessionnaire Kubota de San Jose, que la firme nippone avait des produits d'excellente qualité et un service impeccable. Pourquoi ne pas les rencontrer? « Nous savions depuis le début que nous ne souhaitions pas produire nous-mêmes nos ordinateurs, explique Allen Michels. Et, en matière de fabrication industrielle, le Japon est synonyme de qualité. » Installé en ce début mai 1990 dans l'une des salles de conférence de sa firme, Michels — un homme rond et jovial de 49 ans à la calvitie naissante — se remémore les négociations en fumant le cigare. « Très vite, Ardent a eu besoin d'argent... Matt Sanders et moi-même avons alors pensé chercher un partenaire japonais, qui fabriquerait nos machines et prendrait aussi une participation dans notre capital. » Restait à trouver un bon candidat. Michels a parlé à Nippon Steel, a eu des contacts avec Fujitsu... Mais les plus rapides en besogne étaient les émissaires de ce groupe de tracteurs d'Osaka : Kubota Corporation.

Pour le constructeur de tracteurs japonais, cet investissement s'inscrivait dans une stratégie planifiée de longue date. « Kubota a 100 ans cette année : nous étions une entreprise ancienne sur un marché à maturité. Nous devions absolument nous diversifier dans les activités en expansion », résume Masahiro Yoshida, l'un des directeurs généraux de Kubota. Ce petit homme d'une cinquantaine d'années parle avec une grande concentration. Le rez-de-chaussée du quartier général de Kubota à Tokyo respire la tradition. Un mur entier de la cafétéria d'entreprise est couvert de « photos de famille » : les différents présidents, les tracteurs primés, les premières usines à l'étranger, les cérémonies marquantes... On mesure à ce spectacle l'esprit visionnaire qu'il a fallu aux dirigeants du groupe pour se lancer tête baissée dans la haute technologie. Kubota, qui a réalisé 5,5 milliards de dollars de chiffre d'affaires en 1989, s'est doté d'un département « nouvelles activités » dès le début des années 80. De 1982 à 1985, cette division n'a pris aucune décision. Une douzaine de professionnels ont passé leur temps à analyser les marchés prometteurs : observer leurs acteurs, consulter les professeurs d'universités, collectionner les études d'expert. Après mûre réflexion, le président Shigezaku Mino opte pour le secteur de l'électronique.

Dès la première réunion entre Ardent et Kubota, le courant passe : après quatre semaines de négociations et quelques aller retour San Francisco-Osaka, l'affaire est conclue. En octobre 1986, Kubota prend 25 % du capital d'Ardent pour 20 millions de dollars. Cela valorise la société à 80 millions : inouï pour une PME qui n'a pas encore sorti son premier prototype ! « Nous ne sommes pas une banque d'affaires, explique Masahiro Yoshida : nous n'investissons ni pour réaliser un gain en capital, ni pour prendre le contrôle. Notre motivation, c'est d'acquérir un savoir-faire technologique et manufacturier. Donc nous ne discutons pas les prix : le plus important, c'est la réussite de notre partenaire. » Dès lors, le groupe nippon met sur pied une nouvelle filiale, Kubota Computer, et commence les travaux pour la construction, à deux heures au nord de Tokyo, d'une usine où les machines Titan seront assemblées. En octobre 1989, Ardent négocie un accord pour fusionner avec son principal concurrent : la firme Stellar, de Newton, dans le Massachusetts. La société résultant de la fusion — baptisée Stardent — commercialisera les Titans sur les zones américaine et européenne, Kubota sur la zone asiatique.

Une rafale d'investissements

La démarche de Kubota est tout à fait représentative d'une tendance de fond. Inquiètes pour leur avenir, les industries lourdes nippones se sont mises, dans les années 80, à « ratisser » la Silicon Valley à la recherche de partenaires. Ces groupes ne font pas mystère de leurs intentions : le n° 1 de l'acier, Nippon Steel, s'est, par exemple, promis de générer 50 % de son chiffre d'affaires d'ici à 1995 — soit 15 milliards de dollars — avec des activités non sidérurgiques (20 % électronique et télécommunications, 20 % ingénierie). En septembre 1991, la firme commercialise déjà sous le nom de Librex toute une gamme de micro-ordinateurs ultra-légers ! Les groupes sidérurgiques NKK et Kawasaki Steel ont des objectifs comparables à l'horizon 2 000. Étonnant quand on pense à la compétition intense que se livrent déjà, sur ce terrain, les spécialistes mondiaux de la micro-électronique. « Peu, parmi les géants de l'industrie lourde japonaise, réussiront dans le secteur de l'électronique », estime Michael Borrus, du BRIE[1].

En attendant, Kubota a mis toutes les chances de son côté pour pénétrer le monde de la haute technologie. Son investissement initial dans Ardent a marqué le point de départ d'une campagne éclair : le constructeur de tracteurs a pris de vitesse les autres investisseurs nippons, souvent empêtrés dans la bureaucratie procédurière de leurs empires industriels. De 1986 à 1990, Kubota a consacré beaucoup de temps et d'efforts à sa reconversion, en prenant

1. Berkeley Roundtable on the International Economy.

coup sur coup des participations dans sept firmes américaines à la pointe de la technologie informatique et deux *start-up*[1] de biotechnologie. En 1987, Allen Michels a notamment attiré l'attention des hommes de Kubota sur son fournisseur de puces : la société Mips.

Cette jeune pousse technologique était la pionnière d'un type de semi-conducteurs d'une architecture révolutionnaire, dite RISC (*reduced instruction set computing*). Les puces RISC sont aux circuits classiques ou CISC (*complex instruction set computing*) ce que la Maserati est à la Renault 5. Le design RISC, très novateur, permet au processeur central d'un ordinateur, s'il est bien programmé, de « pédaler » trois à quatre fois plus vite que les machines classiques : un atout décisif sur le marché en pleine explosion de ces ordinateurs appelés « stations de travail ».

Mips est un peu, dans la vallée, une bête curieuse : une firme touchant à la fois au technologique pur, au hardware et au software, mais qui se contente, dans chaque domaine, d'encaisser des commissions sur des produits fabriqués par d'autres. Ne pouvant attaquer de front les Intel et les Motorola sur le terrain déjà très encombré des microprocesseurs, la société naissante se contente en effet de dessiner ses architectures RISC et des systèmes plus complexes intégrant ce type de circuits, puis de les diffuser le plus largement possible en vendant la licence de fabrication. Pour mieux commercialiser ce hardware, Mips s'est aussi lancé dans la conception de logiciels compatibles. Sollicité, le groupe Kubota se montre intéressé à l'idée d'épauler cette PME aventureuse. Mips est alors au bord de l'asphyxie financière, mais s'est dotée d'une équipe de choc : le nouveau président, Bob Miller, ancien d'IBM et de

1. Petite entreprise naissante. Du verbe *to start* : démarrer.

Data General, est un vétéran de la vallée. Le cofondateur, Skip Stritter, un jeune rouquin diplômé de Dartmouth et de Stanford, architecte du micro-processeur 6800 de Motorola et fanatique de base-ball, est manifestement de la race de ces petits génies créatifs qui ont fait la Silicon Valley. En octobre 1987, le groupe nippon acquiert 20 % de Mips pour 25 millions de dollars et s'engage à fabriquer certains de ses ordinateurs dans l'usine où il assemble déjà les machines d'Ardent.

Mais le groupe d'Osaka ne néglige pas pour autant les autres segments du marché : Kubota mise sur les technologies de stockage de mémoire, en payant 20 millions de dollars pour 100 % d'Akashic Memories, une *start-up* de Santa Clara spécialisée dans les disques à film magnétique. Il débourse en outre 12 millions pour 25 % de Maxoptix, société établie en partenariat avec le fabricant de lecteurs de disquettes Maxtor, de San Jose; 6 millions pour 9,2 % d'Exabyte, une PME du Colorado qui produit des cartouches de stockage de données. Enfin, 10 millions de plus lui donnent le contrôle de 15 % de Rasna, un concepteur de logiciels d'ingénierie mécanique implanté à Santa Clara. Kubota appuie par ailleurs la création de C-Cube microsystems, à Palo Alto.

Pour ces firmes naissantes, Kubota offre une combinaison tout à fait irrésistible d'argent, de capacité manufacturière... et d'accès aux marchés asiatiques. « Pour 10 millions de dollars, les professionnels du capital-risque auraient exigé de prendre une participation beaucoup plus importante dans ma société, affirme David Pidwell, de Rasna. Et ils auraient voulu voir leur mise multipliée par 10 en 5 ans. Kubota, lui, est comme un propriétaire de vignoble : il sait donner au vin le temps de vieillir. » Eût-il trouvé un partenaire américain aussi patient,

Pidwell aurait tout de même préféré Kubota : « Sans un allié japonais, difficile d'avoir accès à des clients comme Sony. »

De 1986 à 1990, le constructeur nippon de tracteurs et de tuyaux a annoncé ses prises de participation successives à une cadence inouïe. Presque incompréhensible pour un groupe qui fonctionnait jusqu'alors dans la tradition nippone des prises de décision consensuelles. Kubota a su faire preuve, sur ses nouveaux métiers, d'une rapidité de réaction et d'un goût du risque mieux adaptés à la culture de la Silicon Valley. « On a fait notre possible pour répondre en temps voulu aux demandes des firmes de capital-risque », explique Masahiro Yoshida. Le dossier Ardent Computers a été bouclé en moins de quatre semaines ! « J'ai été sidéré de cette rapidité », se souvient Allen Michels. Il n'est pas le seul. « Kubota a pris une décision sur la base d'un projet d'ordinateur pour lequel il n'existait pas encore de prototype. C'est très inhabituel », commente Masazumi Ishii, un consultant japonais de la vallée, utilisé par Kubota comme « tête chercheuse ».

« Chaque décision d'investissement a été prise en moins de quatre mois... », souligne Kenichi Nakao. Nakao a dirigé pendant quatre ans la filiale de Kubota à Los Angeles, avant de prendre en charge le bureau Kubota de la Silicon Valley. De Santa Clara, ce centre névralgique fédère l'ensemble des participants du groupe dans le secteur. L'homme s'exprime d'une voix douce, dans un anglais excellent : « Le calendrier est essentiel, insiste-t-il. Sinon, on rate les bonnes opportunités. »

La capacité offensive de Kubota s'explique aussi, selon Masazumi Ishii, par une autre différence. « Le cheminement "de bas en haut" des grands groupes japonais accouche généralement de décisions très conservatrices. Le système décourage les cadres de faire des suggestions originales ou de prendre des risques. Chez Kubota, au contraire, les patrons viennent sur le terrain. Et ils donnent la bénédiction à leurs troupes : cela crée une atmosphère qui incite à l'initiative. » Une fois que la décision d'un investissement est approuvée en haut lieu, les hommes de Kubota peuvent négocier sans consulter Tokyo en permanence.

Sur quoi le groupe japonais fonde-t-il ses choix ? « On recherche avant tout la technologie, explique Kenichi Nakao : des entreprises en pointe sur leur créneau. Mais les relations avec l'équipe en place sont également cruciales. » Si ces deux préalables sont remplis, Kubota étudie sans idées préconçues les modalités de travail en commun. L'important est que les firmes aient quelque chose de spécial, confie Masahiro Yoshida ; « qu'elles puissent générer le rêve qui permettra à Kubota de changer de direction ». Le groupe n'a apparemment pas une image précise de son avenir. Mais il espère que ces nouveaux métiers représenteront, en l'an 2 000, 30 % à 40 % de ses ventes. Kubota continue d'ailleurs à regarder toutes les opportunités : dans le software, mais aussi dans les télécommunications et les technologies d'impression. En priorité aux États-Unis, mais sans exclure l'Europe si une occasion s'y présentait.

Des tuyaux d'irrigation aux composants électroniques

Pour assurer une communication trans-Pacifique efficace, le « général » de la diversification, Masahiro Yoshida, compte sur une dizaine de ses lieutenants, placés au sein des *start-up* partenaires. Naohisa Matsuda, qui siège aux conseils d'administration de Mips et de Stardent, est un peu le chef de file de ces jeunes Turcs qui maîtrisent bien l'anglais. Diplômé d'économie de l'Université de Kyoto, Matsuda a fait toute sa carrière chez Kubota. Avant de venir aux États-Unis en 1984, il était chargé d'étendre les activités du groupe sur le marché japonais. C'est très largement sur les épaules de ce jeune homme de 38 ans que repose la responsabilité d'explorer les possibilités d'investissement : « Il atterrit quelquefois jusqu'à 20 propositions par semaine sur mon bureau ! » Matsuda occupe, dans les locaux de Stardent, une pièce exiguë, sans fenêtres, dont la porte reste ouverte sur l'activité de ruche de la PME. Kubota organise, dans chacune de ses entreprises protégées, une chorégraphie savante de techniciens. « Deux ou trois ingénieurs de Kubota se relaient en permanence chez nous, explique Skip Stritter, l'un des cofondateurs de Mips. Ce sont tous des techniciens de haut niveau ; pas des débutants encombrants. » Mips les associe étroitement au développement de ses nouveaux produits, surtout les machines qui seront fabriquées au Japon. Inversement, les ingénieurs de Stardent et de Mips traversent souvent le Pacifique.

Kubota ne regarde décidément pas à la dépense. Le groupe japonais a investi en deux ans 55 millions de dollars dans Akashic Memories, qui s'est construit un nouveau siège. Il ne ménage pas non plus ses efforts pour aider ses poulains, directement et indirectement. « J'avais besoin d'une ligne de crédit d'un million de dollars pour acheter de l'équipement pour mes ingénieurs, raconte David Pidwell, de Rasna. Kubota a immédiatement donné sa garantie, ce qui m'a permis d'obtenir un taux d'intérêt beaucoup plus bas. »

Les hommes de Kubota conservent néanmoins dans la vallée une attitude effacée. « Matsuda est un participant passif au conseil d'administration, explique Bob Miller, le président de Mips. Sauf pour les aspects manufacturiers, il ne se mêle jamais du quotidien. Il n'est d'ailleurs associé aux décisions stratégiques que dans la mesure où elles concernent le marché japonais. » Jamais une tentative pour modifier une décision, jamais une pression indue... Jusqu'à l'été 1990, tous les dirigeants des firmes dans lesquelles Kubota a pris des participations louent son style non-interventionniste. Dans certains cas, le groupe nippon a même poussé la bonne volonté jusqu'à « américaniser » son style. « Pour notre association au Japon, explique David Pidwell, ils ont accepté de donner des *stock options*[1] aux employés, ce que les entreprises nippones n'ont pas l'habitude de faire. »

Kubota veille cependant au grain : Matsuda et ses collègues sont attentifs, précis. « Ils posent toujours les bonnes questions », constate Miller. C'est que pour le groupe japonais, la manœuvre de diversification n'est pas sans danger. Entre la nouvelle usine, les embauches, les investissements directs et le financement des produits, le groupe de machinerie agricole a engagé près de 3 milliards de dollars sur sa « reconversion ». Risqué? « Même si on perdait tout, cela ne nous mettrait pas en faillite », répond calmement le « général » Yoshida. D'une part, la firme tire des revenus très stables de ses activités traditionnelles. D'autre part, elle a de confortables provisions : comme toutes les entreprises nippones, Kubota place ses excédents sur le marché boursier de Tokyo depuis les années 70. La seule plus-value réalisée sur ce portefeuille d'actions représente plus de dix fois ses investissements dans la haute technologie américaine. En cas de Berezina, les capitaux

1. Possibilité offerte aux cadres et aux salariés d'acheter des actions de leur entreprise à un coût intéressant.

investis ne seraient d'ailleurs pas complètement perdus, souligne Kenichi Nakao, du bureau de Santa Clara : « Nos ingénieurs auront tellement appris ! » Dans l'esprit des hommes de Kubota, cette mise constitue un pari à long terme : un peu comme une bourse d'études de luxe pour leurs ingénieurs.

Kubota sait qu'il n'est pas question, pour l'instant, de prendre de front les IBM, NEC, Toshiba et autres Fujitsu, par rapport auxquels il fait figure de nain. « Le groupe est à la recherche de niches où il pourra se tailler une spécialité », explique Masahiro Yoshida. Il vise apparemment le créneau des machines pour les chercheurs et les ingénieurs, plutôt que celui des ordinateurs à usage commercial. L'avenir montrera l'immense difficulté de cette entreprise. Tout avait pourtant bien commencé.

Une usine à 20 millions

Quand, à partir de l'automne 1988, Allen Michels reçoit les premiers Titans assemblés par Kubota, il ne regrette pas le choix de son allié asiatique. « Leurs ingénieurs ont su, du premier coup, atteindre le niveau de qualité le plus élevé de l'industrie ! », s'enthousiasme-t-il. Il faut dire que le constructeur japonais de tracteurs n'a pas lésiné sur les moyens de production : il a commencé par acheter pour 7 millions de dollars, dans la préfecture de Yamanashi, un joli terrain de 5 hectares, entouré de pêchers. « On aurait pu s'installer à côté d'autres usines Kubota... mais, comme ça, on est plus indépendants », confie Yoshiaki Kuroda, le président de Kubota Computer, installé dans le magnifique bureau directorial sans âme de l'usine de Yamanashi. Kubota a aussitôt envoyé ses ingénieurs aux États-Unis, pour qu'ils se familiarisent avec le processus de production des Titans. « À partir d'avril 1987, nous avons commencé à élaborer les plans pour l'usine », raconte Kuroda. Le long bâtiment rectangulaire blanc et bas, aux vitres de verre fumé (un investissement de 13 millions de dollars) abrite les quelque 110 ingénieurs et cadres spécifiquement liés à la production. 200 autres sont installés à Tokyo, au siège de Kubota Computer, dans le quartier de Shinjuku.

« Lors d'un de mes premiers déplacements pour rencontrer les gens de Kubota, j'ai été accueilli à Tokyo par un brillant jeune homme chargé du marketing des ordinateurs, se souvient Allen Michels. Je supposais qu'il avait une certaine expérience du secteur... Pas du tout ! Il avait débarqué la veille de Bagdad, où il vendait des tuyaux d'irrigation. » Environ deux tiers des ingénieurs de la nouvelle division ordinateurs sont en effet des employés de longue date du groupe. Cette loyauté mutuelle de l'entreprise et de l'employé, qui sidère les managers américains, est pour les Japonais tout à fait naturelle. « On avait peut-être l'image d'une entreprise de tracteurs et de tuyaux... Mais on n'était pas tout à fait étrangers au secteur de l'électronique, souligne d'un ton sec Yoshiaki Kuroda. Nos usines d'engrais chimiques, nos tracteurs, nos pelles excavatrices sont régulés par des systèmes informatiques. »

Pendant que son patron parle, le directeur de l'usine de Yamanashi, Masaaki Shiragami — veste gris souris de l'entreprise, cravate grise, cheveux gris et lunettes métalliques — reste silencieux. Il a été recruté chez Oki Electric, un important fournisseur de Kubota. Shiragami s'animera un peu plus en faisant visiter l'atelier d'assemblage, dont il a la responsabilité : d'un côté, la zone de réception, où convergent de nombreuses pièces fabriquées par des sous-traitants extérieurs ; de l'autre, les cartons

Stardent prêts à partir. Entre les deux, une poignée de jeunes gens extrêmement concentrés, en uniforme, testent les circuits en scrutant des ordinateurs de contrôle dernier cri. Plus loin, quelques chambres étanches à la poussière. Le tout n'occupe qu'une surface rectangulaire de 60 mètres sur 80. Yoshiaki Kuroda désigne un espace trois fois plus grand, entièrement vide. L'immensité du linoléum électrostatique pistache glacé étincelle comme un miroir, seulement scandé, ici et là, par une colonne blanche : « Les ouvriers viennent juste de nous livrer cette portion où l'on assemblera l'ordinateur 6281 de Mips. »

Plus tard, Masaaki Shiragami offre de faire une démonstration des capacités de Titan. Il manipule avec une jubilation visible la « souris » de commande du super-ordinateur graphique pour régler l'intensité et la direction du vent qui fait onduler un drapeau sur l'écran, ou encore pour faire tourner en trois dimensions une navette spatiale sur laquelle les forces aérodynamiques sont symbolisées par des flèches vertes.

Un gigantesque « marché aux puces »

Le scénario Kubota est désormais devenu un schéma classique dans la haute technologie américaine. Car une insatiable soif de capitaux et un pressant souci d'internationalisation poussent un nombre croissant de firmes du secteur à écouter le chant des sirènes asiatiques. Entre octobre 1988 et juillet 1991 les investisseurs japonais ont pris des participations dans plus de 350 PME américaines de haute technologie. Ce sont les secteurs informatique et para-informatique qui attirent la majeure partie des capitaux nippons. John Stern, le représentant de l'American Electronics Association à Tokyo, tend aux visiteurs la liste des prises de participations japonaises dans l'électronique américaine depuis 1986. « Tenez ! J'en sais davantage à ce sujet que le Secrétaire américain au Trésor »... La série est longue de quelques centaines de noms : pour ne citer que les exemples les plus parlants, Canon a pris un morceau de NeXT, la dernière entreprise du légendaire fondateur d'Apple Steve Jobs ; Sony a acquis Materials Research Corp, fournisseur de silicium super-pur et autres matériaux... et le champion japonais des céramiques, Kyocera, a maintenant des participations minoritaires dans une vingtaine de firmes américaines !

Le même type de phénomène est observé, à un moindre degré, dans d'autres secteurs comme les biotechnologies (Chugai-Pharmaceutical a acheté GenProbe), les technologies médicales (Mitsui a monté un partenariat avec Candela Laser), l'aéronautique civile (Boeing collabore avec Mitsubishi Heavy, Kawasaki Heavy et Fuji Heavy Industries pour son prochain 777). Cette boulimie de technologie américaine n'a d'ailleurs pas saisi que les industriels. Les maisons de commerce géantes — ou *sogo shosha* — réalisant qu'elles ne pourraient pas croître indéfiniment si elles se limitent à une fonction d'intermédiaire commercial, ont jeté leurs yens dans la danse : en 1989, le seul groupe Mitsui compte des participations supérieures à 35 % dans plus de 75 PME américaines et ce n'est qu'un début.

Bien qu'il n'existe aucun moyen de connaître avec précision le montant de ce type d'investissements, il est certain que les États-Unis ont vécu, ces dernières années, la plus grande « foire à la technologie » — ou le plus gigantesque « marché aux puces » électronique — de leur histoire. Il existe même un bon nombre de consultants japonais et quelques agences

« matrimoniales » spécialisés dans les fiançailles trans-Pacifique. D'un spacieux bureau à San Jose, Diana Yoshikawa, une universitaire américaine d'origine japonaise, préside l'Osaka-California Linkage Technology Center. Cet organisme, parrainé par le maire d'Osaka, a pour vocation de repérer des affaires américaines de haute technologie pour le compte des industriels japonais de cette région et réciproquement. Cependant, jusqu'ici, l'activité est à sens unique : OCL publie même une lettre mensuelle détaillant les caractéristiques des candidats américains à un mirage nippon... les *start-up* se bousculent au portillon.

Ce transfert massif d'informations technologiques, bien que totalement volontaire, n'en alarme pas moins certains responsables américains. John Stern, inquiet, parle « d'aspirateur » à technologie. « Si l'Amérique veut gagner la course à l'innovation, résume-t-il, elle doit arrêter de vendre ses baskets aux adversaires. »

En quoi ce genre d'alliance est-il dangereux ? A en croire ses détracteurs, il est douteux que les Japonais restent éternellement les « gendres » polis et discrets que décrivent la plupart de leurs partenaires américains : ne veulent-ils pas d'abord et surtout s'approprier cette technologie, quitte à marcher sur les pieds de leurs anciens alliés ? Certaines affaires sont venues apporter de l'eau au moulin des cassandres et empoisonner le climat de béatitude générale : tout ne va plus pour le mieux dans le meilleur des mondes nippo-américain.

Divorce à l'américaine

12 juillet 1990, coup de tonnerre dans un ciel serein : Allen Michels et Matt Sanders, de Stardent

Computers, attaquent Kubota en justice devant la Cour de Californie. Kubota a utilisé son investissement dans Ardent pour imposer la fusion avec Stellar et tente de « voler » la technologie de la compagnie en transférant une partie de ses ingénieurs dans une nouvelle filiale, accusent les fondateurs d'Ardent. En dépit d'accords affirmant le contraire, Kubota « a des plans secrets pour développer des produits qui seraient en concurrence avec ceux de Stardent », affirme la plainte. Michels et Sanders réclament 25 millions de dollars de dommages et intérêts. Kubota dénonce immédiatement cette attaque « irrationnelle » et « dénuée de fondement ». Ces accusations « sont des mensonges éhontés », rétorque Masahiro Yoshida le 20 juillet dans un communiqué de presse : « Nous ne comprenons pas pourquoi Michels et Sanders dénoncent maintenant une fusion qu'ils ont, à l'époque, approuvée avec enthousiasme, à la fois en public et en privé. » Et Yoshida d'ajouter que les deux hommes « essaient de se défausser de leur propre échec de managers sur quelqu'un d'autre ». Avant d'aller en justice, Michels et Sanders ont tenté « de soutirer de l'argent à Kubota » en promettant de ne pas rendre l'affaire publique, confie Yoshida. La firme japonaise, sûre de son droit, a soumis le dossier au conseil d'administration de Stardent et elle compte se défendre devant les tribunaux américains.

En l'occurrence, ce litige pourrait bien, sous couvert d'un conflit trans-Pacifique, cacher un bras de fer américano-américain entre la côte Ouest (les dirigeants d'Ardent) et la côte Est (ceux de Stellar). Lors de la fusion entre les compagnies, c'est le fondateur de Stellar, John Poduska, qui est devenu le président de la nouvelle firme, Stardent. Allen Michels et Matt Sanders n'étaient que directeurs généraux. Il semble que Poduska, appuyé par

Kubota, ait alors eu l'intention de regrouper les activités de Stardent à Newton, dans le Massachusetts, ce qui n'était pas du goût des hommes de la Silicon Valley. John Poduska et son conseil d'administration prennent en tout cas fait et cause pour leur allié japonais, qui s'est montré « magnanime et généreux » envers Stardent. Kubota a effectivement créé une nouvelle filiale sur la côte Ouest (Kubota Pacific Computer), explique Yoshida parce que le groupe envisage d'y installer une nouvelle unité d'assemblage. Cette structure a permis de retenir des ingénieurs clés qui allaient quitter la compagnie à cause de la concentration des opérations à Newton. En réalité, Stardent ne survivra pas à ces querelles managérielles et à son manque de compétitivité face à Silicon Graphics, leader américain sur son créneau. L'entreprise ferme ses portes en mai 1991.

Un an auparavant, loin de se douter de cette décision, Allen Michels joue sur le sentiment anti-japonais naissant aux États-Unis. Il met les autres *start-up* américaines en garde contre les Japonais : « Ils vous invitent à boire et à manger, et vous font de grands sourires jusqu'à ce qu'ils aient obtenu ce qu'ils veulent, et alors, ils vous traitent avec mépris[1]. » Ce n'est pas la première fois que des fiançailles nippo-américaines tournent à l'aigre. Demandez donc à John Hall, le fondateur de Micro Power Systems. Ce pionnier du semi-conducteur a investi 15 années de sa vie dans son entreprise et développé des techniques avancées de fabrication des circuits intégrés analogues... pour se voir en fin de compte évincé par son partenaire Seiko, le géant japonais des montres et des ordinateurs. « Les Japonais n'honorent pas toujours leurs obligations, a expliqué Hall au *Wall Street Journal*. Ils tentent de déposséder les compagnies américaines de leur tech-

1. *New York Times*, 21 juillet 1990.

nologie, de la transférer au Japon et de l'utiliser pour augmenter leurs propres ventres aux États-Unis[1]. » John Hall a misé toutes ses économies pour traîner son ancien allié en justice. Et Seiko a contre-attaqué.

Même si les sombres présages d'Allen Michels et de John Hall se révèlent n'être que le reflet de leur amertume personnelle, l'écho qu'ils suscitent est à la mesure de l'angoisse montante aux États-Unis. Nul ne peut être naïf au point de penser que ces alliances, à terme, ne donneront pas aux Japonais des atouts maîtres. Yoshiaki Kuroda, président de Kubota Computer, dévoile d'ailleurs ses ambitions sans se faire prier : « Notre objectif, dans le futur, est de produire entièrement notre propre ordinateur. » Même s'il ajoute, après un temps de réflexion : « Mais notre but actuel est de maintenir de bonnes relations avec notre partenaire américain. Il dessine, nous construisons. C'est un travail d'équipe. » Les investissements de Kubota connaîtront des succès inégaux. Stardent, dont les produits n'étaient pas compétitifs sur un créneau difficile, doit fermer ses portes en mai 1991. Kubota encaisse une perte de plusieurs centaines de millions de dollars.

Mips, moribonde avant l'arrivée du groupe nippon, a, grâce au soutien de ce dernier, conquis de puissants alliés, dont DEC, NEC, Sony et Siemens. Mais la *start-up*, toujours dévoreuse de capitaux, décide en mars 1992 de fusionner avec un gros client : Silicon Graphics, le champion américain des ordinateurs graphiques Bob Miller conserve la direction de Mips Technologies Inc., et Kubota sa participation.

Inventer plus vite que son ombre asiatique

Les États-Unis doivent prendre conscience du risque stratégique d'un certain degré de dépen-

1. Eduardo Lachica, « Partnership Peril », *Wall Street Journal*, 4 mai 1990.

dance, soulignent les observateurs affolés par cette hémorragie technologique. Nikon a déjà, par le passé, réservé ses machines à fabriquer les semi-conducteurs les plus sophistiquées aux firmes japonaises. Et un rapport publié fin 1991 par le congrès met en évidence certains cas de rétention technologique où les fournisseurs japonais ont refusé de livrer aux Américains leurs appareils dernier cri. Même Thurman John Rogers, le célèbre « T.J. », fondateur de Cypress Semiconductors et farouche défenseur du non-interventionnisme gouvernemental, est alarmé par l'ampleur du phénomène : « De nos jours, la sécurité nationale est moins une affaire de têtes nucléaires que de prouesse technologique. » Il faut selon lui s'assurer que les transferts de technologie ne restent pas à sens unique. Les entrepreneurs américains sont cependant largement responsables de cette absence de réciprocité : les *start-up* sont en position de faiblesse pour négocier et les grosses entreprises sont rarement organisées pour tirer parti d'accords de coopération avec les Japonais. En cas d'échange nippo-américain, les firmes américaines envoient un ingénieur de second ordre, qui ne parle pas japonais tandis que les Japonais, eux, détachent aux États-Unis un scientifique de premier plan, diplômé du MIT et parlant couramment anglais.

Du point de vue d'une PME de la Silicon Valley luttant pour sa survie, ces préoccupations macroéconomiques n'ont d'ailleurs pas grand sens. « Si je pouvais faire fabriquer les ordinateurs Stardent à un niveau de qualité et de prix comparable aux États-Unis, j'en serais ravi », souligne Allen Michels en mai 1990. Pour lui, l'intérêt de l'entreprise — de ses salariés et de ses actionnaires — passe avant tout le reste. Certains « protégés » de Kubota ont une vision plus cynique du tableau d'ensemble : « Est-il dangereux de donner aux Japonais les moyens de rattraper leur retard technologique? Sans doute, reconnaît David Pidwell de Rasna. Mais c'est inévitable. Nous avons été nourris à la culture capitaliste : nous vendrions notre âme pour un dollar de plus! »

Les dirigeants de Mips, eux, justifient leur stratégie au nom de la priorité absolue de leur entreprise : faire de l'architecture RISC le standard planétaire avant le SPARC de Sun Microsystems.[1] Pour atteindre ce but, Mips licencie sa technologie à tout va : y compris aux Japonais et aux Européens, pourtant concurrents potentiels à long terme. Licencier l'architecture RISC de Mips à NEC, Siemens et Sony ne revient pas forcément à se passer la corde au cou, explique Skip Stritter. « D'abord, on ne "brade" pas cette technologie, on la vend : cher. Ensuite, la structure de nos contrats rend nos clients très dépendants : pendant 10 ans, ils doivent utiliser exclusivement notre technologie. » Après? « On espère pouvoir conserver assez d'avance sur le produit suivant pour qu'ils signent un nouveau contrat... Si nous en sommes incapables, c'est que nous ne sommes pas faits pour ce métier », conclut-il. Autrement dit, la Silicon Valley joue sa survie sur sa capacité à inventer plus vite que son ombre asiatique.

Des industriels de la puce comme Tom Longo, président de Performance Semiconductor, tiennent cette attitude pour criminelle. « Mips a mis entre les mains de NEC l'une des meilleures architectures qui soit : ils donnent la clef du royaume aux Japonais, il ne faut pas s'étonner ensuite qu'ils sachent ouvrir la porte! » Mais Mips n'a pas la même logique : « Supposons, raisonne Bob Miller, que nous n'ayons pas vendu la technologie RISC à NEC et Sony, et que ni

1. N'y étant pas parvenu, Mips annoncera en mars 1992 sa fusion avec Silicon Graphics.

Sun, ni Intel, ni Motorola ne l'aient fait... Croyez-vous que les géants japonais seraient restés les bras croisés ? Ils auraient appuyé une architecture européenne concurrente... et les États-Unis auraient perdu à la fois les marchés asiatiques et européens. »

Pendant que chacun soigne ses arbres fruitiers, les Japonais ne sont-ils pas en train d'acheter la ferme ? Pour les Skip Stritter, les Bob Miller, les Allen Michels, poser le débat en termes de « *America Inc.* contre *Japan Inc.* » (l'Amérique S.A. contre le Japon S.A.) est tout à fait désuet. Dans ce métier, vu la taille des investissements, on ne peut pas rester un acteur de petite envergure : ou bien on vise la planète, ou bien on disparaît. La notion de frontières économiques à protéger est dépassée : une attitude xénophobe ne fait que retarder les chances de rayonnement des percées technologiques américaines.

Une menace pour la sécurité nationale ?

En deçà même du débat techno-stratégique, les pourfendeurs des alliances trans-Pacifique en dénoncent l'un des effets immédiats : l'érosion de la base industrielle américaine. La PME Vitelic, voisine de Cypress Semiconductors, est par exemple spécialisée dans la vente de dessins de circuits électroniques à Taiwan et à la Corée. Ces pays offrent en contrepartie des tranches de silicium et des capacités de production à des coûts défiant toute concurrence. Ce qui conduit en même temps à l'évidement progressif de la structure industrielle américaine et à l'érosion de sa capacité de recherche. Tom Longo, le président de Performance Semiconductor, a été approché à plusieurs reprises par des groupes japonais... mais il a résisté. Pas question de lâcher son usine à puces : si on ne maîtrise pas la manufacture, on perd le contrôle de son propre produit. « Les *start-up* électroniques sans capacité de fabrication sont une perversion de la notion même d'entreprise. La création d'une firme ne devrait pas avoir pour seule motivation l'enrichissement d'une poignée de fondateurs, rappelle-t-il d'un ton las, bien accordé avec son physique de "Droopy" triste. Si Seymour Cray avait eu cette attitude, les États-Unis ne domineraient pas aujourd'hui le marché mondial des super-ordinateurs. »

Tom Longo n'est pas un ennemi du Japon. Il admire au contraire la culture japonaise dont les priorités, par ordre décroissant, sont : le pays, l'entreprise, la famille et soi-même. « Ici, l'individu vient en premier, le pays en dernier, s'indigne-t-il. C'est pourtant notre niveau de vie qui est en jeu ! » C'est aussi le point de vue de Jean-Louis Gassée, l'ex-n° 2 d'Apple Computer : « On ne peut pas considérer la production industrielle comme un sous-produit : il est indispensable de l'intégrer au processus d'innovation. » Mais au sein de la profession, ce type de discours est minoritaire. Les géants américains du semi-conducteur multiplient au contraire les alliances avec les firmes asiatiques : au cours des deux dernières années, American Micro Devices a vendu une usine texane de semi-conducteurs à Sony, Texas Instruments a passé un accord avec Kobe Steel pour la fabrication de circuits logiques et le géant américain du téléphone AT&T s'est appuyé sur NEC pour se lancer dans la production de puces.

L'enjeu du débat sur l'érosion industrielle de l'électronique américaine est de taille. Le secteur électronique au sens large représente 750 milliards de dollars de chiffre d'affaires et emploie aux États-Unis 2,6 millions de personnes : plus du double de la sidérurgie et de l'automobile réunies. Tom Longo pense que ce n'est pas le moment de baisser les bras :

« Ce pays a les ressources pour être compétitif. Mais il est urgent de remettre l'accent sur la culture industrielle. » T.J. Rogers, dont la firme Cypress est très performante, est beaucoup moins alarmiste : le génie manufacturier des Japonais, rappelle-t-il, réside dans « le perfectionnement continu de leur processus de production. Cela s'apprend.... ».

T.J. qui, en cette matinée de mai 1990, porte des boutons de manchette à ses initiales sur une chemise pastel, parle du ton assuré d'une « star » de la vallée. Pour appuyer ses propos, il se lève et va chercher dans sa bibliothèque un ouvrage intitulé *Kaizen*. « Sur les semi-conducteurs, les Japonais nous ont fait très mal entre 1975 et 1980, mais leur avance a diminué entre 1980 et 1986 et, depuis, les positions sont gelées. Nos usines comblent rapidement le fossé de la qualité. » Pour lui, le défaitisme, n'est pas de mise : « Seuls les perdants crient à la désindustrialisation. Le problème de la concurrence japonaise est dû pour un tiers aux Japonais... et pour deux tiers au management américain : si on gérait correctement nos entreprises, si les actionnaires jouaient leur rôle, il n'y aurait pas de "problème nippon!" » Comme beaucoup de ses collègues de Silicon Valley, Rogers critique vigoureusement la formation des écoles de commerce américaines, qui n'enseignent pas la compétitivité.

Le passé récent de l'industrie américaine plaide en tout cas pour le camp des inquiets : l'histoire de l'électronique et de l'optique grand public de l'après-guerre démontre la fulgurante capacité des firmes japonaises à conquérir des « marchés-cibles ». La stratégie nippone est bien connue : elle commence par l'importation de technologie. Pendant cette première phase, les entreprises s'attachent à améliorer le procédé et à fabriquer pour la consommation intérieure japonaise. Elles se livrent souvent entre elles à une âpre compétition sur leur marché protégé, ce qui assure aux meilleurs producteurs des marges confortables. Les entreprises victorieuses partent alors à l'assaut des pays tiers, noyant leurs concurrents sous des produits à prix cassés. En l'absence de forte contrainte boursière les conglomérats peuvent en effet se permettre de perdre durablement de l'argent sur les ventes pour gagner des parts de marché. Quand les producteurs étrangers sont terrassés, les groupes nippons remontent les tarifs dans les secteurs où ils sont en position oligopolistique. Un seul fabricant américain, Zenith, a ainsi su résister à la déferlante asiatique sur les téléviseurs et les magnétoscopes, produits pourtant inventés aux États-Unis. L'autre survivant, RCA, a été repris par Thomson.

Plus récemment, les Japonais, partis de zéro en 1970, ont conquis plus de 85 % du marché américain des mémoires vives dynamiques de type DRAM[1]. (IBM, qui ne produit des circuits que pour ses propres besoins, est exclu de toutes les statistiques.) « Les États-Unis maintiennent leurs positions dans de rares domaines et ne progressent nulle part », constate un rapport d'experts remis début 1990 à la Maison Blanche. Les Américains ont en effet perdu plus de 10 points depuis 1985 sur la totalité de la filière composants, alors que les Japonais progressaient dans le même temps de 39 % à 50 % du marché mondial. Cette étude intitulée « Semi-conducteurs : une industrie stratégique en jeu » tire la sonnette d'alarme : la détérioration continuelle de la compétitivité industrielle américaine sur les marchés des semi-conducteurs « constitue une menace inacceptable pour l'économie et pour la sécurité nationales ».

1. Dynamic Random Access Memory.

Le problème ne se limite d'ailleurs pas aux circuits : il gagne l'ensemble de la filière électronique, où le Japon a enregistré en 1990 un excédent commercial de 62,7 milliards de dollars, contre un déficit de 0,1 milliard pour les États-Unis et de 39,6 milliards pour l'Europe. « Si les tendances actuelles se prolongent, les Japonais seront les premiers producteurs et vendeurs mondiaux de produits électroniques au milieu des années 90 », avertissait début juin 1990 un rapport du Département du Commerce.

Les firmes japonaises remontent en effet inexorablement la chaîne technologique : « Leur position dominante sur les mémoires leur permet des économies d'échelle et la maîtrise de technologies applicables aux semi-conducteurs plus élaborés », explique Andrew Procassini, président de l'Association des industriels du semi-conducteur. Leur stratégie est claire, analyse Jean-Claude Zambelli, un ancien de Fairchild devenu président de la seule pousse technologique française dans la vallée, Matra Design Semiconductors : « Dès qu'un segment du marché des composants atteint 500 millions de dollars, les Japonais commencent à s'y intéresser. »

Un des maillons les plus faibles de l'industrie électronique américaine est la machine-outil spécialisée. Les firmes américaines, petites et sous-capitalisées, sont progressivement balayées par les titans japonais, qui dominent maintenant largement le marché d'équipement des usines à fabriquer les puces. Ces fournisseurs de machines-outils sophistiquées étaient 153 en 1987 ; ils ne sont plus que 143. « C'est une course contre la montre, constate Michael Maibach d'Intel. C'est comme si on n'avait plus que 4 doigts. Combien va-t-on s'en laisser couper avant de ne plus pouvoir fonctionner ? » Les États-Unis qui, il y a dix ans, tenaient plus de 80 % de ce marché mondial, ont progressivement vu leur part amputée. Les trois quarts des équipements de nouvelle génération acquis par les industriels américains du semi-conducteur proviendront du Japon. Et seule une controverse médiatique intense a récemment empêché Nikon d'avaler Perkin-Elmer, un des principaux fabricants américains de ce type de machines. Dans une transaction largement orchestrée par son principal client IBM, Perkin-Elmer a finalement vendu sa division de lithographie optique à un groupe de la Silicon Valley au printemps 1990. « Dommage qu'on ne soit devenu un trésor national qu'après notre vente », a alors lancé avec ironie Sheldon Weinig, le fondateur et patron de Materials Research Corporation, racheté par Sony.

Prochain objectif des Japonais : les ordinateurs. L'achat de 46 % d'Amdhal, dès 1972, a permis à Fujitsu d'établir une tête de pont aux États-Unis pour défier les champions américains. Fujitsu n'a-t-il pas annoncé, début septembre 1990, une nouvelle série de stations de travail aussi puissantes que la nouvelle ligne IBM ? Sony et Sharp ne se sont-ils pas déjà alliés avec Apple pour fabriquer toute une gamme d'ordinateurs personnels ? « Si on ne réagit pas, prévient John Stern, le représentant de l'American Electronics Association à Tokyo, les Japonais, partis de moins de 20 % en 1984, auront acquis 70 % du marché mondial de l'ordinateur en 1994. » Il tend au visiteur un graphique de projections, où l'on voit la part de marché des Japonais monter au ciel, tandis que celle des États-Unis est en chute libre. Ce ne sont pas les pourfendeurs de l'achat récent du fabricant britannique ICL par Fujitsu qui le contrediront.

« Il y a trois moyens de contrôler l'industrie de l'ordinateur : par la fabrication industrielle, par le marketing et par la technologie, raisonne Stern. Côté industriel, vous ne pouvez déjà plus fabriquer un ordinateur sans acheter aux Japonais une grande partie de ses pièces : mémoires, lecteurs externes, claviers, écrans, disquettes... » Une proportion de plus en plus importante des ordinateurs *made in USA* est en réalité asiatique. Une fois la technologie accessible, les Japonais développent un nouvel ordinateur deux fois plus rapidement que leurs concurrents américains ou européens. Ils banalisent les machines en produits de grande consommation (*commoditization*). Pour ce qui est du marketing, les firmes nippones ont également prouvé leur talent : NEC a par exemple livré gratuitement un supercomputer aux chercheurs d'un laboratoire proche de Houston, raconte Stern : « Ils leur ont juste dit : utilisez-le pendant six mois; on discutera le prix après! » Quant à la technologie, les États-Unis sont encore en avance sur bon nombre de créneaux, comme les circuits complexes, le dessin de système, le software. Mais les Japonais se mettent à acheter ce qu'ils ne maîtrisent pas : ils montent des laboratoires aux États-Unis et s'offrent des ingénieurs américains qui leur permettent de combler leur retard.

Les Japonais se servent par ailleurs admirablement de leurs points forts technologiques pour conquérir des segments de marché : champions des technologies d'écrans plats, Toshiba, Sharp, NEC sont par exemple en pôle-position sur les ordinateurs portables, ce qui leur a permis, selon la firme Dataquest, de conquérir 11 % du marché américain de l'ordinateur. En outre, ils misent déjà sur les produits de demain. Fujitsu a notamment pris 38 % du capital de l'américain Poquet, spécialisé dans les ordinateurs de poche. Et Sony est, avec Apple et une demi-douzaine de PME américaines (Data Entry Systems, Go Corp., Grid Systems, Momenta, Superscript), dans le peloton de tête pour les ordinateurs bloc-notes. Ces gadgets capables de lire l'écriture humaine commencent à émerger. Et la profession compte beaucoup sur eux pour prendre la relève des ordinateurs personnels, dont les ventes s'essoufflent. Les poids lourds nippons de l'électronique — NEC, Hitachi, Toshiba, Sony — s'attaquent également au marché des stations de travail et des super-ordinateurs. Une machine japonaise, le Hitachi S-820/80 a surpassé en mai 1990, pour la première fois, le champion américain, le Cray Y/MP, sur la vitesse d'un processeur unique.

Certains professionnels américains se rassurent en soulignant l'avance incontestable des États-Unis en matière de software. Un marché de quelque 50 milliards de dollars en 1990, et probablement 1 trillion en l'an 2000, dont les États-Unis maîtrisent 70 %. C'est que le génie du logiciel pousse mieux dans le climat entrepreneurial de la Silicon Valley qu'au Japon où, note Kenichi Nakao de Kubota, « le système éducatif vise à produire des esprits moyens et les entreprises n'encouragent pas la créativité individuelle ». Sans oublier que les caractères *kanji* sont techniquement plus difficiles à programmer. Il n'est cependant pas dit que les États-Unis conserveront longtemps leur suprématie. « Dans 5 ans, les Japonais écriront des programmes structurés et très compétitifs », estime David Pidwell, de Rasna. Le MITI japonais a en tout cas clairement fait du software informatique une de ses priorités des années 90 et il ne ménage pas ses subventions aux programmes de recherche conjoints avec le privé.

Plus généralement, le retard de l'archipel sur la recherche fondamentale n'est sans doute pas éternel. Si les ministères nippons de l'Éducation et de l'Industrie ont conditionné les universités, dans les années d'après-guerre, pour fabriquer des armées d'ingénieurs et de scientifiques compétents mais sans éclat, le Japon veut maintenant prouver qu'il peut, lui aussi, faire des percées scientifiques. Et il n'y a pas de raison qu'il échoue : la faiblesse scientifique japonaise, analyse le magazine *The Economist*, est davantage imputable à la manière dont les prestigieux instituts d'avant-guerre (comme Riken, qui a produit le premier Nobel japonais) ont été privés de ressources, qu'aux spécificités de la pensée bouddhiste ou de l'éthique de groupe[1].

La ruée vers les marchés d'avenir

Le glissement progressif des États-Unis dans la course à la suprématie technologique planétaire se double en tout cas d'un retard croissant sur les efforts de recherche appliquée. Le fossé est particulièrement important sur les semi-conducteurs : selon le rapport d'experts remis au président Bush, le montant que les 5 principaux producteurs japonais de puces consacrent à la recherche est le double de celui de leurs 5 concurrents américains (IBM exclu). Des groupes comme le mastodonte du téléphone NTT se sont notamment intéressés à des procédés nouveaux de lithographie par rayons X, susceptibles d'augmenter considérablement les performances des fabriques à puces. Et si le MITI n'a jamais réussi, en 9 ans, à accoucher des fameux « ordinateurs humains » que promettait son projet « cinquième génération », il concentre maintenant les recherches sur les procédés de *massively parallel processing* : une technique qui permettrait à l'ordi-

1. « Can Japan Make Einsteins Too? », *The Economist*, 11 août 1990.

nateur, en combinant la puissance de dizaines de milliers de processeurs indépendants, de résoudre des problèmes complexes comme la reconnaissance d'images.

Le même décalage dans l'effort peut être observé sur la totalité du spectre industriel. Entre 1985 et 1990, les investissements des firmes japonaises en équipement et en recherche-développement ont augmenté de 150 %, contre 23 % pour les entreprises américaines. Et, pour la première fois en 1988, les dépenses en capital de l'industrie japonaise ont dépassé celles des États-Unis. En 1990, le Japon a dépensé 586 milliards de dollars contre 524 milliards pour les États-Unis. Ramené en dollars par tête, l'avantage nippon est de 2 à 1. Beaucoup d'analystes citent la vague des OPA sauvages comme l'un des facteurs clés de ce phénomène. Il est vrai que, pour réduire l'endettement excessif résultant d'une acquisition coûteuse, les *raiders* d'entreprises ont eu tendance à sabrer en priorité dans les budgets recherche. Certains managers, soucieux de ne pas voir leur action sous-évaluée en Bourse, ont même pris les devants. Mais la formule « c'est la faute à Wall Street » a trop servi d'excuse facile aux mauvais gestionnaires, estime T.J. Rogers : « Cypress dépense 25 % de son chiffre d'affaires en recherche-développement et enregistre 23 % de profits avant impôts. »

Tandis que les États-Unis s'enlisent dans ce genre de controverse, le gros des efforts de recherche nippons va aux marchés d'avenir : électronique grand public, informatique, technologies de la communication. La quasi-hégémonie du Japon sur le marché mondial des gadgets électroniques a assuré à son industrie nationale une avance confortable dans les technologies audiovisuelles. Même s'il y a de fortes chances pour que la planète soit divisée en trois grandes zones aux normes différentes (États-Unis, Asie, Europe), il est désormais clair que les Sony et autres Matsushita se tailleront la part du lion sur le marché mondial de la télévision haute définition.

Les firmes électroniques nippones ne font d'ailleurs pas mystère de leur stratégie : elles espèrent à terme renforcer leur position sur les marchés informatiques par le biais du « multimédia » : le mariage tant attendu entre texte graphique, image et son. « Il devient de plus en plus difficile de faire une distinction claire entre l'informatique et l'audiovisuel... cela nous donne une chance », explique Teruaki Aoki, l'un des directeurs généraux de Sony[1]. Il suffit, pour s'en convaincre, de visiter le « Media World » de sa firme, à Tokyo, dans le quartier de Shinagawa : la plupart des « boîtes » Sony sont maintenant capables de manier inter-activement image, son, données graphiques et télécommunications.

Fujitsu a déjà mis au point un ordinateur personnel multimédia, incorporant une unité capable à la fois de stocker des données et de jouer des disques compacts. Ce genre de produits est pour l'instant réservé aux usages professionnels et personne ne sait encore si ces ordinateurs à tout faire deviendront assez performants et assez bon marché pour séduire le grand public, comme autrefois les magnétoscopes et les ordinateurs personnels. Les espoirs d'explosion de ces nouveaux marchés butent encore sur des obstacles techniques comme la difficulté de stockage et de transmission d'images animées sous forme de données numériques. Mais la guerre technologique n'en est pas moins engagée, à coups de millions de dollars, entre Intel, Philips, Sony et Matsushita... Et, tandis que la morosité économique des années 1991 et 1992 touche également les groupes américains et nippons, les Japonais, eux, ont tendance à moins réduire leurs budgets de recherche-développement.

1. *Business Week*, 23 octobre 1989.

Sur cette toile de fond, la boulimie japonaise pour la haute technologie américaine ne concerne pas seulement les entreprises privées. Lundi 23 avril 1990, midi : l'humeur est joyeuse dans la foule compacte assemblée autour d'un bâtiment flambant neuf du campus de l'Université de Californie à Irvine (UCI). Faisant taire le brouhaha, Wade Rose, un des professeurs du département de médecine, grimpe au pupitre : la cérémonie d'inauguration du centre de recherche Hitachi est commencée. Car ce bâtiment circulaire flambant neuf — verre fumé et béton chaussé de tuiles couleur yaourt aux myrtilles — est un nouveau laboratoire de biotechnologie. Un cadeau de 17 millions de dollars offert par Hitachi Chemical aux chercheurs de la firme nippone et aux scientifiques d'UCI.

Au bout de 40 ans, l'Université récupérera l'ensemble — pruniers, jardin japonais et fontaine compris. « Plumwood House » (le prunier est le symbole de l'étude au Japon) est le premier laboratoire nippon à prendre racine sur un campus américain. Deux semaines plus tard, NEC inaugure à Princeton un laboratoire de recherche informatique de 75 millions de dollars. Le groupe sidérurgique Kobe Steel a déjà annoncé qu'il offrirait à l'Université de Caroline du Nord un laboratoire de recherche sur les propriétés des films de diamant. Les firmes japonaises étaient déjà nombreuses à financer des chaires d'enseignement et de recherche dans les grandes universités américaines. Otsuka Pharmaceutical a fondé à Seattle en 1987, l'Institut de la biomembrane, une organisation de recherche contre le cancer bénéficiant de liens privilégiés avec l'Université de Washington. Et le prestigieux MIT compte au moins 22 chaires financées par des entreprises nippones, à 1 million de dollars pièce. Mais le « don » de laboratoire marque incontestablement une étape nouvelle dans la pénétration nippone de l'appareil de recherche américain.

« Certains financements japonais de projets de recherche ont un caractère prédateur », estime Chalmers Johnson, japonologue à l'Université de Californie de San Diego. « On réalise tout à coup que l'ennemi est là, qu'il s'est infiltré dans notre tranchée », commente avec effroi un spécialiste du capital-risque de la Silicon Valley. Beaucoup d'analystes tiennent en réalité ces opérations pour de l'espionnage scientifique parfaitement légal. Car les firmes nippones implantées sur le campus s'offrent ainsi un accès privilégié à tous les travaux de recherche publiés par l'Université.

En ce venteux lundi de printemps, sur le campus d'Irvine, les orateurs qui défilent à la tribune — dont le président de Hitachi Chemical, Ryoji Yokoyama, venu spécialement du Japon — se confondent en congratulations mutuelles. Hitachi Chemical, qui consacre des ressources importantes à la recherche biochimique et neurologique, « n'est pas très avancé dans ce domaine », reconnaît Hiroshi Sumiyama qui dirigera le nouveau centre de recherche. Plumwood House donnera au géant japonais l'occasion de corriger le tir : ses chercheurs occuperont les deux étages supérieurs du spacieux bâtiment, tandis que les 1 200 m^2 de l'étage inférieur seront réservés aux professeurs et aux élèves de l'Université. Ce lundi, après la cérémonie, les visiteurs envahissent les laboratoires. « De l'espace, du matériel dernier cri : des conditions de travail formidables », s'extasie Chris Greer, l'un des biologistes moléculaires désigné par UCI pour emménager à Plumwood House.

Wade Rose, l'un des principaux artisans de l'accord entre Hitachi et UCI, n'admet aucune critique nationaliste : « Quand il s'agit d'apporter un remède à une maladie, peu importe si la firme qui trouve est japonaise, européenne ou américaine. » Certaines recherches seront menées en commun par des Américains et des Japonais. Dans ce cas, précise le contrat de partenariat, l'Université retiendra tous les droits de brevets.

La réciproque est possible, souligne Rose : le campus de Tsukuba, au nord de Tokyo, a le même type d'arrangement avec quatre entreprises américaines. Il oublie cependant de mentionner qu'au Japon, le gros de la recherche se fait dans le secret des laboratoires d'entreprise, non en université. UCI protège sa recherche : « Hitachi est mise sur un pied d'égalité avec les firmes américaines présentes à UCI : ni plus, ni moins », explique Wade Rose. À Washington, le Congrès commence seulement à s'intéresser de près à ce sujet : un sous-comité de la Chambre des représentants élabore un rapport sur l'accès des firmes étrangères à la recherche subventionnée par des organismes publics.

Le problème est que les Japonais sont en général plus rapides que les Américains ou les Européens à passer du stade de la découverte scientifique à celui du produit commercial. L'ancêtre de Sony avait déjà donné des leçons, dans les années 50, à Western Electric et aux laboratoires Bell : la PME nippone avait réussi à fabriquer des postes radio avec la technologie du transistor, que les Américains avaient inventé mais sous-exploitaient. Aujourd'hui, les fabricants nippons d'appareils ménagers se sont saisi du procédé américain dit *fuzzy logic*. C'est un vieux professeur en électronique de Berkeley, Lofti Zadeh, qui avait le premier imaginé d'équiper les machines avec des détecteurs électroniques leur permettant de prendre des décisions rapides sur la base de toutes les informations disponibles. Aucune firme américaine ne s'était intéressée à l'invention de Zadeh, qui n'a pas déposé de brevet. La *fuzzy logic* envahit à présent le foyer de la ménagère nippone : des aspirateurs Matsushita qui évaluent l'état du tapis avant de déterminer la puissance nécessaire pour absorber la poussière aux machines à laver Matsushita et Hitachi qui adaptent leur cycle au type de chargement et de détergent utilisé. Mitsubishi exporte notamment aux États-Unis une machine à air conditionné intelligente, économisant 20 % sur les notes d'électricité. La vitalité de la recherche appliquée japonaise se traduit dans les chiffres : en 1989, 46,7 % des brevets accordés aux États-Unis ont été déposés par des entreprises étrangères, dont la moitié nippones. Les quatre premiers bénéficiaires de brevets étaient japonais... Hitachi en tête.

La digue des cartels

D'une manière plus générale, la baisse de compétitivité de l'industrie électronique américaine suscite, dans les milieux privés et publics, un débat animé sur le rôle du gouvernement fédéral. Sous la pression de ses lobbies professionnels, Washington a redoublé d'efforts, ces dernières années, pour ouvrir le marché japonais et éliminer les techniques commerciales jugées déloyales. Certains progrès ont notamment été enregistrés, sur l'exportation des super-ordinateurs et des équipements de télécommunication.

L'accord bilatéral sur les semi-conducteurs, censé rétablir les règles d'une concurrence honnête (il fixe depuis 1986 un prix minimum à l'importation des mémoires japonaises et exige un accès plus libre au marché nippon) a cependant connu un succès très mitigé. Le Japon a effectivement arrêté le *dumping* sur certaines puces « mais trop tard pour permettre aux Américains de revenir sur les DRAM », souligne Michael Maibach, chargé pour Intel des relations avec le gouvernement. Le ticket d'entrée approche le milliard de dollars. L'accord a tout de même permis, selon Maibach, de sauver les huit ou neuf fabricants américains de circuit EPROM. Il a également fait progresser les exportations de semi-conducteurs américains, de 8,6 % du marché japonais en 1986 à 12 % actuellement... Mais on est encore loin de l'objectif officieux de 20 %, établi en marge de l'accord.

Un effort plus récent de l'industrie et du gouvernement américains pour reconquérir le marché des mémoires a, en revanche, connu un échec retentissant. Le consortium « US Memories » est mort le 10 janvier, à l'aéroport international de Dallas-Fort Worth (Texas), où 11 producteurs américains de semi-conducteurs et d'ordinateurs ont jeté l'éponge. Ils n'étaient même pas prêts à réunir, ensemble, 150 millions de dollars sur les 500 millions nécessaires au lancement du consortium. Sanford Kane, vétéran de 17 ans chez IBM et apôtre de l'initiative, n'a pu que baisser les bras : « On ne peut pas indéfiniment se taper la tête contre un mur, explique-t-il quelques jours plus tard en conférence de presse : ça finit par donner la migraine. » Car si Kane avait convaincu IBM de passer un accord de licence avec US Memories pour sa technologie avancée sur les DRAM de 4 mégabits, si les Intel, National Semiconductors et autres AMD soutenaient le projet... les fabricants d'ordinateurs, eux, n'ont pas voulu s'engager.

Après tout, argumentent des firmes comme Apple, Sun ou Compaq, les mémoires ne sont que les matières premières de l'informatique : pourquoi ne pas se les procurer au meilleur coût? Position à courte vue, tranche Sanford Kane : ce n'est pas parce que le marché des DRAM est surabondant en ce moment que l'on ne connaîtra pas de nouvelles pénuries, comme en 1988. « On n'achète pas des munitions à l'ennemi! », s'insurge Andrew Procassini de l'Association des industriels du semi-conducteur. Certains professionnels laissent entendre que la réticence des fabricants américains d'ordinateurs n'est pas étrangère aux pressions discrètes de leurs fournisseurs de mémoires nippons : ils seraient déjà trop dépendants.

Mais ce genre d'initiative est loin de faire l'unanimité dans la Silicon Valley : « Le remède était pire que le mal, tranche T.J. Rogers. US Memories, c'est le glas du système entrepreneurial. Cela aurait mis des PME comme Cypress en concurrence avec un cartel américain exempté des lois antitrust et subventionné par l'État. » Pour lui, reconquérir le marché des mémoires n'a pas de sens : cela revient à essayer de battre un champion de *Sumo* sur son propre terrain. « Une firme qui veut en découdre avec la compétition étrangère sur les produits de masse à bas prix tombe fatalement en troisième place, derrière les Coréens et les Japonais, fait valoir Rogers. Car il n'est écrit nulle part que le leader dans la course aux DRAM doive gagner de l'argent : les Japonais, eux aussi, en perdent. » Les États-Unis devraient plutôt, selon lui, profiter de leurs atouts — flexibilité et capacité d'innovation — pour garder de l'avance sur les marchés des processeurs et des circuits intégrés complexes, à plus forte valeur ajoutée.

T.J. Rogers dénonce avec la même violence le cartel américain déjà existant : la Sematech, un consortium de 14 firmes électroniques, partiellement subventionné par le ministère américain de la

Défense, qui sponsorise la recherche dans des techniques avancées de fabrication des semi-conducteurs. L'organisation sœur — la Semi-Sematech — regroupe dans le même esprit les industriels américains du matériel d'équipement des usines à puces. Pour Michael Maibach d'Intel, ce genre de regroupement est indispensable : « L'individualisme américain est mal adapté à la compétition électronique globale. Le coût des capitaux et des talents, ainsi que le rythme d'innovation technologique, augmentent tellement que seules les grosses firmes peuvent rester en lice... Partager le fardeau fait sens. » Charles Ferguson, un ancien analyste de IBM devenu chercheur au MIT, estime lui aussi que la formation de structures du type *keiretsu* est indispensable pour éviter aux États-Unis et à l'Europe de devenir les « vassaux » — dessinateurs à façon et filiales de marketing — de l'industrie électronique nippone[1].

Maibach est aussi un fervent défenseur de l'aide gouvernementale : sa profession est de faire du lobbying à Washington pour en convaincre l'administration. « L'électronique, c'est du sable, de l'eau et un environnement entrepreneurial », aime-t-il à répéter. C'est-à-dire un enseignement efficace, une fiscalité favorable, des taux d'intérêt faibles, des règles commerciales loyales... Toutes choses qui dépendent du gouvernement. « Être favorable au business, affirme Maibach, ne veut pas dire ne pas s'en mêler. Au contraire. »

L'épouvantail de la politique industrielle

De fait, les administrations Reagan et Bush ont contribué, par leur politique macro-économique, à

1. « Computers and the Coming of the US Keiretsu », *Harvard business Review*, juillet-août 1990.

favoriser les industries déclinantes au détriment des secteurs de pointe. La politique du déficit budgétaire oblige à maintenir des taux d'intérêt élevés, ce qui limite les possibilités de financement par la dette, souligne T.J. Rogers. Cela fait du même coup baisser la valeur des actions, car les placements en Bourse sont moins rémunérateurs pour les épargnants. Il devient alors plus risqué pour les spécialistes du capital-risque de financer les firmes de haute technologie. « Jusqu'à ce que notre système nous permette de financer la *high tech* à un coût raisonnable, estime Rogers, les Japonais garderont un avantage compétitif important. »

George Gilder développe cette thèse dans son livre *Microcosm*[1]. Selon ses calculs, l'évolution du taux de change dollar-yen, plus l'augmentation de 50 % des taxes sur les gains en capital instituée par la réforme fiscale de 1986, ont « diminué le prix des innovations américaines de 75 % pour les acheteurs japonais et certains européens... ». À cause de cette « sous-évaluation mortelle, poursuit-il, les bases technologiques de l'ère de l'information » passent petit à petit dans le camp japonais. « Un crédit d'impôts sur la recherche compterait davantage que les initiatives de tous les Kubota », estime également Bob Miller, de Mips.

Ce plaidoyer n'a apparemment pas ému le président George Bush, dont la politique économique est largement modelée par un trio de « faucons » du non-interventionnisme : le Secrétaire de la Maison Blanche, John Sununu, le chef des économistes Michael Boskin, et le directeur du budget, Richard Darman. Dans l'enceinte de la Maison Blanche, l'expression « politique industrielle » résonne comme un gros mot : ce n'est pas au gouvernement

1. George Gilder, *Microcosm : the Quantum Revolution in Economics and Technology*, Simon & Schuster, 1989.

de choisir les gagnants et les perdants, répètent à l'envi les lieutenants de George Bush. C'est le rôle du marché : « Il existe des obligations dans le secteur privé, et l'une d'elles est d'être intelligents », déclarait début février à *Business Week* le Secrétaire de la Maison Blanche, John Sununu. Nous devons nous efforcer d'améliorer l'environnement pour tous, mais pas en favorisant tel ou tel, expliquait-il.

L'entourage de Bush a même, à plusieurs reprises, donné des preuves de son manque de sensibilité sur cette question. Du temps de Reagan, l'administration avait bloqué la vente de Fairchild à Fujitsu. Tandis que Darman, lui, aime à répéter qu'un kilo d'*electronic chips* (puces) a la même valeur stratégique qu'un kilo de *potatoe chips* (pommes chips). La Maison Blanche a d'ailleurs glacé la moelle de la Silicon Valley en décidant, début 1990, de transférer à un autre poste Craig Fields, le patron de l'Agence pour les projets de recherche avancés sur la défense (DARPA). Fondée il y a plus de 30 ans, la DARPA subventionne des projets de recherche privés ou universitaires futuristes pouvant avoir des applications militaires. Elle dépense la moitié d'un budget annuel de 1,2 milliard de dollars dans les dossiers liés à l'électronique. Mais Craig Fields a eu le malheur de faire, début 1990, un investissement interprété en haut lieu comme une décision de « politique industrielle »[1]. Il l'a payé de son poste. Plusieurs projets DARPA ont ensuite été transférés auprès d'autres agences; certains éliminés. Conclusion désabusée d'Andrew Grove, le président d'Intel : « Nous devons nous battre contre deux gouvernements : celui du Japon... et le nôtre. »

1. La DARPA a investi 4 millions de dollars dans Gazelle Microcircuits Inc., une *start-up* de Santa Clara qui développe des puces ultra-rapides à l'arsenide de gallium.

NAMURA

7

WALL STREET SOUS L'EMPIRE DU YEN

La corde et le pendu

Dans la nuit du 2 février 1988, Bruce Wasserstein, aidé d'un ami avocat, dresse un projet de charte pour sa nouvelle firme spécialisée dans les fusions et acquisitions d'entreprises. Bruce et son complice, Joseph Perella, pionniers des méga-offres publiques d'achat (OPA) des années 80, ont bâti pierre à pierre depuis 10 ans le département *mergers and acquisitions* (M&A) de First Boston. Depuis l'été 1988, cependant, leurs relations avec les dirigeants de la banque d'affaires américaine se sont tendues. First Boston a apparemment décidé de conserver la prééminence des courtiers en titres sur les marieurs d'entreprises, du département des marchés sur les activités de M&A. Se voyant refuser le pouvoir qu'ils convoitent, Wasserstein et Perella décident de partir. Le lendemain, à 10 heures, Bruce écrit sa lettre de démission. Ce même après-midi, d'une salle de conférence du cabinet d'avocats Wachtell Lipton, sur la 3e Avenue, les deux financiers-vedettes passent les premiers coups de téléphone annonçant la création de Wasserstein Perella & Company.

« Wasserstein Perella est née dans la nuit du 2 février, se souvient Joseph Perella. Dès le lendemain, je recevais les appels d'un groupe japonais et d'un groupe suisse, intéressés à l'idée d'investir dans la nouvelle firme. » En ce vendredi 26 janvier 1990, Joe, 48 ans, est confortablement carré dans son fauteuil, renversé en arrière, les pieds sur un coin de son bureau envahi par d'imposantes piles de dossiers. À travers les vitres de son vaste espace mansardé, au 27e étage d'un immeuble de granit rose de la 52e Rue ouest, un crépuscule gris orageux fait miroiter le dos argenté du Rockefeller Center. La petite firme de M&A créée par Joe et Bruce il y a à peine deux ans comprend à présent 112 professionnels, dont 21 associés-gérants. « Wasserella », comme on l'appelle à Wall Street, s'est rapidement imposée comme conseiller financier privilégié des grosses entreprises américaines, raflant la 3e place au hit-parade 1989 des fusions et acquisitions (97,3 milliards de dollars de transactions), après Morgan Stanley et First Boston, mais devant Goldman Sachs, Shearson Lehman Hutton, Merrill Lynch, Lazard Frères...

Derrière son apparente décontraction, Joseph Perella est, comme toujours, sur le qui-vive. Il se passe la main sur un crâne dégarni, caresse la barbe qu'il porte en collier, scrute l'écran où des hiéroglyphes vert fluorescent indiquent les cours de bourse, gesticule pour attirer l'attention de son assistante, de l'autre côté de la vitre : « Henry Kravis a-t-il appelé ?... Pourriez-vous me faire une photocopie de ceci ? » L'instant d'après, il se met des gouttes dans les yeux, puis déplie nonchalamment son mètre 84 et promène sa silhouette efflanquée dans les bureaux voisins. Plus tard, il est au téléphone avec un client : « Vous avez vu le marché ? Ça sent le plongeon... » Entre promenades et coups de fil, Joseph Perella conte d'une voix chaude, par petites touches impressionnistes, le mariage d'une puce agressive et d'un dinosaure placide, ou pourquoi et comment Wasserstein Perella & Company a fait alliance avec le premier mondial de l'industrie du titre, le japonais Nomura Securities.

Les « Simon et Garfunkel » du M&A

Le coup de fil japonais du 3 février fait réfléchir Perella. Depuis la formation de la cellule fusions-acquisitions de First Boston, en 1978, il s'est souvent rendu au Japon pour affaires. Il y connaît beaucoup de gens et y entretient de bons contacts. Mais ses efforts n'ont pas vraiment payé jusqu'à présent : « Les gens de First Boston étaient assez sceptiques sur les possibilités de faire du business avec Tokyo. » Perella est pourtant convaincu, depuis longtemps, que le flux d'affaires entre le Japon et les États-Unis deviendra un jour très actif. N'est-il pas temps de miser sur cette conviction ?

Dans la vie, ce financier pas comme les autres a une règle de conduite : « Quand on a une idée, il faut foncer, sinon vos chances de succès deviennent très ténues. » Joe et Bruce ont en effet bâti leur carrière sur leurs intuitions... souvent contre la *doxa*. Fils d'immigrés italiens, Joe est né à Newark dans le New-Jersey. Après six ans du métier de comptable et un bref passage à la Banque mondiale, il entre en 1972 à First Boston, où il devient l'homme d'un art renaissant : le M&A. En 1977, l'homme-orchestre embauche un jeune avocat de Cravath Swaine & Moore, Bruce Wasserstein. Leur embryon de département fusions-acquisitions de la banque First Boston n'ayant pas obtenu une seule affaire au cours des six premiers mois, Wasserstein et Perella ont compris qu'ils ne s'imposeraient que par la différence. « On ne serait jamais devenus compétitifs en allant recruter les clients sur les terrains de golf, comme tout le monde. Il fallait offrir un produit original, plus intelligent », résume Wasserstein. Au lieu de se contenter de recevoir des ordres, ils inventent alors le marketing agressif : ils dressent la liste des plus grosses entreprises américaines, les classent en acheteurs et vendeurs potentiels... et se pendent au téléphone pour leur proposer services, idées, restructurations. Cette chasse au client se révèle très efficace, et le tandem de la First Boston s'impose bientôt comme le roi du M&A agressif.

Les deux hommes, parfaitement complémentaires, sont bientôt connus comme les « Simon et Garfunkel » — ou les Don Quichotte et Sancho Pança — des fusions-acquisitions. On ne peut en effet imaginer physiques et tempéraments plus dissemblables. Calme et charmeur, Perella le géant est l'homme des relations avec les clients : super-VRP, il sillonne le pays pour décrocher des contrats. Bruce, issu d'une famille juive new-yorkaise aisée, est trapu, joufflu, caustique et colérique. C'est le cerveau du couple : le professeur Nimbus de la stratégie. Au palmarès de ses innovations, l'OPA « à deux volets » (le prix offert aux actionnaires pour les premiers 40 % du capital est supérieur à celui offert pour le reste des actions), la contre-attaque dite « Pac Man » (la cible lance une contre-OPA sur l'attaquant), le prêt-relais (la banque qui finance l'OPA signe un chèque de plusieurs milliards de dollars, auxquels viennent ensuite se substituer des *junk bonds*[1]), ou encore la tactique défensive dite « des joyaux de la couronne » (la proie échappe à l'agresseur en cédant ses actifs les plus recherchés).

Rolodex japonais

Séduit par la piste japonaise, Joe ne perd pas de temps : Wasserstein Perella & Co. n'a pas encore de

1. *Junk bond :* littéralement « obligation pourrie ». Il s'agit de ces obligations à haut risque et haut rendement, souvent émises pour financer les raids boursiers hostiles.

locaux qu'il explique déjà à Bruce pourquoi il pense indispensable de chercher en priorité un partenaire nippon. « La plupart des firmes de Wall Street se sont d'abord tournées vers l'Europe. Le marché européen est important, concède-t-il : nous allons, de toute façon, ouvrir un bureau à Londres... Mais se lier, là-bas, à une institution plutôt qu'à une autre risque de nous desservir. Le Japon comprend 120 millions d'habitants; y faire des affaires coûte les yeux de la tête et les barrières culturelles rendent les choses difficiles aux étrangers. C'est là, conclut Perella, qu'une alliance prend tout son sens. » La société en est alors au stade de la « page blanche », libre de toute contrainte : pourquoi ne pas tenter le coup ?

Bruce se laisse convaincre. Depuis quelques mois, il discute fréquemment avec Steve Schwarzman, un ami de longue date qui possède lui aussi une résidence secondaire à East Hampton, sur Long Island. Schwarzman, transfuge de Lehman Brothers, et Peter Petersen, ancien Secrétaire américain au Commerce, ont créé en 1985 la première firme de fusions-acquisitions indépendante du Wall Street moderne, le Blackstone Group. Ce sont eux qui ont lancé la mode des « boutiques » de M&A, vendant uniquement de la matière grise. Dès avril 1987, Blackstone avait convaincu Nikko Securities d'investir 100 millions de dollars dans son fonds de LBO[1]. En décembre 1988, Nikko concrétise l'alliance en prenant 20 % de Blackstone. Il ne pourra que s'en féliciter : depuis, Blackstone a été le conseiller du fabricant de pneumatiques japonais Bridgestone dans l'achat de Firestone et a épaulé Sony pour toutes ses acquisitions américaines.

Quand Bruce, Joe et leurs deux acolytes de First

1. LBO ou *Leveraged Buy Out* : achat de la totalité du capital d'une entreprise au moyen d'un fort montant de dette.

Boston — Charles Ward et Bill Lambert — posent leurs caisses sur la moquette des bureaux désertés par E.F. Hutton (qui vient d'être racheté par Shearson Lehman), au numéro 31 de la 52e Rue ouest, ils savent donc déjà qu'ils iront à la pêche au partenaire en Orient. À cette époque, se souvient Joe Perella, « j'emportais chaque soir chez moi mon Rolodex japonais ». Après le dîner, il épluche le carnet d'adresses, appelant — de A à Z — tous ses contacts japonais. Il leur explique pourquoi il a quitté First Boston et leur annonce la création de Wasserella.

Mais Perella a aussi besoin de conseils : il va donc trouver Toby Myerson, associé du cabinet Paul Weiss Rifkin Wharton & Garrison. Joe avait rencontré le jeune avocat en 1978, lors de sa première transaction japonaise : l'acquisition d'une petite entreprise californienne de semi-conducteurs par Nippon Electric. Il avait été impressionné : Myerson est un des meilleurs spécialistes américains du marché nippon : il étudie le japonais depuis 1968, est passé par l'Université de Kyoto et la Faculté de droit de Harvard, puis a représenté Paul Weiss à Tokyo. Joe et Toby dressent ensemble la liste des fiancés japonais possibles : elle comprend Nomura Securities, deux banques commerciales et une grosse maison de commerce.

Perella a pensé à Nomura parce qu'il s'agit de la maison de titres la plus puissante du monde, mais aussi parce qu'il connaît et respecte ses représentants aux États-Unis. En avril, il appelle donc son ami Masaaki Kurokawa, président de Nomura-New York : « Bruce Wasserstein et moi venons de créer notre propre firme. Nous voudrions vous parler... » Peu après, au cours d'un déjeuner chez Palio, sur la 51e Rue, Kurokawa accepte d'organiser des contacts approfondis entre Joseph Perella et les dirigeants de Nomura à Tokyo. Le Japonais ne prend pas l'affaire à la légère : il se rendra lui-même au Japon, mi-mars, pour présenter Joe à sa hiérarchie.

Nomura, Gulliver empêtré

« Nomura est unique comme un géant parmi les géants, un colosse dont l'objectif avoué est, dans le domaine des services financiers, de devenir tout, pour tous, sur toute la planète », écrivent les auteurs de *La Deuxième Vague : l'assaut global du Japon sur les services financiers*[1]. La petite affaire de change créée en 1872 par le fils naturel d'un samouraï d'Osaka a prospéré à travers les crises, les guerres et les tremblements de terre pour dépasser les Américains Merrill Lynch et Shearson Lehman comme « cathédrale mondiale du titre ». Responsable au Japon de 20 % des transactions quotidiennes, Nomura règne en maître sur le Kabuto Cho, qui ravit par intermittence à Wall Street le titre de première place boursière de la planète. L'intervention conjointe de ce colosse et de ses trois « petites sœurs » — Daiwa, Nikko et Yamaichi — a suffi à freiner instantanément la baisse de la Bourse de Tokyo et à enrayer la panique mondiale, le 20 octobre 1987, au lendemain du fameux « lundi noir » de Wall Street.

À voir le modeste immeuble en briques rouges de 7 étages qui sert de siège au groupe Nomura, dans le quartier Nihonbashi de Tokyo, on ne croirait jamais faire face à la maison de courtage la plus puissante et la plus prospère du globe. Nomura, qui emploie 12 000 personnes et gère plus de 350 milliards de dollars d'actifs pour plus de 5 millions de clients, est aussi le propriétaire du plus important institut de recherche privé du monde (le Nomura Research

1. Richard Wright et Gunther Pauli.

Institute), la 2e entreprise de software nippone et la 5e firme immobilière du pays. Ce géant de la finance a enregistré 2 milliards de dollars de profits en 1987 : autant que les six premières maisons de titres américaines, presque quatre fois plus que le groupe American Express. L'après-krach de 1987, marqué par les scandales, la démission du Président et la chute des résultats, sera moins rose.

Nomura a, très tôt, cherché à s'internationaliser. En 1927, elle est la première maison de courtage japonaise à s'installer à New York. « Le drapeau japonais est hissé dans la brise matinale de Wall Street/Et la Statue de la Liberté sourit/A notre puissance vraiment globale », s'enorgueillit la chanson d'entreprise de l'époque. Nomura est aussi la première institution financière japonaise à revenir aux États-Unis après la guerre, en 1953. Pourtant, ce monstre planétaire de la finance, qui a assis sa présence à Londres grâce à son poids sur le marché des euro-obligations, garde à Wall Street des pieds d'argile. Sa filiale s'est principalement contentée de gérer des investissements nippons en croissance exponentielle sur les bons du Trésor puis le marché boursier américain. Mais elle n'a réussi à séduire ni les petits épargnants ni les grosses entreprises. Aux États-Unis, Nomura a échoué dans sa stratégie de *dochakuka* : l'art de se fondre dans le paysage local.

Le super-courtier japonais est de ce fait resté totalement à l'écart du segment d'activité le plus rémunérateur des années 80 : le M&A. Il avait certes monté des divisions fusions-acquisitions à Londres et à New York, mais il lui a bien fallu admettre, début 1988, que cela ne débouchait sur rien. Il est vrai que le concept même du mariage d'entreprises — surtout s'il s'agit d'une opération hostile — est en contradiction complète avec la culture nippone des affaires. Au Japon, vendre sa firme revient à trahir et être acheté, à perdre la face. Les milieux industriels et les fonctionnaires japonais considèrent encore aujourd'hui le développement de cette activité plutôt comme un mal nécessaire que comme une activité noble.

Nomura a sérieusement songé à combler son retard à Wall Street, au milieu des années 80, en achetant la banque d'affaires Kidder Peabody, qui lui avait été proposée. Mais ses problèmes américains ont été accentués par de lourdes pertes sur les marchés financiers, moroses depuis le krach de 1987. Au point que Nomura-USA a dû, contre tous les principes du management à la japonaise, se résoudre à réduire drastiquement ses effectifs. Au lieu d'acheter une firme américaine, la maison de titre japonaise a finalement adopté une stratégie plus prudente. D'une part, en faisant alliance avec Wasserstein-Perella pour les fusions-acquisitions. D'autre part, en embauchant pour diriger sa filiale américaine l'ancien président de Kidder, Max Chapman. Ex-Marine et vétéran du secteur, Chapman est chargé de faire de la branche américaine de Nomura une filiale digne du rayonnement de la maison mère.

Flirts à Tokyo

Le samedi 12 mars, Perella s'envole pour Tokyo. Dans la semaine écoulée, Joe n'a pas passé un seul jour à New York, naviguant sans relâche entre Pittsburgh, Chicago et la côte Ouest pour organiser les antennes américaines de sa nouvelle firme et séduire des clients potentiels. Perella, comme la plupart des vétérans du M&A, a toujours sous la main un sac de voyage, avec le nécessaire pour partir à l'improviste. Il prend l'avion comme d'autres le métro. En posant ses bagages, ce dimanche 13 mars à l'hôtel Okura —

repaire des banquiers d'affaires américains en visite à Tokyo — Joe sait que sa semaine sera particulièrement chargée. Jusqu'au 19 mars, il subira 5 ou 6 réunions de travail par jour plus les petits déjeuners, déjeuners et dîners d'affaires.

Le financier américain ne se contente pas de rencontrer les quatre partenaires potentiels de sa liste, il fait sans relâche la présentation de sa boutique nouveau-née, explique sa philosophie du M&A et commence à tester les réactions des institutionnels japonais susceptibles d'investir dans son fonds de LBO naissant. À New York, son collaborateur Michael Biondi commence alors tout juste à travailler avec les avocats sur les statuts du fonds. « La plupart des gens que j'ai vus à Tokyo, cette semaine-là, ont ensuite investi avec nous », constate rétrospectivement Joe.

Le 16 mars au soir, Masaaki Kurokawa a arrangé un dîner pour que Joseph Perella et Jeffrey Rosen, chargé de la coordination des activités internationales de Wasserstein-Perella, rencontrent un représentant du conseil d'administration de Nomura, ainsi que trois membres de son équipe. Les cadres de Nomura, qui étudiaient depuis longtemps ce segment du marché américain, connaissaient parfaitement l'aura de Bruce et de Joe dans la petite famille américaine des marieurs d'entreprises. « Nous avons alors exposé en détail notre conception d'une alliance avec Nomura et les bénéfices mutuels que chacun pourrait en tirer », se souvient Joe. Wasserella cherche un partenaire disposé à prendre 20 % de son capital pour 100 millions de dollars, pas un *cent* de plus, pas un *cent* de moins. « Tout est négociable sauf le prix », souligne alors Joe. Il ne s'agissait en aucun cas d'une enchère : Bruce et Joe étaient déterminés à prendre la décision qui ferait le plus de sens pour leur affaire. Suivent plusieurs heures de questions des Japonais sur l'industrie américaine du titre et les positions relatives des différentes banques d'affaires américaines.

Perella aura, cette semaine-là, deux autres entretiens avec les hommes du géant nippon de la finance. « Ils n'étaient pas tant intéressés par les possibilités de bénéfices que par les "avantages non économiques" qu'ils pourraient tirer d'un tel lien », raconte Joe. Il met ses atouts sur la table : Wasserella serait « les yeux et les oreilles » de Nomura sur le marché mondial des fusions-acquisitions. Elle apporterait à son allié nippon un accès incomparable aux dirigeants des grands groupes américains et européens et la possibilité de financer un important flux de transactions. « La clé du M&A, c'est l'information, souligne Joe. Sans information, la puissance du yen est inutile. » Enfin, Wasserella initierait les financiers japonais à l'art du mariage d'entreprises à l'américaine. À la fin de la semaine, Nomura promet de donner une réponse le mois suivant. Parallèlement, deux des trois autres candidats — la banque et le groupe industriel — sont toujours en lice.

Trois fiancées nippones

Bien sûr, les choses ne se sont pas faites du jour au lendemain. Quand Perella retourne au Japon, du 14 au 21 mai, Nomura est en pleine procédure annuelle de réorganisation interne et demande le gel des négociations pendant un mois. Les discussions sérieuses ne commenceront que fin juin. En juillet, Wasserstein-Perella a trois demandes en mariage... mais elles sont inégalement intéressantes. « Nous avons réalisé que le lien avec un groupe industriel japonais aurait présenté des problèmes pour nos affaires en Europe », explique Perella. Joe était personnellement allé consulter deux amis européens : Guido Carli, un économiste italien de renom (appelé par la suite à devenir ministre) et Rinaldo Schmidt, stratège financier du groupe allemand BASF. Les deux hommes placent Nomura en tête de liste et Carli déconseille vivement à Perella de se lier avec un empire industriel nippon : « La finance est universelle, souligne-t-il ; l'industrie a un caractère plus local. »

Quant au lien possible avec une banque commerciale, il pose des problèmes réglementaires. Sumitomo l'a appris à ses dépens lors de sa prise de participation dans Goldman Sachs. La Federal Reserve américaine a alors drastiquement limité le champ de collaboration de l'actionnaire nippon avec la banque d'affaires américaine. En outre, aux États-Unis les banques commerciales n'ont pas le droit de posséder plus de 25 % d'une entreprise industrielle. Or Wasserella avait bien l'intention d'agir « en tant que principal » sur certains LBO. La firme était d'ailleurs, à cette époque, en train d'acheter 50 % de Pneumo Abex, conjointement avec le groupe Henley...

Non seulement Nomura, en tant que maison de courtage, ne présentait aucun problème réglementaire, mais elle répondait à tous les critères que Bruce et Joe s'étaient fixés dans la recherche d'un allié oriental. Nomura avait une position dominante sur le marché nippon, des contacts étendus avec l'industrie japonaise et une sérieuse capacité d'analyse financière. « Wasserella avait besoin d'une alliance de cette nature, de l'image de pérennité de Nomura, pour compenser, aux yeux des groupes japonais, le fait d'être un nouveau-né. » Dans notre métier, rappelle Joe, « la simple image du pouvoir amène des affaires ». De plus, le titan japonais semble vraiment prendre le dossier au sérieux : le n° 1 de la firme, Yoshihisa Tabuchi, suit lui-même les discussions de près. Enfin, la maison de titres est aussi « neutre » que possible dans le paysage complexe des conglomérats industrialo-financiers nippons.

En venant négocier sérieusement à New York, fin juin, Nomura donne un gage supplémentaire de son intérêt. Non seulement le géant japonais accepte de prendre une participation de 20 % — pour 100 millions de dollars — dans le capital de Wasserstein-Perella & Co., mais il propose également aux Américains de leur donner 20 % de son propre département fusions-acquisitions à Tokyo : l'unité nippone serait rebaptisée Nomura Wasserstein Perella. L'initiative témoignait de la volonté de Nomura de devenir, selon les termes de Tabuchi, une véritable « puissance internationale du M&A ». « Nous étions impressionnés et flattés qu'ils envisagent d'adjoindre notre nom au leur sur le marché japonais », se souvient Joe. Perella recrute aussitôt son ami, l'avocat Toby Myerson, pour piloter la branche japonaise de Wasserella.

Les négociations finales sont néanmoins délicates. Forts de leur expérience avec First Boston, Bruce et Joe insistent pour « bétonner » le contrat. « Toute alliance est une source de conflits potentiels, souligne Perella. Si les objectifs ne sont pas clairement définis et partagés, c'est la bagarre permanente. » Pour éviter les querelles de territoire, les avocats des deux parties — Wachtell Lipton pour Wasserella et Cravath Swaine & Moore pour Nomura — élaborent un texte définissant très précisément les rôles et les bénéfices respectifs des partenaires. « La répartition des commissions entre les deux maisons était prédéterminée dans tous les cas de figure, confie Joe. Sinon, on aurait risqué de passer plus de temps à argumenter sur les futures commissions qu'à travailler sur les transactions! »

Le mariage trans-Pacifique est officiellement annoncé le mercredi 27 juillet 1988, six mois après la formation de Wasserstein-Perella et quatre mois après la première visite de Joe à Tokyo. Preuve que les groupes japonais savent prendre des décisions rapidement... quand un objectif stratégique est en jeu. Deux accords séparés régissent les droits de Nomura en tant qu'actionnaire de Wasserstein-Perella et la manière précise dont les firmes vont coopérer. Rien n'est laissé dans l'ombre : le contrat prévoit même une procédure de règlement d'éventuels différends.

Le mariage des marieurs

À Wall Street, la nouvelle fait sensation : elle consacre le démarrage fulgurant de Bruce et Joe, dont le rejeton est valorisé, après six mois d'existence, à 500 millions de dollars. Il faut dire que la jeune boutique de fusions-acquisitions, ayant alors déjà récolté quelque 30 millions de dollars de commissions, se classait, pour le premier semestre 1988, au 7e rang du hit-parade des marieurs d'entreprises. Mais la publication simultanée des bans à Tokyo et New York symbolise surtout l'émergence des acteurs japonais dans la sphère du M&A. L'effet d'annonce est d'autant plus fort que le courtier japonais Yamaichi a rendu publique, la veille, sa prise de participation de 25 % dans une autre petite firme de fusions-acquisitions de Wall Street, Lodestar. Yamaichi investit également 100 millions de dollars dans Interlink, le fonds de LBO de Lodestar. Parmi les « quatre dragons » japonais de l'industrie du titre, seul Daiwa Securities n'a pas encore pris d'allié américain d'importance pour les fusions-acquisitions.

L'intérêt des institutions financières japonaises pour Wall Street n'est pas récent : les assureurs y sont présents depuis des années, notamment Nippon Life chez Shearson Lehman (13 %) et Yasuda Mutual Life chez Paine Webber (18 %). Et les banques commerciales y ont depuis longtemps pignon sur rue, à commencer par Sumitomo chez Goldman Sachs (12,5 %). La nouveauté, c'est l'effort spécifique de ces géants dans le domaine du mariage d'entreprises. Le nombre d'alliances entre titans japonais et puces américaines du M&A s'est multiplié ces dernières années : la Long Term Credit Bank of Japan travaille avec Peers & Co, Dai Ichi Kangyo collabore avec Clayton & Dubilier, Fuji a fait alliance avec James Wolfensohn Inc. et Mitsui avec le Carlyle Group. En juin 1990, l'Industrial Bank of Japan ouvre toute seule à New York sa propre cellule de fusions-acquisitions. Les grandes maisons de commerce japonaises tâtent elles aussi le terrain : Mitsubishi, la plus importante et la plus sophistiquée sur le plan financier, établit dès 1987 l'unité américaine MIC Consulting, spécialisée en M&A.

De taille et de nature différentes, ces initiatives n'impliquent pas toutes des participations au capital des firmes américaines. Mais elles découlent du même type de raisonnement : les Américains ont le savoir-faire; les Japonais un carnet d'adresses de clients riches aux ambitions expansionnistes... Encore dans l'enfance, les acquisitions japonaises à l'étranger devraient croître rapidement. En 1989, les achats aux États-Unis ont battu pour la quatrième année consécutive des records en valeur (+ 7 %) et en nombre de transactions (+ 34 %), souligne une étude de la banque spécialisée Ulmer Brothers. Il s'est effectué en 1989 pour 13,7 milliards de dollars d'achats nippons aux États-Unis, ce qui place les entreprises japonaises en 2e position, à une encolure derrière les Britanniques (16,8 milliards). Les années 1990-1991 marquent un certain ralentissement des achats, qui reflète les consignes politiques de discrétion et les incertitudes liées à la récession économique américaine et au dégonflement de la bulle spéculative japonaise. En 1991, le montant des acquisitions nippones aux États-Unis est tombé à 3,8 milliards de dollars. Mais l'intérêt des Japonais pour les acquisitions à l'étranger devrait survivre, notamment pour les petites « cibles », faciles à digérer.

Les marieurs d'entreprises américains sont, de leur côté, d'autant plus désireux de se doter d'un système de services totalement intégré entre New York, Londres et Tokyo, qu'avec la crise du *leverage*[1] et la débandade du marché de *junk bonds*, les *raiders* financiers des années 80 ont cédé la place aux acheteurs industriels, notamment étrangers. « Bien que petits, nous voulions être une firme globale », explique Ken Miller, ancien dirigeant du département fusions-acquisitions de Merrill Lynch et cofondateur du Lodestar Group. « En termes de population et de Produit National Brut, souligne Miller, le Japon est déjà deux fois plus important que la RFA. »

Un pied de l'autre côté du Pacifique

Bruce et Joe espèrent que la création de Nomura Wasserstein Perella leur donnera la chance unique de participer à la restructuration du paysage industriel et financier japonais. Les fusions-acquisitions

1. *Leverage* : bras de levier financier procuré par un fort niveau d'endettement par rapport à la base de fonds propres.

entre entreprises japonaises sont, pour l'instant, peu nombreuses : 293 pour l'année fiscale 1990, contre 440 acquisitions nippones à l'étranger selon Yamaichi Securities. Elles portent par ailleurs sur des montants bien moindres : 6,6 millions de dollars en moyenne pour les transactions intra-japonaises, contre 43 millions pour les achats à l'extérieur. Mais les opérations nippo-nippones seront sans doute stimulées par l'ouverture, la dérégulation et la modernisation en cours de l'économie nationale, notamment dans des secteurs comme le bâtiment, la pharmacie, l'agro-alimentaire et la grande distribution.

Nomura Wasserstein Perella a des locaux de style japonais : des rangées de bureaux dans un espace ouvert. La branche nippone de Wasserella compte au départ 3 Américains, dont Toby Myerson, officiellement n° 2. La trentaine de jeunes Japonais de la firme proviennent du département fusions-acquisitions de Nomura. L'établissement nippon disposait déjà d'une capacité d'analyse financière puissante, mais pas du système d'information propre aux fusions et acquisitions à l'américaine. Wasserstein Perella aide Nomura à construire, selon l'expression de Perella, « une firme de M & A de style américain avec un visage japonais ». En retour, Wasserella et sa branche japonaise ont le monopole planétaire sur toutes les transactions de Nomura dépassant 50 millions de dollars.

Nomura Wasserstein Perella a surtout commencé par vendre des filiales nippones de groupes américains à des investisseurs japonais, ou à acquérir des affaires en Europe pour le compte des clients de Nomura. Sankyo a notamment pris le contrôle d'une firme pharmaceutique de Munich, Luitpold-Werk.

Une de ses premières expériences en sens contraire est pour le moins cocasse : il s'agit de défendre le fabricant de pièces automobiles Koito, un des fournisseurs de Toyota... contre un assaut du *raider* texan T. Boone Pickens[1]. Myerson et ses collègues n'arrivent pas toujours à adapter les tactiques de défense américaines au Japon, totalement étranger au caractère guerrier du droit des affaires pratiqué à Wall Street. Il est plus important, en l'occurrence, de savoir comment jongler avec les interférences bureaucratiques et jouer habilement des réseaux de relations personnelles informelles — les *jinmyaku* — qui traversent les milieux industriels, financiers et gouvernementaux. Prudent, Myerson refuse, l'été 1990, de commenter ses premiers pas dans le monde complexe du M&A japonais. C'est que les relations entre Nomura et Wasserella ne tiennent pas précisément de la lune de miel. « Comme dans tous les mariages, il y a de petites querelles, reconnaît Joe. Mais les fondations sont solides. » On apprend pourtant, en septembre 1990, le départ de Toby Myerson. La mayonnaise ne semble pas avoir pris entre la « culture de Nomura » et celle de Wasserella.

Il est difficile d'estimer le pourcentage d'affaires que Nomura amène à la firme américaine. « L'existence de connections japonaises étendues est importante pour remporter des contrats... même si l'acheteur est en définitive américain ou finlandais », constate Joe. Une chose est sûre : l'alliance nippone a au départ aidé Joe et Bruce à lever des capitaux pour leur fonds de LBO, au moment où les investisseurs américains se détournaient des opérations à fort bras de levier financier (sur le 1,1 milliard de dollars du fonds Wasserella, 350 millions viennent du Japon, dont 125 sont directement imputables à la relation avec Nomura).

Mais Perella est visiblement frustré de n'avoir pas

1. Voir *infra*. chapitre 10.

encore réalisé une méga-opération de type Sony-Columbia... À l'automne 1990, Wasserstein Perella & Co. subit très durement la crise généralisée du M&A sur le marché américain. La firme a rétrogradé, en 1990, du 3e au 8e rang du « hit-parade » des fusions et acquisitions. Nomura n'a peut-être pas choisi le meilleur moment — ou le meilleur cheval — pour entrer dans le métier.

La « nouvelle cuisine » financière

Jeudi 15 février 1990, 15 h 30. Taro Hashimoto surgit d'un ascenseur du 26e étage. « Excusez-moi, j'étais avec un client en dehors de Manhattan. » Il gagne rapidement son bureau : un des petits cubes vitrés qui s'alignent derrière la réception... « Ne faites pas attention au désordre ! » : la moquette est jonchée de paperasse. Taro Hashimoto, 31 ans, fait partie des cinq hommes de Nomura Wasserstein Perella intégrés à l'équipe new-yorkaise. Leur nombre est fonction du volume d'affaires : quatre financiers japonais supplémentaires arriveront bientôt à Manhattan, tandis que trois sont alors affectés à Wasserella Londres. Les Japonais de New York ne sont cependant pas des stagiaires. L'un d'entre eux, qui a dirigé la filiale suisse de Nomura, a le titre de *managing director*; deux autres, dont Hashimoto, ont le rang de *vice president*.

« Ici, les Japonais travaillent comme n'importe lequel d'entre nous, explique Joseph Perella. Ils n'ont pas de formation spécifique. Ils font partie de notre équipe. Ils viennent aux réunions du lundi, signent les accords de confidentialité et donnent leurs empreintes digitales, comme tout le monde. Ils travaillent sur les transactions américano-américaines aussi bien que sur l'international et portent notre carte de visite. » En pratique, souligne cependant Taro Hashimoto, les yeux rouges et l'air las, « le business avec le Japon prend le plus clair de mon temps ». À sens unique : Taro aide les Japonais à repérer des actifs américains. Diplômé de l'Université de Keio, Taro Hashimoto est entré chez Nomura en 1982, d'abord au financement des entreprises. Il est transféré au département fusions-acquisitions en 1988, alors que les négociations avec Wasserella démarrent. Quelques mois plus tard, il se retrouve membre de Nomura Wasserstein Perella, avant d'être envoyé à New York en janvier 1989.

Taro Hashimoto est devenu opérationnel après six mois d'observation. Il travaille simultanément sur plusieurs dossiers nippo-américains, parle avec Tokyo plusieurs fois par jour et traverse le Pacifique tous les trois ou quatre mois. « Le secret du M&A, souligne Hashimoto, ce n'est pas de jeter de l'argent sur une transaction, mais d'être créatif... C'est comme pour la nouvelle cuisine : si vous présentez au client un gros morceau de thon, il n'a pas d'appétit. Mais si vous préparez un plat ravissant, il mange de bon cœur. Il faut habilement mettre en évidence la valeur de l'entreprise-cible... et ne pas hésiter à renvoyer le plat aux cuisines jusqu'à ce que la présentation soit parfaite. » Il n'est cependant pas toujours facile, constate-t-il, de faire négocier les Japonais et les Américains : « Ils se retranchent souvent derrière leurs différences culturelles. »

Yu Yamada, de 14 ans l'aîné de Hashimoto, réalise le même type de travail pour le compte du courtier Yamaichi et de son associé américain, le Lodestar Group. Installé dans les bureaux de la petite firme de fusions-acquisitions, sur la 59e Rue, à deux pas de Bloomingdale's, Yu, un ancien des aciers NKK venu sur le tard à la finance, passe ses journées à orienter les recherches des clients japonais de Yamaichi. « En ce moment, explique-t-il, j'ai une quinzaine de propositions, sept projets plus sérieux et deux en négociations. » Yamaichi Securities est leader pour les fusions-acquisitions nippo-japonaises. Les 35 employés de son département M&A à Tokyo recensent les besoins d'acquisition ou d'investissement de leurs clients aux États-Unis. « Activité, taille, situation géographique... Ils me fournissent le profil de la firme idéale, voire son nom, s'ils ont déjà une idée précise », explique Yamada, qui est en liaison constante avec Tokyo par fax et téléphone.

Les partenaires de Lodestar prennent ensuite contact avec la direction des « cibles » potentielles. Ils restent cependant prudents dans leur démarche : en général, les Japonais hésitent longtemps avant de prendre une décision. D'une part, parce que le pouvoir dans une entreprise japonaise étant plus diffus que dans une firme américaine, un feu vert suppose un consensus très large. D'autre part, parce que les Japonais ne viendront négocier sur le terrain que quand ils seront sûrs de vouloir acheter. « S'ils font le voyage et rencontrent les Américains, ils se sentent engagés », souligne Yu Yamada.

Traditionnellement, les entreprises japonaises préfèrent construire leurs propres usines à l'étranger. Plus récemment, cependant, elles ont eu tendance à acheter des entreprises ou des divisions d'entreprises américaines. « La coopération est le plus souvent leur véritable objectif, pas l'acquisition elle-même », souligne Yu Yamada. Le contrôle de la société ne les intéresse pas toujours. Les investisseurs nippons se contentent le plus souvent d'une participation minoritaire qui leur donne accès à une technologie qu'ils ne maîtrisent pas, ou bien à un précieux réseau de distribution commercial.

Pas d'états d'âme

Les marieurs d'entreprises japonais admettent parfaitement que l'acquisition des « trophées » de l'économie américaine soulève aux États-Unis des problèmes émotionnels. Cependant, souligne Taro Hashimoto, « économiquement, tout est simple : il y a un acheteur et un vendeur ! ». Il est vrai que les entreprises japonaises, soucieuses de conserver les dirigeants américains des firmes acquises, n'ont que très rarement lancé des raids hostiles aux managers en place. Début 1990, il n'existe que quatre tentatives dont une seule a finalement réussi : l'achat de Reichold Chemical par Dainippon Ink & Chemicals en 1987. Les groupes japonais se sont en général contentés d'acquisitions amicales, fort généreusement payées, comme Sony-Columbia ou Kyocera-AVX. Dans certains cas, ils ont joué le rôle de sauveteur, comme Bridgestone, venu en « chevalier blanc » arracher Firestone des griffes de l'Italien Pirelli. Plus récemment, les investisseurs nippons ont tendance, pour éviter les problèmes politiques, à s'associer à des acheteurs américains : c'est le cas du LBO à 877 millions de dollars monté, en février 1990, par Mitsubishi en partenariat avec les cadres de la firme chimique Aristech.

De même, les acheteurs nippons ont rarement procédé au saucissonnage de conglomérats par liquidations d'actifs, tellement à la mode dans les années 80. « Au Japon, les groupes n'aiment pas vendre des filiales », explique Yu Yamada. À l'étranger, ils ne se comportent pas différemment : ils se concentrent sur les divisions qui les intéressent, avec un penchant marqué pour les petites entreprises monoproduit, plus discrètes et plus faciles à digérer. Il n'est pas impossible, cependant, que la revente « par appartements » ne devienne une pratique nippone plus fréquente à mesure que le style des acquisitions japonaises s'américanise.

Farouches défenseurs du libre marché, les Américains de Wall Street n'ont pas, quant à eux, d'états d'âme nationalistes. Quand on l'interroge sur le thème si controversé de « l'invasion » nippone, Joseph Perella perd presque son sang-froid : « Le fait que les gens veuillent investir dans ce pays est un signe de force, un gage de confiance ! » Le tempérament méditerranéen balaie tout à coup les manières du financier policé : « Quoi ? les Japonais achèteraient toutes les industries stratégiques ? Lesquelles ? Caterpillar, IBM, AT&T, Coca-Cola, Texas Instruments, Intel, Motorola ?... Ne me dites pas que Columbia Pictures ou le Rockefeller Center sont stratégiques ! » Le ton monte, les yeux lancent des éclairs, le vocabulaire devient cru : « L'Amérique n'a pas levé un putain de petit doigt pour acquérir sa position de leader industriel ! Elle ne s'est jamais battue sur le terrain économique : elle a hérité sa suprématie de la Seconde Guerre mondiale, qui a ravagé les économies japonaise et européenne. Les Japonais construisent maintenant de meilleures voitures ? Des télévisions plus performantes ? La compétition réapparaît ? Eh bien, il n'y a qu'à se battre !... Bienvenue dans le monde réel ! »

Perella ne redoute en tout cas pas la concurrence nippone sur son propre créneau. Il sourit même à l'idée que Nomura pourrait, une fois qu'elle aura appris la musique, se passer de lui. « Nous sommes plus puissants ensemble, tranche-t-il. Ce métier n'est pas tant bâti sur un savoir-faire technique que sur des relations humaines : les fusions-acquisitions, ce n'est pas comme les magnétoscopes, ça ne se fabrique pas en usine ! Je ne pense pas qu'une firme japonaise puisse un jour devenir le conseiller privilégié du P-DG de Chrysler... Pas plus que je ne me vois le confident du président de Toyota. »

Tous les montages mènent à Tokyo

Si les Américains sont restés les maîtres incontestés de la stratégie des fusions-acquisitions, leur financement est en tout cas devenu extrêmement dépendant des capitaux japonais, y compris pour les opérations intra-américaines. Fin décembre 1988, Henry Kravis, le roi américain du LBO, est de passage à Tokyo. Il a à peine eu le temps de fêter sa victoire à l'arraché sur le P-DG de RJR-Nabisco, Ross Johnson, dans la bagarre pour le plus gros *leveraged buy out* de l'histoire de Wall Street. Il faut maintenant lever d'urgence les 25 milliards de dollars nécessaires à l'acquisition du géant américain du tabac et de l'agro-alimentaire. Dans cette gamme de prix, tous les montages financiers passent obligatoirement par Tokyo. Ce 21 décembre au matin, le partenaire le plus influent de Kohlberg Kravis & Roberts, véritable star de Wall Street, est donc venu humblement plaider son dossier auprès des représentants des grandes banques japonaises. Elles engageront finalement dans cette transaction historique quelque 5 milliards de dollars, soit un tiers du total des prêts bancaires. Dans l'après-midi, Kravis répète sa prestation devant plus de 250 acheteurs potentiels de *junk bonds*, réunis dans la salle de bal de l'Hôtel Impérial de Tokyo.

Qu'il s'agisse du LBO sur Kroger, de l'achat de Warner par Time ou de l'OPA sauvage du Canadien Robert Campeau sur les grandes surfaces Federated Department Stores, les banques japonaises ont, en moyenne, accordé entre 40 % et 60 % des prêts commerciaux aux grandes opérations financières américaines de la fin des années 80. Dans l'affaire Campeau, la part des établissements nippons approchait le seuil des 50 % ; le nom magique de Bloomingdale's avait eu raison de leurs réticences. Aveuglement funeste : le 15 janvier 1990, l'empire des grands magasins Campeau, étranglé par une dette que ses revenus ne suffisaient plus à servir, se déclare en faillite. Et les Japonais (notamment

Sanwa, Sumitomo, la Long Term Credit Bank of Japan, la Nippon Credit Bank et la Bank of Tokyo) se retrouvent alors collectivement créditeurs d'un groupe en règlement judiciaire.

L'ardeur des banques commerciales — japonaises et américaines — à financer des acquisitions avec un puissant levier financier a, dès lors, été freinée par les turbulences sur le marché des *junk bonds*, secoué par le départ de son grand prêtre Mike Milken — aux prises avec la justice — puis par la déroute de sa banque, Drexel Burnham Lambert. « L'exercice du LBO devient de plus en plus difficile ; le territoire n'est plus aussi fertile que par le passé », constate Ken Miller de Lodestar, en février 1990. La crise de la dette et la volatilité des marchés touchent cependant beaucoup plus durement les banques d'affaires de Wall Street que les banques commerciales. Cela pourrait même marquer pour les entreprises, devenues méfiantes à l'égard des obligations pourries, une renaissance du financement par prêt conventionnel... Et les monstres japonais de la banque sont plus soucieux que jamais, début 1990, de pénétrer le marché américain du crédit. Depuis la politique reaganienne de baisse du dollar par rapport au yen, ils n'ont cessé de gagner du terrain. Dès 1988, les banques japonaises raflent les sept premières places (par le montant des dépôts) au palmarès planétaire... La première non japonaise est la Deutsche Bank, en 11e place, devant le Crédit Agricole. Et la première américaine, la Citibank, ne vient qu'au 28e rang !

Un mammouth à l'affût

Début 1990, la palme du gigantisme bancaire revient sans conteste à la Dai-Ichi Kangyo Bank

(DKB, 315 milliards de dollars de dépôts), suivie de près par Mitsui Kobe (résultant de la fusion Mitsui et Taiyo Kobe), puis Sumitomo, Fuji, Mitsubishi, Sanwa... Pour ces pachydermes croulant sous les yens mais dont la rentabilité laisse à désirer, la conquête de l'Ouest est devenue une nécessité vitale.

En septembre 1989, la Dai-Ichi Kangyo Bank conclut avec la Manufacturers Hanover la plus grosse alliance bancaire trans-Pacifique jamais réalisée : elle prend le contrôle de sa filiale CIT et entre à hauteur de 4 % dans le capital de la maison mère. Le monstre Dai-Ichi Kangyo résulte de la fusion, en 1971, des banques Dai-Ichi et Nippon Kangyo. Le mariage a traumatisé l'établissement, dont les deux entités ont très longtemps gardé des cultures, des gestions de personnel... et même des clients distincts. « Passé les 15 premières années, la fusion est allée très vite », a un jour plaisanté un cadre supérieur de la banque[1]. Obsédée par la taille, empêtrée dans sa bureaucratie interne, la Dai-Ichi Kangyo a longtemps négligé sa rentabilité, une des moins bonnes de l'industrie. Bien que plus petite, la banque Sumitomo, et même la Citicorp américaine et la Barclay's britannique ont réalisé en 1989 des profits supérieurs au 1,4 milliard de dollars enregistré par Dai-Ichi. Il est désormais temps de penser davantage à la rentabilité qu'aux parts de marché. L'expansion américaine procède de ce constat.

Quand le président de la branche américaine de la DKB, Yuko Oana, quitte New York à l'automne 1988 pour rentrer au Japon, il a une idée très précise de la stratégie américaine à suivre. De passage à New York, mi-février 1990, ce petit homme élégant et volubile de 58 ans — dont 37 ans de « maison » —

1. Marcus Brauchli et Michael Sesit, « DKB, the World's Largest, Now Pushes Profits », *Wall Street Journal*, 27 septembre 1989, p. 1.

est installé dans une salle de conférence de son agence, au 49e étage du World Trade Center. Par la fenêtre, on aperçoit l'Hudson River et, en face, le New Jersey. Pénétrer le marché américain s'est révélé difficile, explique-t-il : « La chasse aux *Fortune 500*[1] était fort peu rémunératrice. » Les grosses entreprises américaines levaient surtout leur argent sur les marchés financiers et faisaient de rares emprunts à des marges très faibles. « Nous avions donc intérêt à nous diversifier, à nous aventurer sur des terrains plus risqués mais plus rentables comme le *leasing*, le financement immobilier, le financement de projets gagés sur des actifs. » A prospecter enfin ce qu'en jargon bancaire américain, on appelle le *middle market* : les milliers d'entreprises de taille moyenne, susceptibles de payer des taux d'intérêt plus élevés que les *Fortune 500*.

Aussi la branche américaine de Dai-Ichi Kangyo achète-t-elle auprès du groupe US Trust, dès 1987, un portefeuille de 180 millions de dollars de ce type de créances. Ayant analysé la gestion de ces actifs bancaires, Oana parvient à la conclusion que ce type d'activité est rentable (le différentiel d'intérêt entre le taux de prêt et le coût des ressources atteint souvent 5 %, contre 2,4 % pour les prêts aux grandes entreprises), mais qu'il s'agit réellement d'un métier de terrain, américain à 100 %. Dai-Ichi a donc le choix : soit employer des Américains et se lancer seule sur ce créneau..., soit acheter une firme américaine. Yuko Oana penche pour la seconde formule : « Nous aurions peut-être été capables de pénétrer ce marché par nous-mêmes, mais cela aurait pris des siècles. » Le représentant de la DKB ne cache pas sa stratégie : il accorde alors de nombreux entretiens sur ce thème, notamment aux magazines *American*

1. Les 500 premières entreprises américaines selon le classement établi par le magazine *Fortune*.

Banker et *Institutional Investor*. De retour à Tokyo, Yuko Oana rédige un rapport préconisant l'achat d'un établissement financier américain spécialisé dans le *middle market* et, pour concrétiser ce scénario, fait même tourner un modèle fondé sur l'acquisition hypothétique d'Irving Trust, poursuivie alors par la Bank of New York.

L'arbre ou la branche

Les déclarations publiques du banquier nippon ne tombent pas dans l'oreille d'un sourd. La banque Manufacturers Hanover, 7e américaine, est alors dans une position peu enviable. Son ratio de fonds propres sur l'encours de prêts est faible depuis plusieurs années, et elle risque encore de lourdes pertes sur son portefeuille de 6,8 milliards de dollars de créances vis-à-vis des pays en voie de développement. Il lui faut impérativement renforcer sa position en capital. Au second semestre 1988, « Mannie Hanny » — comme la surnomment les Américains — examine donc avec sa banque d'affaires conseillère Goldman Sachs différentes possibilités pour lever du capital. « Nous avions d'abord pensé à une injection d'argent frais dans le capital même de la banque, explique son directeur financier, Peter Tobin. Mais l'interview de Yuko Oana à l'*American Banker* a alors attiré notre attention. » A la description de ce que la Dai-Ichi Kangyo cherchait, « nous avions l'impression de lire un rapport annuel de CIT », expliquera plus tard le président de Manufacturers, John Mac Gillicuddy.

Manufacturers est depuis longtemps en bons termes avec le géant bancaire nippon. Pourquoi ne pas essayer de forger une alliance ? John Mac Gillicuddy, Peter Tobin et Albert Gamper, patron de CIT, mettent alors au point la trame du futur accord : Dai-Ichi prendrait le contrôle de CIT, ainsi qu'une petite participation au capital de la Manufacturers. « Tout le monde sortait alors gagnant, explique Tobin : nous levions du capital bon marché, la Dai-Ichi Kangyo y gagnait une entrée sur le segment du marché américain qu'elle convoitait... et CIT multipliait ses possibilités d'expansion. » N'est-il pas dommage de se séparer d'une si belle filiale? « N'était le besoin de lever du capital, nous n'aurions jamais vendu CIT », a reconnu plus tard Mac Gillicuddy. Manufacturers n'a pas le choix : la santé de l'arbre commande le sacrifice d'une belle branche. La banque américaine charge alors Goldman Sachs d'aller tâter le terrain outre-Pacifique.

Début décembre 1988, Yuko Oana est surpris par la visite étrange de ces banquiers d'affaires de Wall Street qui lui apportent CIT sur un plateau... « Je n'aurais jamais osé approcher Manufacturers avec une telle idée. Je ne soupçonnais pas qu'ils étaient prêts à se séparer de cette filiale », explique Yuko Oana. Il est, bien sûr, très intéressé : lors de son séjour aux États-Unis, on lui avait bien proposé une dizaine d'affaires, mais jamais une firme qui corresponde aussi bien à ses objectifs. La Dai-Ichi Kangyo, dont la philosophie est, selon Oana, de se montrer « d'un conservatisme agressif », prend cependant son temps avant de réagir aux avances de Manufacturers... Le conseil d'administration se décide finalement en faveur de l'aventure américaine et donne à Oana le feu vert pour négocier. La première rencontre sérieuse se déroule à New York, au début du printemps 1989. Les tractations sur les prix et les quantités se poursuivent tout au long de l'été et s'accélèrent en août. Yuko Oana et Peter Tobin, privés de vacances, font la navette entre New York et Tokyo et mènent au téléphone, de tous les coins du globe, les pourparlers de l'opération secrète. Manufacturers a pour nom de code : *Vanguard*, CIT : *Eagle* et Dai-Ichi Kangyo : *Pheasant*, l'emblème national japonais. Ainsi se précisent peu à peu les contours d'un accord dont la trame était claire dès le début.

Le lundi 18 septembre 1989, le colosse nippon annonce qu'il prend 60 % du capital de CIT, et entre à 4,9 % dans celui de Manufacturers Hanover, pour une somme totale de 1,4 milliard de dollars. Manufacturers ne lâche pas entièrement CIT : « Nous voulions conserver un accès à ses produits pour notre clientèle, mais aussi continuer à jouer un rôle actif de direction », explique Tobin. Dai-Ichi ne se fait pas prier : manquant d'expérience sur le secteur, son souci principal était, dès le départ, de conserver le management de l'affaire américaine. « C'est Mannie Hanny qui a tenu à ce que nous prenions une participation dans son propre capital, geste symbolique destiné à raffermir nos bonnes relations mutuelles », rappelle Oana. Le contrat stipule d'ailleurs que Dai-Ichi ne peut pas dépasser le seuil de 4,9 % du capital de la banque américaine pendant 10 ans. « Il s'agit d'un investissement passif, précise Tobin : il ne comprend pas de participation au conseil d'administration. »

CIT Group, basé à Livingstone (New Jersey) est une compagnie financière américaine spécialisée dans les prêts aux petites et moyennes entreprises, les opérations de *leasing* de biens d'équipement, ainsi que le financement des activités de construction et de transport aérien et routier. Elle emploie plus de 2 500 personnes dans quelque 50 agences aux États-Unis et possède, fin 1988, plus de 10 milliards de dollars d'actifs. « C'est une très bonne affaire, affirme Yuko Oana. Nous faisons entièrement confiance à Albert Gamper et à son équipe, qui continueront à la gérer comme par le passé... » À ceci près que la compagnie financière aura désormais davantage d'opportunités de croissance. « Nous limitions l'expansion de CIT, d'une manière générale... et en particulier sur les activités déjà couvertes par la banque comme le financement de LBO ou le *venture-capital* », confirme Peter Tobin. Le CIT Group pourra désormais déployer ses ailes, et bien sûr, développer son portefeuille de clients japonais.

L'accord renforce considérablement la structure financière de Manufacturers, qui est en mesure d'ajouter 950 millions de dollars à ses provisions pour pertes sur ses prêts au tiers monde, ce qui la laisse « dans le rouge » pour 518 millions de dollars en 1989, en dépit d'un résultat d'exploitation positif. L'opération avec Dai-Ichi permet également à la banque américaine de lever 600 millions de dollars d'actions, en octobre 1989, sur le marché new-yorkais. Parallèlement, son cours de bourse se raffermit et son *rating* (le classement dont dépend le coût de ses ressources) s'améliore. Sa vigueur retrouvée permettra à Mannie Hanny d'emprunter à meilleur taux et de réduire drastiquement ses risques sur les pays en développement en 1990.

Un marché grignoté

Certaines grosses banques nippones avaient précédé Dai-Ichi Kangyo dans ce type d'analyse : presque au même moment, la banque Daiwa acquérait les activités *middle market* de la britannique Lloyds. La banque Mitsui avait, l'été précédent, acheté une partie de l'activité de crédit de la Security Pacific Corporation basée à Los Angeles. Tandis que la Fuji Bank prenait, dès 1984, le contrôle de Heller International, une compagnie financière semblable à CIT. Face à une sévère concurrence sur leur marché national et la perspective d'érosion de leurs marges due à la dérégulation japonaise, les banques nippones n'ont pas le choix. Elles se jettent sur toutes les opportunités américaines, se taillant la place à coups d'acquisitions et grignotant des parts de marché grâce à des taux d'intérêt avantageux. Début 1992 quelque 30 % des encours de prêts aux entreprises américaines sont détenus par des établissements financiers étrangers, dont plus de la moitié par des Japonais. Certains créneaux sont véritablement pris d'assaut : les établissements nippons ont par exemple, en six ans, capturé 69 % du marché des lettres de crédit pour les obligations municipales américaines...

Empêtrées dans les dettes du tiers monde et la crise de l'immobilier américain, handicapées par un coût du capital et des obligations de rentabilité plus élevés, les banques américaines sont au contraire en net repli. Renonçant à une assise globale, elles ont, ces dernières années, réduit leurs efforts en Europe et en Asie. Abstraction faite de la Citicorp, qui s'est lancée dans un marketing agressif au Japon, les établissements de crédit américains ont vu leur part du marché japonais régresser de 3 % à 1 %. Cette évolution est-elle alarmante pour la santé du secteur? Peter Tobin, de Manufacturers, ne le pense pas : « Les banques américaines ont fait le choix de privilégier les profits par rapport à la taille des actifs. Nous disposons pour cela d'une capacité de conseil et d'ingénierie financière que n'ont pas les japonaises », explique-t-il. Que se passera-t-il dans dix ans, quand les établissements nippons auront maîtrisé ce savoir-faire? Difficile à prévoir... « D'ici là, rappelle Tobin, le paysage bancaire américain aura sans doute énormément changé : les banques de différents États auront la possibilité de fusionner entre elles et les banques commerciales pourront également faire alliance avec des maisons de titres » (ce qui est pour l'instant interdit par le Glass Steagall Act). Le secteur bancaire américain compte encore plus de 13 000 établissements, contre seulement 150 au Japon.

La puissance des banquiers nippons n'est nulle part plus visible qu'en Californie, où leurs actifs ont été multipliés par 3 entre 1982 et 1988. Les établissements asiatiques, qui ont naturellement accompagné leurs clients, contrôlent en 1992 quelque 35 % des prêts aux entreprises et plus du quart des dépôts bancaires du « Golden State ». Une dizaine de banques japonaises – notamment Bank of Tokyo, Sumitomo, Sanwa et Mitsubishi – assurent maintenant, dans cet État, une gamme complète de services, y compris les prêts aux particuliers. Le nombre d'agences de dépôt affiliées à des banques japonaises est passé de 247 en 1982 à 424 début 1990, essentiellement grâce à des acquisitions (Bank of Tokyo-Union Bank of San Francisco, Sanwa-Lloyd Bank of California, Mitsubishi-Bank of California...). Et ce n'est pas fini : la Dai-Ichi Kangyo Bank cherche, à son tour, à acheter un établissement financier en Californie pour compléter les opérations d'une petite banque qu'elle possède à San Francisco... « Nous n'avons encore aucun candidat, affirme Oana : il faut trouver un bon gâteau à un bon prix. »

L'ardeur expansionniste des monstres bancaires nippons marque cependant une pause, à partir de l'été 1990, avec la chute spectaculaire de leurs résultats. Les 6 banques japonaises les plus importantes ont vu leurs bénéfices nets chuter de plus de 10 % en 1990, et de près de 15 % en 1991. La Dai-Ichi Kangyo subit même des dégringolades respectivement de 39 % et 24 % ! C'est que la crise du Golfe a secoué les marchés financiers japonais, envoyant les actions par le fond et faisant monter les taux d'intérêt sur le yen. Les grands établissements financiers nippons prennent soudain douloureusement conscience de leur dépendance. Une partie du capital des banques nippones étant constituée d'actions, la déprime du Kabuto Cho fait passer leurs fonds propres au-dessous du ratio international obligatoire de 8 % de leurs actifs. On assiste alors à de nouveaux regroupements nippons, comme celui des banques Kyowa et Saitama, formant ensemble le 8e établissement bancaire nippon, de la taille de la Deutsche Bank. La déprime de la Bourse de Tokyo, qui a chuté de 50 % entre janvier 1990 et mars 1992, a également fait très mal aux grandes maisons de titres dont les résultats sont en forte baisse. Pour l'exercice 1991 (clos en mars 1992) les profits avant impôts de Nomura reculent de 81 %, ceux de Daiwa et Nikko de 92 % et ceux de Yamaichi de 154 %...

Un rituel désuet

Le dégonflement de la « bulle financière » japonaise et le repli consécutif de la marée de yens des marchés étrangers pourraient avoir des répercussions importantes sur le secteur financier américain. Car Washington ne vivait plus, ces dernières années, que sous perfusion de capitaux nippons.

Mercredi 7 février 1990, 12 h 40. Billy et April sortent du World Trade Center, traversent Broadway et prennent Liberty Street vers l'Est. Étant un peu en avance, ils marquent une pause et bavardent un moment devant le porche imposant du numéro 33. Avec ses grilles en fer forgé, le long bâtiment de pierre grise de la Federal Reserve de New York paraît particulièrement vieillot comparé aux immenses tours de verre et d'acier de Wall Street. Mais les deux jeunes gens ne remarquent même plus le contraste. Employés au bureau obligations publiques du courtier japonais Yamaichi Securities, ils se rendent depuis des années à toutes les enchères des bons du Trésor (T *bonds*) américains : celles du lundi, pour les bons à 3 et 6 mois et, bien sûr, les adjudications trimestrielles pour les obligations à 3, 10 et 30 ans.

Ce mercredi, c'est l'enchère trimestrielle : le Trésor américain émet pour 10 milliards de dollars d'obligations à 10 ans. Comme chaque fois, les représentants des 44 firmes qui ont le statut de « courtiers primaires » viennent placer leurs ordres à l'agence new-yorkaise de la Banque centrale, la Federal Reserve Bank (Fed). Faire partie du petit club des *primary dealers* est un privilège important : les firmes élues traitent directement avec la Fed et assurent la liquidité du marché. Elles passent des ordres pour leur propre compte et celui de leurs clients, puis redistribuent « le papier » auprès des institutions américaines, japonaises et européennes.

La participation des investisseurs japonais au financement du déficit budgétaire américain est importante depuis de nombreuses années. À chaque adjudication, les institutions nippones achètent à cette période 25 à 35 % du papier, voire 40 % pour les obligations à 10 ans, les plus recherchées. Les Nomura et autres Daiwa revendent cependant une bonne partie de ces titres à des investisseurs non japonais (60 % à 70 % dans le cas de Yamaichi), tandis que les courtiers primaires américains, eux, cèdent une partie de leurs achats à des clients nippons. Il est donc très difficile d'estimer le pourcentage des obligations du Trésor effectivement détenu *in fine* par des Japonais.

Quoi qu'il en soit, les établissements financiers

japonais sont devenus de plus en plus avides d'obtenir le statut de *primary dealers*. Yamaichi, qui a posé sa candidature en avril 1986, n'a obtenu l'autorisation du gouvernement américain qu'en... septembre 1988. C'est la 7e institution japonaise à être admise au « club » : Nomura, Daiwa et Nikko en font partie en leur nom propre, tandis que Fuji, Sanwa, la Long Term Credit Bank of Japan et l'Industrial Bank of Japan ont chacune racheté un petit courtier primaire américain.

12 h 45 : Billy et April entrent dans le bâtiment et tournent tout de suite à droite dans un vaste couloir sombre, séparé par des cloisons de bois de l'espace où travaillent les employés de la Fed. Ils passent sans un regard devant les guichets où les particuliers désireux d'acheter des obligations d'État déposent, à la même heure, leurs offres dites « non concurrentielles ». À droite, sur une rangée de chaises, quelques retraités remplissent déjà consciencieusement leurs feuilles d'ordre. Approchant du fond du couloir, Billy et April saluent d'un geste nonchalant les vigiles. Une fois dans la zone des courtiers primaires, Billy se saisit de son téléphone, rangé sur un chariot métallique, et le branche dans la cabine de Yamaichi, la première au fond à droite. April enlève son manteau et sort les feuilles d'ordre roses de sa serviette en cuir.

À 12 h 45, le petit espace des *primary dealers* grouille comme une fourmilière. Une cinquantaine de jeunes gens entre 20 et 35 ans — tous Américains — se saluent, plaisantent, se racontent leur soirée de la veille. Ils ont posé leurs manteaux en désordre sur les chariots de téléphone ou sur les rebords de fenêtres; certains sont déjà au bout du fil. « Ça se passe comme ça depuis toujours, raconte Billy. La Fed pourrait avoir informatisé la procédure depuis longtemps : on passerait les ordres du bureau. Mais elle préfère maintenir la tradition... » Contrairement au particulier, qui achète le montant d'obligations qu'il souhaite à un taux d'intérêt fixe (celui qui sera déterminé par l'enchère), chaque courtier primaire fait une série d'« offres concurrentielles » à des taux étagés : x dollars d'obligations à 8,41 %, y à 8,42 %... z à 8,45 %. Quelques minutes avant 13 heures, Billy est au téléphone avec son patron, Mel Swanboarn, qui lui donne la composition de l'offre finale de Yamaichi, en fonction des ordres de ses clients et des taux en vigueur sur les marchés obligatoires.

Tokyo ne répond plus!

12 h 55, la tension monte. Les téléphones sonnent sans arrêt : les employés de courtage, pendus au bout du fil, ne parlent plus que taux et quantités. C'est qu'en ce deuxième jour de l'ajudication trimestrielle de bons du Trésor, les marchés sont anxieux sur le degré de participation des acheteurs étrangers. Pour la première fois depuis des années, un grand frisson parcourt l'échine de Wall Street : et si les Japonais arrêtaient de financer le déficit budgétaire américain? La vente des bons à 3 ans, la veille, a certes reçu un accueil très chaleureux — y compris auprès des Japonais — qui en ont absorbé environ 35 %. Mais les spécialistes redoutaient, ce matin encore, qu'à moins d'une remontée significative des taux d'intérêt américains, les investisseurs nippons ne boudent les obligations à 10 ans ce mercredi et à 30 ans le lendemain.

Il est vrai que la rémunération des capitaux à long terme a sensiblement augmenté, ces dernières semaines, en RFA et au Japon. La perspective de la réunification des deux Allemagnes a fait craindre l'affaiblissement du deutsche mark et a, pour la première fois depuis 1984, poussé les taux sur les obligations allemandes à 10 ans au-dessus de 8 %. Au même moment, au Japon, la crainte de tensions inflationnistes a conditionné le resserrement de la politique monétaire : les obligations d'État nippones ont atteint 6,73 % fin janvier 1990, soit un différentiel avec les taux yankees au plus bas depuis dix ans. Aussi les placements en bons du Trésor américain sont-ils comparativement devenus moins attrayants.

« Trois minutes », clame une voix de stentor. Une employée de la Fed s'est placée au milieu de la salle avec un petit chariot contenant une urne. Les crayons griffonnent nerveusement sur les feuilles d'ordre. « Une minute, une »... Certains commis se dirigent déjà, feuilles à la main, vers le chariot. « 30 secondes »... Les feuilles sont glissées dans l'urne. « 20, 10, 5 »... Quelques secondes avant la clôture, certains employés sont encore au téléphone : « Quoi ? Vite, vite ! »... Ils se ruent vers le chariot. « Ça y est » : le clapet se referme sur l'urne. Les jeux sont faits. Les jeunes gens se dispersent rapidement. Ils achèteront en route un hamburger, qu'ils engloutiront dans l'atmosphère survoltée de leur salle de courtage.

Les firmes apprennent le résultat des courses vers 16 h 30. Le gouvernement américain, soucieux de se financer au moindre coût, c'est-à-dire au taux d'intérêt le plus faible possible, retient les offres par taux croissants, jusqu'à ce qu'il arrive au montant total qu'il veut lever. « Les jours de grosse activité, on fait de la paperasse jusqu'à minuit ou 1 heure du matin », explique Billy. Il habite à Massapeque, sur Long Island, et se lève tous les matins vers 5 heures. Pour lui, la semaine des adjudications trimestrielles est toujours rude : il est de corvée de Fed quatre jours de suite.

La peur d'un manque d'appétit japonais pour les T *bonds* se révèle, cette fois encore, injustifiée. L'adjudication de mercredi a du succès (les investisseurs ont placé pour 23,9 milliards de dollars d'ordres, alors que le Trésor n'en vendait que pour 10 milliards de dollars), et les firmes japonaises en achètent un bon quart. Le taux moyen de l'enchère – 8,59 % – marque cependant une forte augmentation par rapport aux 7,94 % du trimestre précédent. L'accueil réservé aux obligations à 30 ans, le lendemain, sera en revanche plus tiède... et la prudence reste de mise.

Il est peu probable de voir les investisseurs étrangers bouder complètement les placements en dollars au profit du yen ou du deutsche mark : ils provoqueraient alors une baisse du billet vert qui diminuerait la valeur de leurs actifs aux États-Unis. Il reste que les Japonais ne se privent plus de mettre la menace sur la table lors des négociations bilatérales. De fait, le coût auquel se finance le gouvernement américain est plus que jamais tributaire des faits et gestes des Banques centrales japonaise et ouest-allemande. Le président de la Federal Reserve américaine, Alan Greenspan, a dû apprendre à vivre avec cette dépendance croissante. Craignant un regain de l'inflation et satisfaite du taux de la croissance américaine, la Fed a choisi, début 1990, de maintenir des taux directeurs élevés. Mais qu'adviendrait-il en cas de fort ralentissement de l'économie américaine, doublé d'un moindre appétit des Japonais pour les T *bonds* ? La Fed serait-elle alors en mesure d'abaisser le coût du crédit pour relancer la machine... sans pour autant compromettre le financement du déficit budgétaire ? La question se pose avec une acuité renforcée début 1991 alors que la guerre du Golfe donne le signal de la récession américaine, et que le Japon voit se dégonfler ses marchés boursier et immobilier. Fin 1991, les investisseurs japonais ne participent plus qu'à hauteur de 10 % aux adjudications du Trésor américain. L'incapacité de la Fed américaine à baisser radicalement ses taux directeurs retarde la reprise économique. Ce qui handicape George Bush dans sa campagne électorale. Le mot « interdépendance » n'aura jamais eu une signification plus pleine.

8

DÉBÂCLE À LAS VEGAS

Échecs à la greffe

Les réussites des industriels japonais sur le marché américain sont devenues légendaires : ils ont prouvé qu'ils savaient exporter un savoir-faire manufacturier. Mais combler le fossé culturel trans-Pacifique s'est parfois révélé au-dessus de leurs forces, comme en témoignent certains échecs nippons aux États-Unis. Ces ratages sont discrets et peu connus. Ils sont néanmoins extrêmement importants, car ils révèlent des failles cruciales dans la cuirasse économique japonaise : la difficulté d'adaptation du management japonais à l'environnement local de l'entreprise, comme la difficulté d'adaptation de l'expatrié japonais à la vie américaine. Quelques exemples de ces cas d'intolérance à la greffe nippone permettent de nuancer les teintes parfois trop colorées de cette fresque générale... et de relativiser le caractère inéluctable — presque mécanique — du triomphe asiatique.

Il existe des échecs industriels, comme le dépôt de bilan de Tubeturn, une petite entreprise de tuyaux coudés, rachetée quelques années auparavant par Sumitomo Metal. Mais les Japonais ont de plus grands problèmes encore dans le secteur des services, où la réussite ne repose plus sur des recettes de productivité manufacturière mais sur la communication et les relations humaines.

« Avant notre fusion avec Mitsui, se souvient un ancien cadre de la maison, la banque Manufacturers marchait très bien, rapportant aux actionnaires un retour sur investissements de 25 % en moyenne. » Ce petit établissement bancaire de Los Angeles, d'abord spécialisé dans les prêts à l'industrie du vêtement, puis les crédits aux professions médicales et libérales, avait été créé en 1962 par une poignée de professionnels locaux. La banque Mitsui, désireuse de prendre pied aux États-Unis sur ce segment si rémunérateur du *middle market*, a approché Manufacturers à quatre reprises. Sans succès. Mais quand l'offre des Japonais atteint quatre fois la valeur comptable de la banque, les dirigeants ne peuvent plus refuser : les opérations californiennes de Mitsui et les agences de Manufacturers fusionnent.

Le président, Leonard Weil, et ses collaborateurs devaient rester au moins cinq ans. « Au début, se souvient un ancien cadre, tout allait bien : l'équipe envoyée du Japon nous laissait travailler. Nous avons cru, naïvement, que nous pouvions continuer à gérer l'affaire. » Mais les choses se sont vite gâtées : l'équipe japonaise changeait tous les trois ans et devenait de plus en plus autoritaire. À la fin, il fallait demander la permission pour la moindre broutille. « Les Japonais ont créé une atmosphère qui ne convenait ni aux employés américains, ni à nos clients », conclut cet ancien employé, qui tient à garder l'anonymat. Son principal grief ? « Ils sollicitaient notre avis, mais ne nous écoutaient pas. On demandait des directives et la réponse mettait des semaines... Le métier ne supporte pas ces atermoiements. » Résultat : l'hémorragie. Les gros comptes sont partis ; les cadres de talent ont quitté le navire les uns après les autres. L'établissement, même s'il affichait toujours un profit sur le papier, a perdu en réalité beaucoup d'argent. C'en était trop, même pour le géant Mitsui. La banque japonaise a finalement accepté de revendre 20 % de Mitsui Manufacturers à la Security Pacific Bank, qui en a depuis repris la gestion.

Dialogue de sourds

Le cas Manufacturers n'est pas unique. Le gouffre qui sépare les modes de vie et de travail, de part et d'autre du Pacifique, occasionne des déboires à nombre de Japonais tentant de s'implanter aux États-Unis. « Les PME japonaises qui viennent ici font les mêmes erreurs que jadis les grosses entreprises », explique Aki Tsurukame, qui conseille les firmes japonaises sur leur implantation américaine. Pour commencer, beaucoup viennent aux États-Unis sans véritable stratégie, constate-t-il, simplement parce que la globalisation est à la mode. « Les Japonais n'ont pas le sens de la géographie du pays, des distances, des systèmes de distribution : l'un de mes clients croyait pouvoir produire des légumes au centre des États-Unis, et les faire distribuer à l'état frais sur les deux côtes ! » Aki leur conseille d'envoyer d'abord quelqu'un se familiariser avec la culture américaine des affaires, analyser le marché, jauger la concurrence. Les multinationales nippones, elles, ont peu à peu appris à s'implanter prudemment. Elles pratiquent en général, comme Kubota dans la Silicon Valley, une stratégie en deux temps : 5 à 6 années de « veille », où une petite équipe de cadres étudie l'environnement économique sur le créneau visé. C'est la période dite « des trois s. » : silence, sourire, sommeil. Ensuite, si la décision est positive, vient la phase de développement, pour atteindre une vitesse de croisière en 3 ou 4 ans. Les choses se passent souvent de manière plus harmonieuse en cas d'implantation nouvelle qu'en cas de reprise d'entreprise, où il faut composer avec des managers en place et une « culture » préexistante.

Aki Tsurukame est attablé à la cafétéria de l'hôtel New Otani de Los Angeles. Ce Japonais atypique réside depuis 23 ans aux États-Unis : il porte un collier de barbe et mange aussi volontiers un hamburger qu'une assiette de *sushi*. Après plus de 115 aller retour Los Angeles-Tokyo, Aki est devenu un expert en analyse comparée : « Le mot "entreprise" n'a pas la même signification dans les deux pays, affirme-t-il. Les Américains pensent que c'est un moyen de faire de l'argent pour les actionnaires, les Japonais pour les employés. » Aki Tsurukame pourrait écrire une véritable encyclopédie des malentendus nippo-américains. « Les hommes d'affaires japonais s'offusquent quand un Américain amène son avocat à une réunion, raconte-t-il. Je dois leur faire comprendre qu'ici, cela veut simplement dire que les discussions progressent, et que ce n'est pas, comme au Japon, un signe de défiance... »

Le consultant nippon conseille également à ses clients de ne pas prévoir, pour leurs cadres américains, des espaces de travail ouverts, comme au Japon, où secrétaires et patrons partagent le même bureau. Mais si les Japonais venus aux États-Unis ont, jusqu'à présent, toutes les peines du monde à garder ou attirer des managers américains de valeur, cela dépasse les problèmes d'aménagement des locaux. C'est surtout parce que, selon les Américains, les Japonais « ne savent pas déléguer ». Les dirigeants japonais n'ont pas fait d'« efforts visibles » pour intégrer leurs cadres américains dans le processus de prise de décision consensuelle caractéristique de leur culture d'entreprise, conclut une étude menée par l'Université du Michigan et le cabinet de consultants Egon Zehnder International.

Un grand nombre de cadres américains travaillant pour des Japonais se plaignent d'avoir un accès très restreint aux informations stratégiques et se sentent exclus du processus de décision et de planification des produits. Les contrôles de performance sont par ailleurs irréguliers ou inexistants.

La communication est réduite : les employés américains reprochent aux patrons japonais de rarement donner un conseil, de ne jamais dire non et de priver le plus souvent leurs subordonnés de dialogue véritable. Voire de « mentir », car les Occidentaux ne sont pas familiers des distinctions subtiles que font les Japonais entre les deux aspects de la vérité : les intentions réelles, le sens vrai : *honne*, et le prétexte, les explications officielles : *tatemae*. Les notions occidentales de « débat » et de droit de tous à la parole sont elles aussi assez étrangères à l'univers managérial japonais. N'apprend-on pas aux jeunes élèves nippons qu'« il est honorable de ne pas s'opposer » ? Le citoyen japonais n'est-il pas nourri, dès son plus jeune âge, de proverbes affirmant que « le clou qui dépasse appelle le marteau » ? Résultat : les managers américains les plus dynamiques ont tendance à ne pas supporter longtemps le régime nippon.

Apparemment, les problèmes de « cohabitation managérielle » suscitent au moins autant de frustrations du côté japonais. Les patrons des usines nippones aux États-Unis avouent régulièrement, lors de l'enquête annuelle du JETRO[1] que leur préoccupation nº 1 est liée au « facteur humain » : embauche, gestion de la main-d'œuvre, relations interpersonnelles. En 1990, plus du quart des 505 managers japonais du panel ont fait part de leurs difficultés à retenir et à former une main-d'œuvre américaine de bon niveau. 9,5 % ont évoqué des différences de

1. Agence du MITI spécialisée dans la promotion des exportations.

mode de réflexion et de pratique entre les deux pays. L'année précédente, les patrons japonais avaient davantage mis l'accent sur les problèmes de taux de change et de contrôle de la qualité.

Les firmes japonaises des États-Unis tentent de pallier le heurt des cultures managérielles en organisant des séminaires et en distribuant à leurs cadres des brochures et des bandes vidéo sur la législation américaine du travail. Mais les groupes nippons font néanmoins l'objet de nombreux procès, affirme Yoshi Tsurumi, consultant et professeur à l'école de commerce de la City University de New York. Dernier en date : l'ancien directeur financier de Fujitsu Systems of America, Frank Ensign, et deux de ses collègues, accusent le groupe nippon de les avoir licenciés sur des critères d'âge et de nationalité. Ils demandent 70 millions de dollars de dommages et intérêts devant la cour de Californie.

Les firmes japonaises ont également dû faire d'immenses efforts pour réussir l'implantation de leurs usines d'assemblage en *maquiladora*, à la frontière nord du Mexique[1]. « D'une manière générale, les Asiatiques ont davantage de mal que les Américains à "mexicaniser" leur style, constate Xavier Rivas, directeur du parc industriel de Mexicali. Ainsi les dirigeants de la firme électronique Kuron ont-ils longtemps insisté pour interdire à leurs ouvriers d'aller aux toilettes pendant les heures de travail ! On donne des conseils aux managers japonais, raconte Rivas. On leur explique qu'ils ont intérêt à recruter des directeurs du personnel mexicains, à changer leurs critères d'embauche, à laisser les ouvriers parler librement entre eux pendant le travail, à veiller à ce que les ingénieurs nippons ne se baladent pas dans les ateliers en donnant des ordres par gestes... ce qui est très mal ressenti. Mais beau-

1. Voir *supra*, chapitre 3.

coup d'entre eux ne nous écoutent pas. » Ceux-là s'en mordent bien vite les doigts : le problème n° 1 des usines en *maquila* est un taux de rotation très élevé de la main-d'œuvre, pouvant atteindre 20 % ! Si le salaire est plus bas qu'ailleurs ou si le patron a un mot de trop, les jeunes ouvriers ou ouvrières mexicains partent pour l'usine d'en face, retournent « au pays », ou bien traversent le Rio Grande pour tenter leur chance aux États-Unis.

Les firmes japonaises sont donc forcées d'adopter certains traits de la culture d'entreprise « latine ». À Mexicali, les ingénieurs d'Hikam, qui fabrique des câbles pour les ordinateurs Apple, font de gros efforts d'intégration : à la pause, ils jouent au basket-ball avec les ouvrières. Ils habitent du côté mexicain de cette ville-frontière. Et, le soir, en rentrant chez eux, ils prennent des cours d'espagnol. Ce type de stratégie paie : les groupes nippons qui ont plusieurs années de présence en *maquila* et ont parcouru la courbe d'apprentissage, atteignent, sur leurs sites mexicains, une productivité supérieure à celle de leurs usines de Singapour ou de Taiwan !

Quel que soit le secteur, les firmes japonaises qui ont le mieux réussi aux États-Unis sont celles qui ont fait le plus d'efforts pour s'intégrer : confier de véritables responsabilités aux managers locaux, travailler étroitement avec des sous-traitants américains. Ce n'est apparemment pas une question de taille. Les « jeunes géants » nippons de l'après-guerre, les Sony et les Honda, qui ont dû, pour survivre, se tourner résolument vers l'Amérique, épousent avec davantage de souplesse les us et coutumes locaux. Les diplodocus industriels comme Hitachi restent en revanche « très japonisés », constate Aki Tsurukame.

Si la plupart des groupes produisant aux États-Unis ont annoncé des programmes destinés à augmenter dans leurs produits la proportion de pièces fabriquées localement, ces gestes sont souvent vécus, de l'intérieur, comme des concessions politiques plutôt que des décisions relevant de la logique économique. Certains cadres japonais considèrent même franchement ces initiatives comme des gestes de « philanthropie commerciale ». Ne s'agit-il pas d'un don d'argent à des entreprises américaines, au nom du maintien du libre marché?

Le naufrage de l'Aladin

Le secteur où les échecs japonais sont les plus spectaculaires est pour le moins inattendu, c'est Las Vegas, l'univers du jeu. Trois de ses hôtels-casinos, actuellement aux mains de propriétaires nippons, battent de l'aile : l'Aladin est en faillite, le Dunes perd 2 millions de dollars par mois et la plupart des observateurs doutent des chances de réussite du San Remo.

L'Aladin est un bloc de béton recouvert de panneaux clinquants et d'enseignes lumineuses, avec une décoration intérieure rouge et or, à mi-chemin entre le lupanar et la caverne d'Ali Baba. Comme les anciens grands noms de Las Vegas, ce casino ne brille plus, depuis dix ans, que par ses déboires à répétition. Dans ce coin du désert du Nevada devenu la capitale américaine du jeu, les joueurs s'agglutinent là où les néons brillent le plus, là où les platées de fruits de mer « à gogo » sont les moins chères, là où les machines à sous sont les plus généreuses. Au firmament du jeu, les casino-stars connaissent souvent le sort des météorites.

Ginji Yasuda, riche Japonais de 53 ans, lui-même joueur acharné, a acheté l'Aladin en janvier 1986 pour 54 millions de dollars. Par fascination. Il n'en était pas à sa première excentricité. Fils d'un homme d'affaires coréen qui avait fait fortune dans l'immobilier japonais, Ginji a fait partie de l'équipe coréenne de tir aux Jeux Olympiques de 1964 et a remporté, la même année, la seconde place au Grand Prix automobile du Japon. Depuis le début des années 70, le « play-boy international », comme on le surnommait à Las Vegas, avait jeté son dévolu sur la mythique Amérique. Il possédait une somptueuse propriété à Beverly Hills, élevait des chevaux de course en Californie et venait régulièrement tenter sa chance à la table de baccara du Caesar Palace. C'est là qu'une des figures de Las Vegas, Ash Reznick, lui a suggéré d'acheter l'Aladin. Pourquoi ne pas s'offrir ce magnifique jouet ? Yasuda n'avait qu'à vendre quelques-uns de ses gratte-ciel au Japon.

Il ignorait qu'on ne reprend pas un casino à Las Vegas comme on s'offre une entreprise à Wall Street. Il faut d'abord montrer patte blanche. « Le candidat doit être prêt à nous ouvrir sa vie entière : son back-ground professionnel et financier, son histoire personnelle », explique Thomas Roche, un des trois membres de la Commission de contrôle du jeu du Nevada. Pour délivrer Las Vegas de la mafia et éviter que les casinos ne continuent à blanchir l'argent du crime, les shérifs en costume de ville se sont mis à appliquer des procédures draconiennes. Avant de décider si le candidat est digne d'obtenir une licence de jeu, les enquêteurs de la Commission exhument les plus petites infractions, des chèques en bois aux amendes pour excès de vitesse. Or, ce genre d'enquête est particulièrement difficile au Japon : les protocoles y sont différents et les autorités bancaires et policières traînent des pieds pour ouvrir leurs dossiers aux *gaijin*. Après une lente et laborieuse enquête sur Ginji Yasuda, la Commission, en l'absence d'informations assez détaillées, ne lui octroie qu'une licence temporaire de deux ans... à la condition expresse qu'il embauche pour le casino un manager professionnel.

Yasuda investit beaucoup dans l'Aladin. Il se sépare de Richard Bunker, qui l'avait pourtant guidé dans ses démarches auprès de la Commission de contrôle du Nevada, et débauche au Hilton un des managers de casino les plus réputés de la ville, Dennis Gomes. Il dépense plusieurs dizaines de millions de dollars pour refaire les chambres et moderniser le casino : nouveau décor cramoisi, nouvelles rangées de machines à sous, 40 tables de blackjack, 7 de dés, 5 de roulette, 4 de baccara... Le nouveau casino de l'Aladin ouvre en grande pompe en avril 1987. Ginji Yasuda, qui est le premier Japonais à gérer un casino aux États-Unis, avoue à l'époque que c'est un peu « comme d'apprendre à nager ».

Mais en dépit de ses efforts, Yasuda semble destiné à boire la tasse. Premier signe de malaise : Dennis Gomes, alléguant des « différences de philosophie », abandonne au bout de quelques mois ce patron capricieux. Ce vétéran de l'industrie du jeu au physique de baroudeur de charme n'est pas du genre à s'en laisser conter par un propriétaire de casino, fût-il japonais. Trois autres équipes de direction se succéderont ensuite à l'Aladin sans pouvoir redresser la situation. Le 28 août 1989, le casino, qui a 121 millions de dollars de dettes pour 82 millions d'actifs, est officiellement déclaré en faillite. Peu après Ginji Yasuda meurt d'un cancer à Beverly Hills.

Le flambeur et la piétaille

Pourquoi cet échec ? D'abord, parce que, selon les observateurs, Ginji se comportait en enfant gâté et se servait de l'hôtel comme de « sa chose ». Le patron roulait dans une Rolls Royce limousine arborant une plaque d'immatriculation « Aladin » et il envoyait chercher ses amis parieurs à Tokyo avec un jet privé à 25 millions de dollars, qu'il avait fait entièrement redécorer à la japonaise. Quand il était en ville, Ginji Yasuda habitait avec sa femme, au 20e étage de l'Aladin, une suite confortable avec bar et terrasse, dominant le célèbre « Strip » (l'avenue du jeu) et l'ouest de la ville. Le propriétaire réservait alors l'un des cinq ascenseurs de l'hôtel à l'usage exclusif de ses proches, de ses nombreux gardes du corps... et de son caniche. Yasuda a surtout commis l'erreur de fermer pendant un an les opérations du casino, en attendant sa licence de jeu. « Dans ce métier, on perd vite son portefeuille de clients », explique Timothy Dougall, placé par le tribunal judiciaire à la tête de l'Aladin en faillite. Et puis le nouveau patron voulait se mêler de tout. Rien de pire, dit-on à Las Vegas, que les parieurs qui passent de l'autre côté de la table.

« Yasuda avait un style de management très autoritaire... sans aucune expérience du métier », confirme Michael Rumbolz un ancien président de la Commission de contrôle du jeu. La moindre décision devait passer par Tokyo. La rénovation a été coûteuse, mais mal conçue. Yasuda faisait changer le papier mural des chambres mais le remplaçait par les mêmes motifs vieillots... « Le public aujourd'hui veut une atmosphère plus festive, plus moderne », estime Dougall. Yasuda achetait de nouvelles machines à sous... mais ne les disposait pas de manière attractive pour les joueurs. Il ne laissait pas ses managers investir dans les panneaux promotionnels... C'est que cet excentrique milliardaire était un *high roller*, un gros parieur. Il méprisait la « piétaille » de Las Vegas : ces vieilles filles obèses, en short, et ces retraités à casquettes, qui passent leurs week-ends à glisser des *quarters* dans les fentes des machines à sous. Il n'a donc rien fait pour les attirer... C'est pourtant à ce type de clientèle, insistent les experts, que les grands casinos doivent maintenant 50 à 60 % de leurs revenus. Mais Ginji Yasuda, qui n'avait aucune confiance dans son management américain, ne le laissait pas travailler. « C'était un passionné de baccara. Là-haut, il restait jour et nuit devant les écrans de contrôle, à surveiller des tables », confie un de ses anciens employés qui souhaite garder l'anonymat. « L'industrie du jeu n'est pas fait pour les propriétaires absents, constate un vétéran de Las Vegas. Elle a un seul produit : le cash. Et les transactions ne laissent pas de traces. Pas moyen de vérifier combien le type en chemise à fleurs, là-bas, est en train de perdre... » Selon Michael Rumbolz, le propriétaire de l'Aladin prenait également des libertés avec les lois strictes qui régissent le fonctionnement au jour le jour d'un casino, notamment sur l'accès à la « cage » (où est entreposé l'argent liquide) et sur le crédit aux joueurs. Pas d'infractions majeures, mais de petites irrégularités, qui valaient d'ailleurs à Yasuda des accrochages fréquents avec la Commission de contrôle du jeu. Ses rapports avec les autorités locales se sont tendus davantage, à partir d'août 1989, quand il a refusé de dévoiler la source d'un prêt de 6,6 millions de dollars : la Commission soupçonnait les capitaux de provenir d'une entreprise liée aux *Yakuzas*, les membres de la mafia nippone.

Il faut dire que Yasuda a eu la malchance d'avoir repris une propriété difficile : l'Aladin avait déjà fait faillite deux fois depuis 1980. Situé un peu trop loin, à pied, des autres hauts lieux de Las Vegas, et ne possédant pas un nombre de chambres suffisant, il a du mal à attirer assez de joueurs pour sa surface imposante de casino. « Autrefois, 600 ou 700 chambres à 39 dollars, un bon casino et un show-biz clinquant suffisaient, explique Timothy Dougall. Maintenant, la clientèle est devenue plus familiale. Il faut vraiment donner aux gens une raison de venir ici plutôt qu'ailleurs. Regardez la tendance : le Caesar Palace, le Mirage, Excalibur... La mode est aux hôtels de 1 500 à 2 500 chambres. Ce ne sont plus des hôtels-casinos, ce sont de véritables villages de vacances, qui se suffisent à eux-mêmes. »

L'enfer du jeu

Masao Nangaku, lui, n'a pas l'excuse du mauvais emplacement. Ce Japonais de 67 ans, également d'origine coréenne, a acheté en août 1987 le célèbre Dunes. Il a payé 155 millions de dollars pour cet hôtel-casino en faillite, pourtant situé au carrefour des « quatre coins », à l'angle des avenues Flamingo et Las Vegas, traversées chaque week-end par quelque 40 000 personnes. Si Yasuda était un joueur, Nangaku, lui, a l'avantage d'être un homme d'affaires reconnu. Son groupe, Minami, contrôle sur la planète quelque 1,5 milliard de dollars d'actifs : hôtels, bowlings, clubs de golf... Nangaku est aussi collectionneur : il a acheté en 1985 pour 40 millions de dollars de dessins, peintures et bijoux réalisés par Salvador Dalí, et abrités dans un musée construit à cet effet au Japon.

« L'histoire de Nangaku à Las Vegas ressemble pourtant également à celle de Yasuda », constate Dennis Amerene, un ancien membre de la Commission de contrôle du jeu, qui travaille désormais pour une association de pari mutuel. En attendant de se voir octroyer une licence, Masao Nangaku a, lui aussi, fait appel à Dennis Gomes. Au début, les deux hommes se sont bien entendus : « J'ai parlé avec des gens qui ont travaillé pour M. Nangaku, déclarait à l'époque Gomes au *Las Vegas Review*... Il les laisse opérer de façon autonome. » Nangaku n'ayant pas encore la licence, Gomes commence par exploiter le casino à son compte et paie un loyer au propriétaire japonais. Avec beaucoup de succès : l'équipe Gomes aurait fait rentrer 15 millions de dollars brut entre juin et décembre 1988, en pleine saison creuse ! Gomes et Nangaku annoncent à cette époque de grands projets de rénovation : 200 millions de dollars pour l'extension de l'hôtel, l'embellissement du terrain de golf et le lifting du vieux casino Oasis, dont la rotonde brillante domine le carrefour des « quatre coins ».

Mi-décembre 1988, Masao Nangaku obtient une licence de jeu pour deux ans. Mais, premier signe de flottement, le programme de rénovation ne se concrétise pas. « Ils n'arrêtaient pas de promettre des choses et ne tenaient jamais leur parole », accuse un membre de l'équipe Gomes. Selon lui, Nangaku n'aimait pas la confrontation : « Il disait toujours "oui" en face, puis envoyait un de ses sbires pour dire que, finalement, c'était "non"... On ne savait jamais exactement à quoi s'en tenir. » Même problème pour les grosses dépenses : « On demande l'autorisation pour un nouveau programme informatique... et ce sont des Japonais, là-bas à Tokyo, des gars qui n'ont jamais mis les pieds dans un casino, qui prennent la décision ! » Autre exemple : « Un gros client demande une extension de crédit d'un million de dollars. Le temps que Nangaku se décide, le type est parti jouer ailleurs ! » En outre, Masao Nangaku a apparemment fait intervenir à plusieurs reprises, dans la gestion du Dunes, des employés de sa société Minami qui a un projet purement immobilier de 80 millions de dollars au centre ville. « C'était parfaitement illégal : ces gars n'étaient pas agréés par la Commission », se plaint le collaborateur de Gomes. En février 1989, moins d'un an après son arrivée, Dennis Gomes quitte le Dunes pour diriger le Golden Nugget de Steve Wynn : 1 900 chambres et un casino haut de gamme, *downtown* Las Vegas.

Nangaku recrute alors des managers plus malléables... Et le Dunes se met à perdre gros : près de 2 millions de dollars par mois, d'après les initiés. « Pas étonnant, commente Timothy Dougall de l'Aladin, les casinos, c'est comme les voitures : ceux qui marchent le mieux sont ceux qui ont été bien entretenus, sur lesquels on a constamment réinvesti. » Alors, d'après certains observateurs, Masao Nangaku se résoudra, un jour ou l'autre, à vendre. Pas du tout, réplique son avocat Joseph Brown, du cabinet Jones, Jones, Close-&Brown. « Mon client se bat avec une main derrière le dos... Le Dunes est une vieille propriété, qui a un sérieux besoin d'investissements. Nous avions un plan d'expansion et de rénovation sérieux. Mais il est suspendu à l'obtention d'une licence de jeu inconditionnelle. » Sans elle, difficile d'obtenir des crédits auprès des banques. Nous sommes alors en mai 1990, et la licence temporaire de Masao Nangaku vient à expiration à la fin de l'année.

Les deux autres Japonais de Las Vegas n'ont pas davantage fait leurs preuves dans l'industrie du jeu. Katsuki Manabe a très bien réussi dans son métier d'origine : sa compagnie, Sigma Game, a grignoté une bonne part du marché américain des machines à sous. Le maire de Las Vegas, Ron Lurie, est d'ailleurs devenu son représentant local. Mais l'investissement récent de Manabe dans le Park Hotel a été de courte durée. Il a vite revendu à un professionnel du cru, Robert Snow. À entendre Timothy Dougall, il n'a peut-être pas eu tort. « C'est loin d'être le meilleur site de la ville. Les joueurs n'ont aucune raison de descendre là-bas. »

Sukeaki Izumi est peut-être celui qui a les meilleures chances de succès. Cet opérateur d'Osaka, qui a déjà des hôtels en zone américaine, à l'île de

Guam, a rouvert l'ancien Polynesian Hotel de Las Vegas sous le nom de San Remo. Le casino jouit d'un site prometteur : à côté de l'Excalibur, le délire médiéval multicolore ouvert en juin 1990 par les propriétaires du célèbre Circus Circus, et juste en face du futur parc d'attractions Metro Goldwyn Mayer, à l'hôtel Marina. Contrairement à ses collègues japonais, Izumi, lui, compte vivre complètement à Las Vegas. Il a obtenu une licence de jeu illimitée et semble avoir embauché un management expérimenté. « Il n'y a pas de fatalité à l'échec des Japonais dans l'industrie du jeu », estime Dennis Amerene. Mais il y a un impératif : ils doivent, comme à Hollywood, s'assurer des services d'*insiders*, pour s'immiscer dans le réseau exclusif des *Old Boys*. Et les gars capables de gérer un gros casino sont aussi difficiles à dégoter que les capitaines capables de piloter une *major* du cinéma.

Éternels visiteurs

Las Vegas est sans doute un univers particulièrement difficile à pénétrer, même pour des Américains. Il reste que les Japonais, eux, sont singulièrement mal placés. D'une manière générale, ils parviennent moins bien que les autres expatriés à épouser le style de vie « à l'américaine ». Écrasés de travail, peu familiers du mode de vie occidental, la plupart des cadres japonais en poste aux États-Unis mènent une existence très « nippone » : tournée tout entière vers le labeur et, quand il reste du temps, la famille. Les « ghettos japonais » dans le tissu social américain sont à la vie des individus ce que les échecs nippons dans certains secteurs industriels sont à la vie des entreprises : c'est l'envers de la même médaille de l'inadaptation.

18 heures, vendredi 27 avril 1990. C'est l'heure de pointe sur les routes d'Orange County : les Californiens regagnent leurs maisons des banlieues résidentielles. Sur les autoroutes autour de Torrance, Carson, Gardenia, au moins deux voitures sur trois... et deux conducteurs sur cinq sont Japonais. Ce comté du sud de Los Angeles est devenu le fief de l'implantation nippone en Californie du sud. Dans les années 60, il comptait moins de 100 entreprises; aujourd'hui, elles sont plus de 1 000. Au volant de sa voiture, Ken Mohri, ingénieur chez Nissan, roule au pas, de son bureau de Carson vers Rancho Palos Verdes, une quinzaine de kilomètres au nord-ouest. Ken, 33 ans, occupe avec sa femme une maison spacieuse dans un lotissement haut de gamme, perché sur une colline dominant le Pacifique. En poste pour 4 ou 5 ans aux États-Unis, il dit apprécier la vie à l'américaine..., mais il évolue en réalité dans un univers très japonisé. Ken Mohri est entré chez Nissan en 1980, juste après avoir obtenu son diplôme d'ingénieur. Avant d'être assigné aux États-Unis, début 1989, il n'était allé que deux fois à Hawaii. Ce qui lui plaît ici? « La grande maison, explique-t-il dans un anglais hésitant. Et aussi le sport : golf, tennis, yachting... » Ken dit travailler moins qu'au Japon, profiter davantage de ses week-ends et bénéficier d'un niveau de vie plus élevé.

Son épouse sert le café avec des biscuits et demande timidement la permission de se joindre à la conversation. Que fait-elle de ses journées? Elle prend, avec les autres femmes nippones, des cours d'anglais et d'arrangement floral à la japonaise organisés par la ville de Torrance. Elle conduit, mais pas sur les autoroutes. Elle ne sort jamais seule de la communauté de Torrance. « Los Angeles, *downtown*, c'est dangereux, explique Ken. Ma femme est habituée au Japon, qui est un pays sûr. » Issus d'une société ethniquement monolithique, où le crime de rue est presque inexistant, les Japonais considèrent les États-Unis comme le pays de tous les dangers. « Trop d'individualisme a brisé la solidarité et engendré la solitude. On n'est pas en sécurité dans la rue. Les vieux sont délaissés », constate Yu Yamada, un financier de Yamaichi Securities, détaché chez son partenaire new-yorkais Lodestar.

Le couple Mohri affirme ne pas regretter la vie au Japon. Il faut dire que Ken et sa femme ne sont pas trop dépaysés. Ils ont surtout des amis japonais. Passé la première curiosité pour les hamburgers et les tacos, ils achètent de la nourriture japonaise dans des supermarchés japonais. Quand ils sortent, ils vont au restaurant japonais. Ils se font soigner par des médecins japonais à l'hôpital japonais de Torrance. Leurs loisirs ? Les Mohri aiment aller pique-niquer pour voir du pays. Elle a déjà visité deux fois Disney Land. Mais ni Ken ni son épouse ne maîtrisent assez l'anglais pour lire les journaux américains. Quant à la télévision, ils se limitent à la chaîne câblée... qui retransmet des films en japonais et diffuse le journal télévisé japonais. Les Mohri ont bien essayé d'aller au cinéma, voir les dernières superproductions hollywoodiennes. Mais ils avouent ne pas avoir compris grand-chose à *Indiana Jones* ou *Retour vers le futur II*. « Nous sommes juste des visiteurs, constate Ken. La société américaine est très différente. »

Les Mohri aiment apparemment les États-Unis, non pas tant pour ce que le pays a de spécifique, mais parce qu'ils y mènent la même vie qu'à Tokyo... en mieux. Leur isolement ne tient pas seulement à leurs difficultés en anglais, ou au fait qu'ils ne sont là que depuis un an. Yutaka Sekine, 30 ans, qui travaille depuis deux ans pour le groupe Marubeni à Los Angeles et s'exprime avec davantage d'aisance, décrit le même type de vie. 7 heures, réveil dans sa maison de Torrance. Autoroute. 8 h 30, arrivée à son bureau, au centre de Los Angeles, où il s'occupe principalement de l'importation des voitures Nissan aux États-Unis. Il y reste jusqu'à 22, quelquefois 23 heures : les fins de journée sont en général consacrées à communiquer avec Tokyo. Plusieurs fois par semaine, quand Yutaka a des visiteurs du Japon, c'est la tournée inévitable des dîners et des bars chantants, les *karaoke bars*, qui se poursuit jusqu'à des heures avancées. Banquettes en skaï, atmosphère enfumée (les Japonais n'ont pas non plus suivi la croisade californienne antitabac), langues déliées par les verres de bière et de saké. Chaque grande ville américaine a ses « circuits » japonais : à Los Angeles, les bars Utage et l'hôtel New Otani ; à Manhattan, les clubs Albatross, Kaoru et Gin-Ray, les restaurants Mitsukoshi ou Shimbashi...

Au cœur du réseau japonais de New York, se trouve le puissant Nippon Club. Il occupera les sept premiers étages de la Nippon Club Tower, en construction sur la 57e Rue, entre la 6e et la 7e Avenue. Au lieu de l'usuel *âllo*, la standardiste du Nippon Club gratifie d'autorité l'interlocuteur d'un sonore *moshi moshi*. À l'intérieur de ce lieu de rencontre exclusif pour businessmen japonais, règne une « atmosphère de bunker », souligne Jennet Conant dans *Manhattan Inc*. Le Nippon Club, facette sociale de la Chambre de commerce japonaise de New York, est à la fois un centre de pouvoir et une agence à tout faire pour expatriés. Il organise séminaires et conférences, fournit des informations sur le logement, les contacts d'affaires, les réseaux sociaux. Et débrouille pour les Japonais de New York et leurs épouses les difficultés de la vie quotidienne : des appartements aux voitures, des médecins aux écoles...

Les quelque 60 000 Japonais de la région et les 250 000 touristes nippons qui visitent New York chaque année n'ont pas de souci à se faire pour leur santé. Ils peuvent être soignés comme chez eux à la Japanese Medical Practice de la 34e Rue. La réceptionniste, les pancartes, les journaux de la salle d'attente sont japonais. Les médecins parlent japonais. Le tout est financé par un don de 1 million de dollars de la première compagnie d'assurances japonaise, la Tokio Marine and Fire, au centre médical Beth Israel.

Les Japonais ont une autre préoccupation prioritaire : l'éducation des enfants. Le Nippon Club a fondé l'Institut japonais d'éducation, responsable d'une école japonaise du week-end, qui compte, en 1990, plus de 4 500 élèves. D'une manière générale, les localités américaines à forte population japonaise offrent presque toutes aux élèves nippons des cours complémentaires, notamment en mathématiques. C'est la petite ville de Sweetwater, dans le Tennessee, qui a vu s'ouvrir en 1989 le premier lycée entièrement japonais du pays. Pour des droits annuels de 19 000 dollars, les cadres nippons en poste aux États-Unis peuvent s'assurer que leurs enfants adolescents reçoivent, à la Tennessee Meiji Gakuin, l'enseignement qui les préparera à la compétition féroce pour l'admission aux grandes universités nippones. Fin mai 1989, certains critiques ont manifesté leur mécontentement à la manière du vieux sud à l'époque du Ku Klux Klan : en brûlant une croix sur le seuil du nouveau lycée japonais. Mais les autorités du Tennessee, qui se sont donné de la peine pour attirer dans l'État plus de 70 entreprises japonaises, ont au contraire accueilli la création de TMG en fanfare...

USA blues

« Ici, on profite mieux de la vie qu'au Japon », explique Yutaka Sekine de Marubeni-Los Angeles.

D'un point de vue occidental, la vie d'un cadre nippon aux États-Unis tient pourtant un peu de celle du moine ou du soldat. Comme au Japon, son existence et celle de sa famille est presque entièrement soumise aux diktats de son entreprise. C'est Marubeni, Nissan ou Mitsubishi qui décide si tel employé va en poste aux États-Unis, quand il y part et combien de temps il y reste. « Il y a encore quelque temps, les épouses n'étaient pas autorisées à rejoindre leurs maris à l'étranger avant une période d'un an », raconte un des expatriés de Mitsubishi-Los Angeles. L'attente a récemment été ramenée à trois mois et demi. En revanche, que le jeune cadre et sa famille aient ou non le mal du pays, Mitsubishi ne leur paiera un billet d'avion pour des vacances au Japon qu'au bout de trois ans d'Amérique.

Tous les émissaires de la grande industrie japonaise en poste aux États-Unis ne sont d'ailleurs pas aussi enthousiastes que Ken Mohri ou Yutaka Sekine. Taro Hashimoto, 31 ans, un financier de Nomura en formation chez son allié américain, la banque d'affaires Wasserstein-Perella, trouve plutôt rude le passage à l'univers de Wall Street. En moyenne le jeune banquier nippon quitte son bureau le soir à 22 heures... et il est très fréquent qu'il vienne travailler le samedi et le dimanche. Il habite avec sa femme et ses deux jeunes enfants à Fort Lee, le « village japonais » du New Jersey. « Là-bas, explique-t-il, le décalage culturel n'est pas trop important. » Mais sa vie professionnelle est beaucoup moins facile que celle de ses collègues travaillant dans un environnement japonais. « Je ne parle pas un anglais assez élaboré pour exprimer des concepts et des stratégies complexes. C'est frustrant », confie Taro... Son anglais est pourtant remarquable : gamin, il a passé trois ans dans une école américaine de Berne. Plus tard, il a étudié un an et demi en Angleterre.

Certains Japonais en poste aux États-Unis supportent si mal le décalage socioculturel qu'ils supplient leur hiérarchie de les rapatrier. En désespoir de cause, ils vont consulter un psychiatre. Le docteur Yukio Ishizuka de Rye, dans l'État de New York, aide ainsi un nombre croissant de cadres japonais à lutter contre le stress. Leurs épouses ne sont pas mieux loties : nombre d'entre elles souffrent d'avoir interrompu leurs études ou leur carrière au Japon. Elles sont coupées du réseau de leurs parents et de leurs amis. Dans les grandes villes, comme New York ou Los Angeles, elles se retrouvent entre elles, mais craignent souvent pour leur sécurité et celle de leurs enfants. À Normal, en Illinois (Mazda), ou à Georgetown dans le Kentucky (Toyota), le mode de vie est plus décontracté, mais l'isolement encore plus total et l'intégration à « l'Amérique profonde » plus difficile.

Les États-Unis sont pourtant, d'après un sondage du ministère japonais de la Santé, un des pays au monde les plus « supportables ». Les expatriés nippons souffrant de maladies liées au stress sont plus nombreux au Moyen-Orient (39 %), en Europe de l'Est (32 %) et en Asie (30 %). *A contrario* 18 % seulement des Japonais vivant dans des pays anglo-saxons (États-Unis, Canada, Australie) déclarent avoir du vague à l'âme.

D'ailleurs, une fois l'adaptation réalisée, beaucoup de Japonais en poste aux États-Unis connaissent l'appréhension du retour. Après 4 à 5 ans de séjour, la réacclimatation au mode de vie japonais est difficile pour tous. Le cadre nippon est inquiet pour sa carrière : « Travailler ici enrichit mon expérience, mais ne représente en aucun cas une opportunité de promotion », explique Yutaka Sekine de Marubeni. « Je souhaite rester aussi longtemps que possible à Los Angeles, confie également le jeune cadre de Mitsubishi. Mais si je reste trop longtemps, il n'y aura pas de place pour moi au retour. » C'est que, dans l'univers nippon de l'entreprise, un séjour prolongé à l'étranger prive du soutien de la *dokikai*, la fraternité des collègues embauchés en même temps que vous. Dans un univers socioprofessionnel essentiellement régi par les réseaux d'amitié, qui se forment à l'université et se prolongent dans les sociétés, cela peut nuire aux futures affectations et à l'avancement. L'épouse, elle, retrouve parfois sans plaisir la vie très réglée de la femme nippone qui, pour avoir évolué, reste tout de même beaucoup moins « émancipée » qu'en Occident. Quant aux enfants, s'ils ont vécu longtemps en Amérique, ils n'ont pas, comme leurs camarades restés au pays, intériorisé les règles de bonne conduite et le culte de la discipline. Ils ont l'esprit critique, posent trop de questions et n'ont pas le sens de « ce qui se fait », ce qui leur vaut d'être souvent ostracisés à l'école comme les *gaijin* qu'ils sont devenus.

Pour régler ce qui devenait un problème de société, le gouvernement japonais a d'ailleurs dû établir des classes spéciales pour les jeunes « décalés »; il facilite par une politique de quotas leur accès aux grandes universités japonaises. Reste que la famille japonaise, de retour, doit vivre plus modestement : réintégrer les petits appartements de la grande banlieue, se réhabituer aux longues heures gaspillées dans les transports en commun, subir comme un mal nécessaire la vie chère qui subventionne l'expansionnisme économique de leur pays. En dépit de ces difficultés, relativement peu de jeunes cadres japonais, même ceux qui ont étudié dans une université américaine, envisagent de rester aux États-Unis ou de travailler pour un groupe américain : il s'agirait pour eux d'un choix irréversible.

Les cadres japonais qui se laissent tenter par les

offres généreuses des groupes étrangers, bien qu'en nombre croissant, sont un peu considérés comme des parias. Le point de vue de Yutaka Sekine est à cet égard représentatif : diplômé en économie de la prestigieuse Université de Tokyo, Yutaka est entré chez Marubeni en 1983, dans le département du transport maritime, puis il a été assigné au département automobile. Ayant étudié l'anglais au collège, il a été envoyé à Los Angeles. Changer d'employeur ? « Cela ne se fait pas, tranche-t-il. À moins que ce soit pour reprendre l'affaire familiale. » Même si l'emploi à vie n'est plus, au Japon, une règle d'or, le changement d'entreprise reste mal vu. *A fortiori* si l'on « trahit » pour une firme non japonaise.

De fragiles petites graines

Les Japonais, se rendant compte du handicap sérieux que représente leur isolationnisme, sont très désireux de donner à leurs étudiants et leurs jeunes cadres une plus grande ouverture sur la culture américaine. Ainsi les grandes entreprises prennent-elles la peine d'envoyer de plus en plus de jeunes gens étudier dans les universités américaines. Les Japonais comptent à présent pour plus de 5 % dans les effectifs des grandes *business schools* américaines, et 12 % des élèves du prestigieux Massachusetts Institute of Technology (MIT) de Boston. Entre 1985 et 1990, le nombre de Japonais candidats à l'obtention d'un MBA (*Master in Business Administration*) a quasiment triplé, pour atteindre près de 4 000. Les trois quarts d'entre eux sont subventionnés par une entreprise nippone : NEC, Sumitomo, Toshiba inscrivent chaque année 10 à 20 de leurs cadres inexpérimentés dans ce type de programme. Dans les écoles cotées comme Cornell, les Japonais atteignent 10 % du total des candidats à l'admission. Mais les firmes japonaises envoient leurs recrues dans les écoles de commerce américaines moins par admiration pour le système d'enseignement... que pour leur apprendre à décoder cette société étrangère, à se familiariser avec cette culture incontournable. Pour les étudiants japonais, plaisantait un récent article de *Newsweek*, le sigle MBA signifie *Mastering Being in America* : apprendre à vivre aux États-Unis. Interrogés, certains étudiants nippons avouent d'ailleurs avec candeur que leur but est moins de savoir lire un bilan que de se faire un ami américain et comprendre ce qu'il pense.

Les *business schools* américaines, de leur côté, en retirent deux avantages : elles remplissent sans mal leurs classes et acquièrent une coloration plus internationale. Certaines d'entre elles lancent même des programmes d'échange avec des institutions nippones. L'Amos Tuck School of Business de Dartmouth est celle qui a été le plus loin, en organisant un programme de MBA au sein de l'International University of Japan, au nord de Tokyo. Cette dernière a par ailleurs ouvert une branche de son campus près de l'Université de Willamette en Oregon. Et la prestigieuse Stanford University de San Francisco, envoie certains de ses candidats au MBA étudier le business japonais sur le terrain, à Kyoto.

Ce type de coopération est à la mode : soucieux d'exposer leurs jeunes à l'influence américaine tout en maintenant des critères d'éducation stricts, les institutions nippones se lancent dans l'achat partiel ou la prise de contrôle de lycées et de campus américains en mal de capitaux. En 1988, le lycée Warner Pacific de Portland (Oregon) a vendu 49 % de son campus à une école de langues japonaise, Amvic International, qui, en retour, lui a consenti des prêts importants. L'Université Philipps d'Enid

(Oklahoma) a, au contraire, décliné la proposition d'une institution japonaise qui offrait de l'acheter pour 24 millions de dollars.

L'Université de Teikyo a acheté au Regis College de Denver un de ses six campus, pour 7 millions de dollars. Elle le gère et recrute des étudiants japonais, tandis que le lycée américain garde la haute main sur l'enseignement. Mais c'est avec le Salem College de Virginie de l'Ouest que Teikyo a réalisé l'expérience de fusion la plus aboutie. Pour une vingtaine de millions de dollars, l'Université de Teikyo, qui compte 20 000 étudiants au Japon, a pris une participation dans cet établissement américain plus que centenaire, que la désaffection avait presque contraint à fermer ses portes. Le vénérable bâtiment de brique rouge posé sur sa pelouse émeraude entame aujourd'hui une seconde carrière : la nouvelle université Salem-Teikyo accueillera, d'ici 5 ans, 500 étudiants américains et 500 étudiants « internationaux » (surtout Japonais). Salem-Teikyo « reste une institution américaine », a souligné son président, Ronald Ohl. Son conseil d'administration comprend 3 Japonais et 2 Américains. Les cours s'effectuent en japonais et en américain, avec un programme qui insiste pour les Américains sur les études asiatiques, et pour les Japonais sur l'histoire et la civilisation américaines. Ces efforts de convergence culturelle restent cependant marginaux : de petites graines fragiles dans le vaste champ des incompréhensions, des malentendus et des préjugés trans-Pacifique.

9

LOBBY BUSINESS

Les stratégies d'influence

Vendredi 20 octobre 1989. Le jet privé en provenance de Los Angeles amorce sa descente sur l'aéroport de Tokyo-Narita. À bord Nancy, Ronald Reagan et leur entourage. L'ancien président des États-Unis restera huit jours. Il est extrêmement populaire au pays du Soleil levant, où il incarne à la fois l'image d'une Amérique forte et le souvenir d'une époque où les relations trans-Pacifique étaient plus cordiales : personne au Japon n'a oublié le tandem « Ronnie-Yasu » que formait le président américain avec l'ancien Premier ministre japonais Yasuhiro Nakasone. Du coup, le gouvernement japonais fera honneur à Reagan en lui remettant le Grand Cordon de l'Ordre suprême du Chrysanthème, une décoration très spéciale, accordée seulement par le passé à l'ancien président Dwight Eisenhower. Mais Reagan ne vient pas uniquement en hôte officiel : il est l'invité du groupe de communication Fuji Sankei et de son fondateur Nobutaka Shikanai.

Les Reagan habiteront la maison d'amis de Shikanai, située dans un immense jardin-musée, dans les montagnes du sud-ouest de Tokyo. Ils assisteront à un concert géant à Yokohama, où Fuji Sankei fait venir pour une nuit Perry Como et Placido Domingo. Ils participeront à la remise des premiers *Praemium*

Imperiale, l'équivalent japonais du prix Nobel pour les Arts, créés par Fuji Sankei. Ronald Reagan en profitera pour lever de l'argent auprès des industriels japonais pour sa bibliothèque présidentielle en Californie...

Il ne s'agit pas d'un voyage d'agrément : les Reagan sont payés 2 millions de dollars par leur hôte, qui dépensera au total 6 à 8 millions de dollars pour l'organisation des festivités. Nancy et « Ronnie » doivent, bien sûr, « travailler » afin de justifier ces honoraires. Pendant leur séjour, ils se produisent en exclusivité pour les médias du groupe : ils accordent des interviews au quotidien *Sankei Shimbun*, sont écoutés sur *Nippon Hoso*, le premier réseau radiophonique du pays et apparaissent maintes fois sur la chaîne populaire *Fuji Television*. Fuji Sankei fait ainsi d'une pierre deux coups : il assure sa propre promotion à travers Ronnie et contribue, à sa façon, à une détente dans les relations entre les deux pays.

Car Ronald Reagan — comment s'en étonner? — n'a pas tenu au Japon des propos de nature à embarrasser ses hôtes. Il a applaudi à l'acquisition de Columbia Pictures par Sony : « Hollywood a besoin des étrangers pour ramener sa production cinématographique à la décence et au bon goût. » Il a dénoncé les dégâts causés par les « protectionnistes » de Washington. Il a mis l'accent sur l'amitié nippo-américaine et la nécessité d'œuvrer pour raffermir la coopération bilatérale. C'est à peine si l'ancien président a mentionné le dernier jour, « en tant qu'ami », le fait que les Américains n'étaient « pas aussi patients que les Japonais » et qu'ils ne pensaient pas bénéficier d'un accès « loyal » au marché nippon...

Le voyage de Reagan n'est pas passé inaperçu de l'autre côté du Pacifique. Deux millions de dollars, murmurait-on dans les cocktails washingtoniens :

tout de même, il exagère ! Cette somme peut paraître élevée, commente ironiquement Clyde Prestowitz dans le magazine *Business Tokyo*, mais c'est après tout une bien modeste commission pour celui qui a vendu l'Amérique aux Japonais. Le séjour japonais des Reagan fait du bruit, parce que c'est l'ancien président et que les sommes en jeu sont sur la place publique. Imagine-t-on Valéry Giscard d'Estaing payé 12 millions de francs pour faire l'apologie des Japonais à Tokyo ? Cette généreuse diplomatie de l'invitation n'a cependant rien de nouveau ni d'exclusif. Parlementaires, fonctionnaires, journalistes, universitaires... Tous ceux qui ont de l'influence sur la politique japonaise des États-Unis en bénéficient largement.

Il ne s'agit d'ailleurs que de la partie émergée de l'iceberg : pour défendre ses intérêts aux États-Unis, pour se façonner une image favorable, pour se faire des alliés locaux, le Japon s'est lancé depuis quelques années dans un effort de relations publiques et de lobbying colossal. Budget estimé : quelque 400 millions de dollars par an, davantage que tous les pays d'Europe réunis. Tokyo séduit les hommes d'affaires, soigne les politiciens, cajole la presse et tâche d'influencer en sa faveur universitaires et enseignants américains. Une activité de grande envergure qui, à l'instar de l'effort industriel nippon, est systématique, coordonnée et de long terme. Au point que certains, à Washington, commencent à se demander si le yen ne pervertit pas gravement le jeu politique américain. La polémique doit être remise en perspective : ceux qui, aux États-Unis, dénoncent la « propagande » japonaise ont peut-être oublié avec quelle détermination l'impérialisme américain a, lui aussi, utilisé ce genre de technique pour porter « la bonne parole » dans certains pays d'Amérique latine, au-delà du rideau de fer, en Europe de l'Ouest.. et, bien sûr, dans le Japon occupé de l'après-guerre. Le débat sur le bien-fondé de l'influence nippone aux États-Unis n'en est pas moins instructif, au moment où s'organisent à Bruxelles les bases d'un lobbyisme professionnel.

A Washington comme à Jakarta !

« Certains journalistes en viennent à justifier le Japon à travers la défense du libre commerce ! », s'insurge Pat Choate. En cette matinée ensoleillée de juin 1990, l'analyste politique du conglomérat industriel TRW, un homme jovial au visage rond sous un collier de barbe soigné, arbore un sourire avenant et une paire de bretelles de couleur vive. Son bureau, au 23e étage d'une tour d'Arlington, domine le Potomac et, au-delà, Washington. Auteur de nombreux livres sur la compétitivité américaine[1], familier des émissions télévisées, des enceintes politiques et des colonnes éditoriales, Choate nage dans la jungle américaine du pouvoir comme un poisson dans son bocal. Il est ce que la presse appelle un « marchand d'idées ». Sur la question japonaise, Choate est aussi, avec Clyde Prestowitz, l'un des principaux représentants d'une nouvelle école de pensée de plus en plus influente : celle des « révisionnistes », qui préconisent une politique économique moins complaisante envers l'allié asiatique. En ce mois de juin, Choate travaille depuis trois ans à un livre qui démonte les rouages de la machine de propagande nippone : *Agents d'influence*[2]. Ce chapitre emprunte beaucoup à son ouvrage.

Tandis que les États-Unis et l'Union soviétique

1. *The High Flex Society, America in Ruins, Being Number One.*
2. *Agents of Influence*, paru chez Knopf en septembre 1990.

emploient la propagande pour conquérir des avantages militaires et géostratégiques, le Japon en use pour renforcer sa position économique face à la concurrence. La machine politique japonaise aux États-Unis vise des objectifs très précis : garder les marchés ouverts aux produits nippons, faciliter les investissements japonais, empêcher que la politique commerciale de Tokyo ne soit critiquée, neutraliser l'influence politique des concurrents américains, infléchir la politique américaine envers le Japon; enfin, accélérer l'intégration des économies japonaise et américaine.

« La propagande des Japonais est articulée autour de six alibis clés », explique Choate. Ils justifient leurs investissements par l'argument de la création d'emplois qui n'est, selon l'auteur, qu'une illusion d'optique. Ils prétendent tous que les critiques du Japon sont racistes, ce qui muselle leurs détracteurs. « Qu'un interlocuteur s'oppose à leurs idées et il est immédiatement traité d'antijaponais ou de maccarthyste! Le *Japan bashing* existe et certains Américains sont effectivement racistes, concède-t-il, mais un grand nombre de ces accusations ne sont que des tentatives cyniques pour minimiser l'inquiétude américaine et différer toute initiative. » Les Japonais, poursuit Choate, affirment que l'Amérique est la seule à blâmer pour ses échecs commerciaux, faisant ainsi largement l'impasse sur leur propre protectionnisme. Ils justifient leur expansionnisme par l'inéluctable « globalisation » de l'économie mondiale. Ils défendent leurs barrières aux importations par le concept de l'« unicité » japonaise. Enfin, ils s'attachent à démontrer que le Japon est en pleine mutation.

En ce mois de juin, Pat a le regard espiègle du surdoué chahuteur. « Il y a beaucoup de gens, à Washington, qui vont m'en vouloir! » Son livre décrit en effet — noms et documents à l'appui — la manière dont l'argent japonais « achète » des personnalités américaines et corrompt le processus de prise de décision. Ce que l'auteur ignore encore, c'est qu'il aura droit, pour la sortie de son ouvrage, à une publicité inattendue... dont il sera le premier à faire les frais. Des personnalités japonaises avaient déjà tenté — en vain — de « tuer le bébé » en faisant pression sur les dirigeants de TRW qui a d'importants contrats au Japon. Ils reviennent à la charge en août 1990, expliquant aux supérieurs de Pat Choate qu'à moins que l'auteur ne démissionne, ils considéreront que son livre reflète le point de vue officiel de l'entreprise... Choate a dû s'exécuter.

Mais attention! l'auteur, qui a dans sa résidence washingtonienne un jardin japonais et une fresque murale du mont Fuji, ne se présente pas comme un ennemi de Tokyo. Les Japonais, explique-t-il, sont simplement l'outil le plus efficace pour dénoncer la corruption du système politique américain. « Avant la guerre du Viêt-nam, le service public était une fin en soi. Aujourd'hui, le gouvernement est dominé par des gens qui n'entrent dans l'administration que pour le carnet d'adresses... Pour pouvoir mieux se vendre ensuite comme mercenaires. » La carrière des personnalités nommées par la présidence dure en moyenne... 18 mois. C'est, bien sûr, parfaitement légal mais c'est faire preuve de bien peu d'éthique professionnelle.

Les Japonais ont apparemment décidé que le moyen de régler les difficultés commerciales bilatérales était d'établir des relations d'argent avec une partie de l'élite américaine. Pourquoi se priveraient-ils de cette stratégie d'influence? Plus de 110 membres du *Who's Who* politique américain sont aujourd'hui au service d'intérêts nippons. « Les Japonais s'amusent en privé de ce qu'à Washington, l'influence soit aussi facile à acheter qu'à Jakarta ! », aime à répéter Clyde Prestowitz. À preuve : depuis 1972, la moitié des officiels du bureau de l'USTR[1], un bon tiers des négociateurs commerciaux américains et tous les avocats conseillers du gouvernement sur le commerce — sauf un — travaillent pour des intérêts étrangers, essentiellement japonais.

Le clan des critiques cite le plus souvent trois anciens négociateurs commerciaux : William Eberle, dont la firme Manchester Associates travaille pour Nissan ; William Brock, conseiller de Toyota et Robert Strauss, dont le cabinet d'avocats représente Fujitsu et Toyota. « Des anciens de l'USTR conseillent les Japonais sur la meilleure manière de ne pas respecter l'accord bilatéral sur le commerce de semi-conducteurs et tout le monde trouve cela normal, s'indigne Michael Maibach, lobbyiste de la firme Intel. Qu'est-ce que les gens diraient si le Kremlin engageait Caspar Weinberger pour faire du lobbying à Washington sur le désarmement ? »

Les Japonais apprécient également beaucoup les services des anciens de Capitol Hill ou de la Maison Blanche : Robert Gray, qui travaillait avec Eisenhower ; Leonard Garment et Stanton Anderson, qui assistaient Nixon ; l'ancien conseiller de Carter pour les affaires intérieures Stuart Eizensteit... En décembre 1989, quand les démocrates se choisissent un président, les candidats pressentis — Ron Brown, Jim Jones et Michael Barnes — représentent tous des firmes japonaises, souligne John Judis dans *The New Republic*[2].

1. *United States Trade Representative :* le représentant spécial de la Maison Blanche pour le commerce exerce, de fait, les fonctions d'un ministre du Commerce extérieur.

2. « Yen for Power », *The New Republic*, 22 janvier 1990.

Le rôle de ces *insiders* passés au service des Japonais consiste le plus souvent à ouvrir les bonnes portes. James Lake de la firme de lobbying Robinson, Lake, Lehrer & Montgomery, a par exemple passé des années à « vendre » à ses clients japonais — Mitsushi Electric et l'Association nippone des fabricants de pièces détachées automobiles — son amitié avec Clayton Yeutter, alors représentant spécial de la Maison Blanche pour le commerce. James Lake a aussi des relations à la Maison Blanche : il était porte-parole de Ronald Reagan dans les campagnes de 1980 et 1984 et conseillait George Bush lors des dernières présidentielles. « L'idée que Bush prenne pour conseiller un homme qui continue à recevoir de grosses commissions de firmes japonaises est révoltante », avait peu après la campagne tempêté Owen Bieber, le leader du syndicat américain des travailleurs de l'automobile[1].

James Lake s'est vivement insurgé contre ces accusations : « Je n'ai jamais demandé à Clayton Yeutter, ou à qui que ce soit, de faire quelque chose qui ne soit pas dans l'intérêt de ce pays », a affirmé le lobbyiste à maintes reprises. En ce mardi 5 juin 1990, installé dans son bureau, non loin de la Maison Blanche, il explique sa philosophie de l'intérêt national : « Nous vivons dans une société pluraliste et démocratique où tout un chacun a le droit de se faire entendre, qu'il soit républicain ou démocrate, pro ou anti-avortement, américain, européen ou japonais... » Ceux qui prétendent le contraire sont « des hypocrites, des protectionnistes ou des racistes ». Au-dessus de sa cravate framboise écrasée, son regard bleu lance des éclairs. « Dans cette histoire, les Japonais sont comme d'habitude les boucs émis-

1. *Business Week*, 11 juillet 1988.

saires : les entreprises américaines ne se privent pas non plus de s'offrir des anciens fonctionnaires. Et — croyez-moi — les constructeurs automobiles américains dépensent en lobbying davantage d'argent que les Japonais ! »

James Lake touche là un point sensible : nombre de détracteurs du lobby japonais estiment en effet que les firmes étrangères ne devraient pas bénéficier à Washington des mêmes accès que les entreprises américaines. « Après tout, argumente Michael Maibach d'Intel, les anciens fonctionnaires américains profitent d'une expérience acquise avec l'argent des contribuables. » Il estime anormal que « le système américain de pouvoir et de contre-pouvoir, conçu pour réconcilier les intérêts variés de nos citoyens, soit maintenant utilisé par des ressortissants et des gouvernements étrangers. »

Une des grandes forces des émissaires du Japon à l'étranger est pourtant tout à fait anodine : c'est la récolte et l'exploitation systématique de l'information publique, surabondante aux États-Unis. L'ensemble des agents payés par le Japon forme à cet effet un formidable réseau de collecte de renseignements qui recueille, analyse, dissèque, trie et répercute toute information de nature à peser sur la stratégie nippone. Les décideurs japonais savent ainsi où les décisions sont prises, quelle est la position de chaque institution, quels arguments doivent être utilisés auprès de qui... Au point que les managers et fonctionnaires nippons en poste à Washington sont quelquefois à même de court-circuiter des décisions politiques à haut niveau... avant même que la plupart des fonctionnaires américains sachent de quoi il retourne. Certaines entreprises américaines hésitent même à fournir des informations confidentielles aux fonctionnaires américains, de peur qu'elles ne finissent aux mains de la concurrence japonaise.

L'art de la communication et du lobbying a plus d'une fois sauvé la mise aux entreprises nippones. L'affaire Toshiba illustre l'étendue de l'influence japonaise sur le Congrès. Juin 1987 : devant les caméras de la télévision, un groupe de Congressmen américains cassent au marteau des produits Toshiba. Il vient d'être révélé qu'une des filiales de la firme japonaise a vendu à l'URSS un appareillage sophistiqué pour sous-marins nucléaires. Coût estimé côté américain pour contrecarrer cette percée technologique : 30 milliards de dollars... Par mesure de rétorsion, le Sénat vote alors comme un seul homme (par 92 voix contre 5) l'interdiction totale d'importation de produits Toshiba pendant trois ans... Après deux ans et 10 millions de dollars de lobbying, Toshiba, qui a habilement fait monter en défense « ses » clients et « ses » politiciens américains, a réussi à éviter le pire. Chambre et Sénat limitent l'interdiction d'achat aux commandes publiques américaines passées à une seule filiale du groupe, Toshiba Machine. Le manque à gagner ne s'élève qu'à quelques millions de dollars, au lieu des 10 milliards envisagés. L'histoire des négociations nippo-américaines fourmille d'épisodes similaires : sur les exportations de camionnettes, sur le commerce du riz, sur l'ouverture du marché japonais de la construction...

Le Japon mobilise en permanence des armées de « mercenaires » américains sur des batailles moins visibles mais plus décisives encore : en 1989, le lobby japonais de l'électronique a ainsi engagé toute son énergie dans la lutte contre les subventions publiques à un projet américain pour la télévision haute définition... Le Secrétaire au Commerce, Robert Mosbacher, d'abord farouche défenseur d'un soutien public à une industrie américaine de la TVHD, a fini par jeter l'éponge. En 1990, les « amis » des Japonais ont convaincu la Maison Blanche de ne pas citer à nouveau le Japon comme partenaire commercial « déloyal », au titre de la loi sur le commerce. Les Japonais jouent à chaque fois sur du velours : d'une part, ils utilisent à fond les rivalités entre institutions, notamment les points de vue souvent divergents du Département du Commerce et de l'USTR. D'autre part, les économies américains et japonaise sont maintenant tellement imbriquées que Tokyo trouve toujours des intérêts nationaux pour orienter le débat dans le « bon » sens qu'il s'agisse des concessionnaires de voitures, des importateurs de produits électroniques, d'Américains fabriquant sous licence ou de politiciens locaux bénéficiant des investissements nippons.

La « porte à tambour »

Le pouvoir du yen n'est pas toujours apparent, car il agit aussi comme une autocensure permanente sur les fonctionnaires. La perspective de gagner 200 000 dollars par an à travailler pour les Japonais quelques années plus tard retient certains fonctionnaires en poste de nuire aux intérêts nippons. Les trois principaux responsables de l'USTR ont par le passé travaillé pour des Japonais, souligne le *Wall Street Journal*[1]. La famille de la représentante spéciale pour le commerce, Carla Hills, est célèbre pour ses amitiés japonaises. Son époux, Roderick, était jusqu'à il y a peu consultant pour le groupe Itoh & Co. Carla, elle-même, a autrefois conseillé Matsushita. Et sa fille, Laura, avocate, défend un industriel japonais de machines à écrire contre une plainte anti-*dumping* de la concurrence. De plus, un des

1. Jill Abramson, Eduardo Lachica, « Familiar Faces », *Wall Street Journal*, 23 février 1990.

adjoints de Carla, Julius Katz, vient du groupe de relations publiques Hill & Knowlton, qui travaille pour au moins 25 firmes étrangères (dont Toyota, Hitachi et le Japan Trade Center). « Compte tenu des précédents, insiste Pat Choate, il y a de fortes chances pour que ces hauts fonctionnaires retournent ensuite travailler pour les Japonais. » À Washington, ces allées et venues fréquentes entre le public et le privé ont un nom : c'est le principe de la « porte à tambour » *(revolving door)*.

« J'ai effectivement des amis japonais, a sèchement répondu Carla Hills aux questions indiscrètes du *Wall Street Journal*. J'ai des amis français. J'ai des amis noirs... Et il est hors de question que je sois mise en demeure de justifier tous mes amis qui ne vous ressemblent pas ! » Carla Hills est du reste prudente : elle a pris un certain nombre de précautions pour éviter les conflits d'intérêts... Un de ses proches collaborateurs riposte violemment à ces insinuations : « C'est une campagne mesquine aux arguments creux, affirme-t-il avec tristesse. D'une part, nous avons été plus durs envers le Japon que toutes les administrations précédentes. D'autre part, les gens compétents sur ces questions ont presque tous travaillé pour les Japonais. L'administration doit-elle, au contraire, embaucher des débutants sans expérience ? »

Les soupçons envers Carla Hills tiennent peut-être, en l'occurrence, du procès d'intention. Mais les précédents fâcheux sont légion. En 1987, Robert Watkins, n° 3 au Département du Commerce, négociait un accord d'autolimitation avec les constructeurs japonais de pièces automobiles. « Je ne comprenais pas pourquoi il se faisait toujours avoir par les Japonais », confiera plus tard Marcy Kaptur, la représentante démocrate de l'Ohio, fief des industriels américains concurrents [1]. Elle ne le découvrira

1. Interviewée dans *60 minutes*, le 16 octobre 1988, sur CBS.

que plus tard : quand Watkins sera obligé de démissionner... parce que l'agence de presse AP révèle qu'il a envoyé plus de 500 *curriculum vitae* avec offres de service aux Toyota, Nissan et autres Mazda. Il y a aussi le cas de Wally Lenahan, un des principaux négociateurs américains sur le textile. Un vendredi de 1986, Lenahan démissionne ; le lundi suivant, il travaille pour un cabinet d'avocats représentant les intérêts des fabricants de Hongkong.

Après ces affaires, les règles du jeu ont été légèrement remaniées : les anciens fonctionnaires américains doivent désormais attendre un an avant d'exercer leurs talents comme lobbyistes auprès de leur ancien employeur et ils ne peuvent pas, en principe, toucher avant deux ans à des dossiers dans lesquels ils s'étaient directement impliqués. Mais leur carnet d'adresses, il est vrai, ne se périme pas en quelques mois. Certains types de fonctionnaires devraient-ils s'engager à ne jamais de leur vie exercer le métier de lobbyiste, que ce soit pour General Motors ou pour Toyota ? « S'ils ne sont pas prêts à ce sacrifice, c'est qu'ils ne sont pas faits pour ce type de carrière », affirme Pat Choate. Seules des règles aussi drastiques sont, selon lui, susceptibles de restaurer une certaine moralité dans le processus politique. « C'est le seul moyen d'être sûr que les décisions sont prises de manière vraiment indépendante : dans l'intérêt du pays... et non en fonction des ambitions privées de tel ou tel. »

D'autres observateurs sont plus nuancés. Vu les motivations mélangées des critiques du « lobby japonais » et les habitudes prises à Washington, de telles réformes relèvent évidemment de l'utopie. Il se pourrait cependant que, sans aller aussi loin, Capitol Hill accouche sous peu de règles plus strictes, à commencer par l'obligation de « publicité ». Actuellement, les lobbyistes travaillant pour des intérêts étrangers doivent être enregistrés auprès du ministère de la Justice : la loi, qui date de 1938, avait été créée pour identifier les agents de la propagande nazie. Mais, d'une part, cette obligation est peu respectée ; d'autre part, elle ne couvre ni les cabinets d'avocats ni les lobbyistes travaillant pour des filiales américaines d'entreprises étrangères.

Un acteur inattendu s'attache en tout cas à éclairer d'une vive lumière les tourniquets discrets de « la porte à tambour » : Charles Lewis, un ancien journaliste d'ABC et de CBS News a lancé en 1990 le Centre pour l'intégrité publique : une cellule d'études expressément créée pour enquêter sur les manquements de la fonction publique américaine aux lois élémentaires de l'éthique. À paraître : un annuaire critique des allées et venues de tous les hauts fonctionnaires de l'USTR et du Département du Commerce depuis 1974. « Le service public a été contaminé par l'esprit des années 80, affirme-t-il : Wall Street n'a pas le monopole du délit d'initié et de la cupidité. Washington est plein de Boesky et de Trump ! »

La politique du mégaphone

Les politiciens américains ne sont pas les seules cibles de l'offensive de charme de Tokyo. L'un des efforts majeurs des Japonais s'opère sur le terrain plus discret des *think tanks*, si caractéristiques du paysage américain. Ce que les Américains appellent des « réservoirs à idées » recouvre une grande variété d'organisations publiques ou privées qui peuvent être soit indépendantes, soit affiliées à des entreprises, des fondations, des ministères, des universités. Ces *think tanks*, qui fonctionnent comme des cellules de réflexion sur les grands thèmes politiques et économiques du jour, couvrent très largement le spectre idéologique américain. Chaque *think tank* regroupe un petit nombre de professionnels prestigieux qui, sur leurs sujets de prédilection, organisent des conférences et publient des études. Qu'il s'agisse de la libéralisation de la drogue, de la géostratégie du désarmement ou de la politique commerciale, ces rapports de spécialistes reçoivent un écho important dans la presse et viennent nourrir à jet continu les discours des politiciens, les projets de loi des parlementaires et les initiatives gouvernementales.

Quand, dans les années 70, la banque Sumitomo est venue voir la Brookings Institution (un des principaux *think tanks* d'obédience démocrate) pour lui proposer une donation de 1 million de dollars, le président d'alors a refusé ces capitaux venant d'un « lobby étranger ». Mais, dans les années 80, les fondations étant moins prospères et les entreprises moins généreuses, la collecte de fonds devient plus ardue... et l'argent japonais est accepté avec de moins en moins de scrupules. Comme les *think tanks* américains les plus conservateurs (American Enterprise Institute, Heritage Foundation...), la libérale Brookings Institution est maintenant partiellement financée par le yen.

Tokyo accorde une attention toute particulière à ce compost idéologique américain : depuis janvier 1989, l'ambassade du Japon à Washington s'est dotée d'un spécialiste exclusivement chargé de suivre les *think tanks*. Les bénéfices de ce type d'investissements peuvent être très directs : Toyota, principal bienfaiteur de la chaire Japon du Centre pour les études stratégiques et internationales, a par exemple son mot à dire dans la nomination des titulaires. Mais l'influence nippone est souvent plus subtile : le flot de yens ne vise pas à faire changer les universitaires d'avis. Il pousse systématiquement les idées compatibles avec la doctrine souhaitée. « Cela revient à donner un mégaphone à certains, et à forcer tous les autres à se taire », explique Pat Choate, qui dénonce vivement cette concurrence déloyale sur le marché des idées.

L'Institute for International Economics de Fred Bergsten, très écouté dans les coulisses du pouvoir, est par exemple accusé de jouer le porte-voix complaisant des thèses nippones. À l'origine, l'IIE était principalement financé par des fonds ouest-allemands dans le cadre du German-Marshall Fund. À partir de 1989, il a accepté des participations nippones. Pas étonnant, soulignent les critiques : Bergsten et ses collègues, puristes de l'économie de marché, publient régulièrement des études qui tendent à prouver que la faible pénétration des produits américains au Japon est davantage due au manque de compétitivité américain qu'aux barrières commerciales nippones. Arguments et chiffres de ces publications ont été abondamment repris par les administrations Reagan et Bush, soucieuses de contenir les tentations protectionnistes du Congrès. De même, le Comité pour le développement économique présente des liens quasi incestueux avec des institutions comme l'Association japonaise des cadres d'entreprises, la maison de titres Daiwa et le constructeur automobile Nissan. Comment s'étonner, dans ces conditions, que ses rapports bisannuels sur les relations commerciales Japon-États-Unis dénoncent la responsabilité du déficit budgétaire américain et déconseillent fermement l'adoption d'une position dure par rapport au Japon ?

Les « cadeaux » japonais sont tellement envahissants, constate John Judis dans *The New Republic*, que « le Japon a quasiment acquis le monopole des experts économiques ». Quand des membres de la Chambre des représentants ou du Sénat cherchent à se faire expliquer des questions complexes de politique commerciale, quand des instituts « indépendants » forment des panels pour guider un travail ponctuel, ils font le plus souvent appel... à des lobbyistes japonais. Les Eberle, Strauss et autres Walker occupent le terrain. Les universités, même de moyenne importance, n'échappent pas à l'influence japonaise : les chaires d'études japonaises sont le plus souvent dépendantes des cadeaux de « *Japan Inc.* ». La John Hopkins School of Advanced International Studies a une chaire Nakasone et le Centre pour les études et la coopération USA-Japon de l'Université de Vanderbilt étudie les transferts technologiques militaires entre les deux nations... grâce à des dons japonais. L'argent nippon finance d'une manière ou d'une autre « les trois quarts de la recherche sur le Japon effectuée aux États-Unis », estime Chalmers Johnson, un japonologue de l'Université de Californie-San Diego considéré comme le parrain du mouvement révisionniste américain.

Cette omniprésence pose, là aussi, des questions de transparence : la presse et le grand public considèrent le plus souvent les études des spécialistes des *think tanks* ou des universités comme des travaux indépendants. Des centres d'études comme le Japan Economic Institute of America (JEI) sont, sans que cela soit dit, de véritables organes de propagande. Fatigué des pressions éditoriales du ministère japonais des Affaires étrangères, l'ancien directeur du JEI, Robert Angel, a décidé de démissionner... « C'est une question très délicate, a-t-il expliqué : si vous demandez à quelqu'un financé par les Japonais si cela l'influence, il dira sans doute non. Si vous le traitez de menteur, il peut vous attaquer en justice[1]. » Autre exemple de controverse : *The Faces of*

1. « Japan's Clout in the US », *Business Week*, 11 juillet 1988.

Japan, un documentaire en deux parties, produit par l'organisme TeleJapan, partiellement financé par l'industrie japonaise. L'émission, extrêmement fidèle à la doctrine de Tokyo, a semble-t-il été diffusée sans les avertissements d'usage sur de nombreuses chaînes de télévision publiques américaines, ce qui biaise le débat. Une divulgation plus rigoureuse des affiliations des intervenants et de leurs sources de financement semble indispensable à une plus grande transparence des rapports de forces et des termes du débat.

Cette promotion raffinée vient, bien sûr, en complément d'une action d'information officielle musclée : en ligne de front, les nombreux diplomates de l'ambassade du Japon à Washington et des quinze consulats japonais aux États-Unis. Le puissant JETRO fonctionne également comme un porte-voix efficace de la doctrine officielle. Son bureau de New York et ses sept agences régionales convient l'intelligentsia américaine à de nombreuses réceptions et de fastueux banquets. Les hommes d'affaires nippons, « émissaires » du Japon, officient également sur le terrain à travers une bonne quinzaine de Chambres de commerce et plus de 20 Japan-America Societies. Celle de Los Angeles, particulièrement active, organise depuis quatre ans avec la Chambre de commerce et la Japan Business Association des rencontres informelles — le Club 5.01 — qui réunit Américains et Japonais, une fois par mois, à 17 h 01. Mais la « voix de Tokyo » passe également par de multiples canaux parapublics, comme la Japan Foundation gouvernementale (qui dépense 5 millions de dollars par an en programmes d'échanges culturels) ou la Fondation new-yorkaise US-Japan, financée par les chantiers navals nippons...

En plein cœur de Harlem, la Maison Clara Hale accueille les « enfants du crack » : des gosses, noirs pour la plupart, nés dépendants de cette forme de cocaïne fumable, parce que leurs parents en abusaient. La Fondation Honda a fait don de 50 000 dollars à cette institution. Elle a également initié à l'Université de Duke un système de bourse pour les minorités, les femmes et les défavorisés.

Honda, puis Matsushita ont été les premiers à créer des fondations tournées vers l'action sociale et humanitaire. Aujourd'hui, presque toutes les grandes entreprises et certaines banques nippones travaillant aux États-Unis se sont dotées de structures similaires. La Fondation Hitachi, née peu après, est la plus importante en termes de budget. Il est vrai que le géant nippon de la micro-électronique et de l'informatique avait des raisons particulières de se soucier de son image : en 1983, le groupe Hitachi avait reconnu avoir volé à IBM des secrets industriels. En 1985, il avait fait circuler parmi ses distributeurs un mémoire ordonnant de baisser les prix par tranches de 10 %... jusqu'à écraser la concurrence. La direction d'Hitachi, soucieuse de ne pas compromettre son expansion aux États-Unis, s'est alors attachée à effacer cette image mercantile. Un programme en trois parties, élaboré par la direction, prévoit l'augmentation des investissements directs à l'étranger, une intégration accrue des sous-traitants américains et la création d'une fondation philanthropique dotée de 20 millions de dollars.

« Au-delà de cette affaire, Hitachi, qui passait progressivement d'un rôle d'exportateur vers les États-Unis à un rôle de producteur sur place, a commencé à comprendre qu'une présence industrielle à long terme impliquait un changement d'attitude. La direction a dû réfléchir à la signification du terme responsabilité d'entreprise », explique le président de la Fondation Hitachi, Delvin Roy. La Fondation est installée dans une confortable maison de Washington, non loin du quartier animé de Dupont Circle. Roy, ancien de la Fondation Ford et vétéran de l'action philanthropique, se souvient des difficultés d'adaptation d'Hitachi : « Après avoir créé la Fondation, ils pensaient en avoir fini. J'ai dû leur faire comprendre que la philanthropie, cela ne se sous-traitait pas ; qu'on ne pouvait pas bâtir une image indépendamment de l'entreprise. » Sur ses injonctions, Hitachi semble avoir réalisé qu'il ne suffisait pas d'injecter de l'argent. Maintenant, ses usines américaines travaillent en partenariat avec Delvin Roy : elles définissent leur propre programme d'action communautaire et la Fondation appuie leurs efforts en leur fournissant une somme équivalente (au total 400 000 dollars en 1990).

Les Japonais, nouveaux venus du mécénat d'entreprise, ont bouleversé la donne. Loin d'imiter le business américain, dont la générosité est surtout tournée vers les études supérieures et les arts, ils mettent l'accent sur l'action humanitaire et sociale, l'aide aux minorités, l'environnement. « La philanthropie japonaise aux États-Unis doit se créer une identité propre. Elle doit prendre des risques, être hautement innovante : bénéficier de cette même énergie qui a fondé le succès économique japonais, estime Delvin Roy. À quoi bon faire des dons, nous aussi, à Harvard Business School ou aux institutions américaines les plus établies ? Partant de zéro, nous sommes libres de nous tourner vers le futur. » Outre sa coopération avec les usines Hitachi, la Fondation développe en effet des programmes propres : au Nouveau-Mexique, elle enseigne des rudiments de marketing aux vendeurs de rue hispaniques ; en

Californie, elle finance les initiatives de créateurs d'entreprises appartenant à une minorité ethnique ; au Texas, elle soutient des projets d'irrigation bénéficiant aux fermiers noirs de régions particulièrement arides ; à Washington, elle fait réhabiliter des logements par et pour des sans-abris... 60 % de ses programmes ont une dimension sociale.

Pour certains observateurs, ce type d'activité n'est que le « cache-sexe » d'une politique sociale qui reste discriminatoire. N'est-il pas hypocrite de pratiquer ce genre de mécénat, alors que les usines japonaises aux États-Unis mènent apparemment une politique d'embauche anti-Noirs, anti-femmes, anti-« minorités », et que trop peu de leurs filiales font des efforts réels pour promouvoir des managers américains ? Sur ces questions les choses vont lentement, reconnaît Delvin Roy. La fondation Hitachi, là aussi, souhaite montrer la voie : son n° 2 hiérarchique, vice-président en charge des programmes, est une femme noire : Felicia Lynch.

Le conditionnement de l'opinion

Les entreprises japonaises, avec ou sans Fondation, se sont toutes lancées dans le mécénat « de terrain ». Pour elles, les dons aux œuvres de bienfaisance, la sponsorisation de monuments ou initiatives locales, le soutien des campagnes électorales des gouverneurs ou des maires, sont désormais routiniers. Le mouvement est important. L'ensemble des entreprises japonaises consacreraient chaque année, 300 millions de dollars à ce type d'activité aux États-Unis. Akio Morita a par exemple joué un rôle important dans la définition du programme de relations publiques très élaboré de l'Association des industries électroniques japonaises. « L'Europe devrait faire l'objet d'un assaut d'ampleur similaire dans un proche avenir », pronostique Pat Choate.

Ces efforts sont largement coordonnés par les institutions japonaises. La Chambre de commerce nippone de New York a commencé à publier, en 1990, des brochures comme *Joining In!*, un petit guide pour devenir un « meilleur citoyen » du monde américain de l'entreprise. Ce texte « n'a pas simplement été écrit pour accroître votre compréhension. C'est un appel à l'action », souligne dans la préface le président de la Chambre, Hisao Kondo. Pour commencer, le manuel rappelle aux hésitants que la générosité n'est pas inutile : « Tout ceci se retrouve au bilan. » Les différents chapitres détaillent ensuite les méthodes d'une action philanthropique d'entreprise, et les annexes offrent une liste des organisations charitables américaines. Enfin, les auteurs encouragent les sociétés japonaises à se prévaloir des bonnes actions accomplies : « Il ne s'agit pas de se vanter, simplement de recueillir une récompense méritée. » Dans le même esprit, le Conseil pour un meilleur investissement aux États-Unis (un satellite du Keidanren, le CNPF nippon) présidé par Morita, se montre soucieux d'aider les Japonais à mieux comprendre les questions ethniques aux États-Unis. « Ce que nous entendons pas meilleur investissement est le type d'investissement qui amènera les Américains de notre côté », explique le président de Sony dans *Le Japon qui peut dire non*. Ce Conseil a par exemple financé avec Toyota une version écourtée d'un documentaire télévisé de six heures sur l'histoire des mouvements américains pour les « libertés civiles » *(Eyes on the Prize)*. La version japonaise de deux heures, produite à 400 000 exemplaires, est mise à la disposition des écoles, des collèges et des entreprises.

Alarmé par la détérioration de l'image des firmes

japonaises aux États-Unis, le gouvernement japonais a, lui aussi, un moment envisagé d'y aller de son obole : un projet de déductibilité fiscale des dons philanthropiques japonais aux États-Unis. Jusqu'à présent, ce type d'abattement n'était possible que pour les initiatives destinées à promouvoir la culture japonaise, comme les expositions ou des programmes d'échanges culturels. Mi-février 1990, le ministre japonais des Affaires étrangères a convoqué 300 chefs d'entreprise. Le président de Toyota a été pressenti pour sermonner ses collègues sur le comportement de leurs groupes aux États-Unis. Commentaire d'un officiel du ministère des Affaires étrangères : « Il ne s'agit pas d'une tentative pour acheter l'opinion. Nous estimons qu'il est important de soutenir d'autres initiatives que l'établissement d'un jardin japonais. »

Ce type de projet néanmoins suscite, de l'autre côté du Pacifique, quelques critiques acerbes. « Le gouvernement japonais va-t-il appuyer les efforts du lobby japonais pour acquérir de l'influence aux États-Unis ? », interroge Clyde Prestowitz dans *Business Tokyo*. Et l'auteur d'expliquer que, paradoxalement, ce projet risque plutôt d'embarrasser les *think tanks* et centres universitaires américains bénéficiant de la générosité nippone. Ces institutions minoraient l'influence de ces capitaux en proclamant qu'il s'agissait d'efforts individuels et désintéressés des groupes nippons... Le plan d'abattement fiscal détruit cet argument, analyse Prestowitz : « Le gouvernement japonais est apparemment convaincu que ces donations servent l'intérêt national. » Le projet n'aura pas de suite.

Il n'est cependant pas surprenant que les entreprises nippones aient besoin d'être prises par la main pour effectuer leurs premiers pas dans l'univers philanthropique américain. D'une part, elles sont en terrain culturel peu connu ; d'autre part, la notion de mécénat « à l'américaine » est assez étrangère à leur propre tradition entrepreneuriale, plus paternaliste. Pour l'année fiscale close en mars 1989, les donations philanthropiques ont représenté quelque 950 millions de dollars au Japon, contre plus de 4,75 milliards aux États-Unis. Au point qu'en 1990, le Keidanren a créé un Comité pour la philanthropie d'entreprise. Les magnats nippons des affaires participent à des réunions où ils se voient expliquer que les firmes, comme les individus, ne sont pas jugées à la seule aune de leur richesse..., mais aussi en fonction de leurs vertus. De cette enceinte est né le « Club des un pour cent », regroupant les entreprises qui donnent 1 % de leurs profits avant impôts à la charité. Et il ne s'agit pas d'aumônes : pour Toyota, cette somme représente, cette année-là, environ 540 millions de dollars.

10

REPENSER LE JAPON

Partenaire ou adversaire ?

« C'est une farce ! » T. Boone Pickens traverse le hall d'un grand hôtel de Tokyo, l'invective à la bouche. Il est entouré d'une cohorte d'associés, bousculé par une meute de journalistes, calepins dégainés et micros tendus. Le *raider* d'entreprises texan, qui a passé les années 80 à terroriser les rois américains du pétrole, a changé son fusil d'épaule. Il a sacrifié les États-Unis au Japon, les derricks aux usines. Sa nouvelle « cible » ? Koito Manufacturing, un fabricant de phares et de pièces automobiles de la nébuleuse Toyota. Pickens, qui a acheté 26 % du capital de Koito à un riche investisseur nippon, était venu à l'assemblée annuelle, en ce 28 juin 1990, pour réclamer 4 sièges au conseil d'administration et poser des questions embarrassantes. L'Américain, actionnaire minoritaire, dénonce le traitement « discriminatoire » que Koito lui fait subir par rapport à l'autre gros actionnaire : Toyota. Le constructeur automobile, principal client de Koito, détient 19 % de son capital et a placé 3 anciens cadres à son conseil. Les liens étroits entre les deux groupes faussent la loi du marché, s'indigne Pickens : Toyota, dont les profits atteignent des records sur un marché automobile florissant, pressure Koito, dont les résultats déclinent.

Mais le président de Koito, Takao Matsuura, n'est pas homme à se laisser malmener par un actionnaire hostile. Questions « non pertinentes », tranche-t-il en interrompant les récriminations de Boone et de ses coinvestisseurs. L'intrus, frustré, quitte théâtralement la salle. Pickens n'est que le « faux nez » de l'homme qui lui a vendu ses actions, Kitaro Watanabe, affirment les dirigeants de Koito qui ont, pour repousser l'assaut yankee, embauché force conseillers américains. Watanabe, magnat de l'immobilier nippon, cherchait depuis des années à se faire racheter sa participation « hostile » dans Koito et à réaliser un substantiel bénéfice. Une pratique favorite des *raiders* des années 80, connue aux États-Unis et au Japon sous le nom de *greenmail* ou « chantage au billet vert ».

La nouvelle croisade de T. Boone Pickens n'est sans doute pas étrangère à ses ambitions personnelles : il vise le siège de gouverneur du Texas. Se posant, à Tokyo comme à Wall Street, en champion du capitalisme populaire, il fait cette fois-ci le procès du caractère incestueux, anticompétitif et discriminatoire des *keiretsu* : ces nébuleuses industrielles regroupant les manufacturiers, leurs sous-traitants et leurs banques, en un réseau cimenté par une longue habitude de travail en commun, des participations financières croisées et de solides amitiés personnelles.

Comme dans un saloon

Le *raider* déchu, soucieux de redorer son blason, a bien choisi son nouveau cheval de bataille. Avec la montée du sentiment antijaponais aux États-Unis, l'assaut de Koito vaut à Boone la une de la presse et l'attention complice du Congrès. Alors que les entreprises américaines sont largement offertes aux investisseurs, d'où qu'ils viennent, les *keiretsu* nippons restent aussi inabordables que des forteresses, s'indigne l'opinion publique américaine. Peu importe, en l'occurrence, que le *raider* texan soit ou non de bonne foi. « L'affaire Pickens » est symbolique, parce qu'elle illustre le heurt des cultures économiques et vient rappeler l'absence de réciprocité dans les relations économiques bilatérales.

Bien que le marché japonais se soit, selon les standards nippons, considérablement ouvert ces dernières années aux produits étrangers, le pays du Soleil levant demeure, comparé aux États-Unis, presque aussi hermétique qu'une huître. Personne ne nie que certaines firmes américaines ou européennes connaissent au Japon des succès spectaculaires : IBM y réalise un chiffre d'affaires annuel de 9 milliards de dollars, Coca-Cola a conquis 80 % du marché national des Cola, Nestlé 70 % du créneau du café instantané, Schick 70 % de celui des lames de rasoir. Johnson & Johnson bat la concurrence locale sur les brosses à dents. À Tokyo, les Mac Donald's et les Kentucky Fried Chicken se font une petite place entre deux *sushi*-bars... Et les voitures étrangères représentent aujourd'hui près de 5 % du marché intérieur, contre 1,7 % en 1985. En outre, vendre au Japon s'avère très profitable : les bénéfices avant impôts des firmes étrangères s'y élèvent en moyenne à 6,8 % de leurs ventes, plus du double du profit moyen des entreprises japonaises.

Ces chiffres ne doivent cependant pas aveugler : la plupart des firmes industrielles qui ont réussi au Japon sont arrivées après-guerre, avec les troupes d'occupation américaines. Les autres vendent des produits de consommation que les Japonais ne fabriquent pas. Mais pour un industriel étranger, battre les Japonais sur leur propre terrain — que ce soit en exportant ou en s'associant à une affaire locale — tient de la mission kamikaze. Car Tokyo pratique volontiers ce que le professeur de management Peter Drucker appelle un « commerce hostile ». Il a été prouvé, dans beaucoup de cas, que le Japon limite les importations de biens manufacturés, même quand les produits étrangers sont nettement plus compétitifs. Les firmes nippones jouissent ainsi d'un quasi-monopole sur un marché intérieur protégé, se constituant par là un trésor de guerre qui leur permet de casser les prix pour conquérir les marchés extérieurs.

Les bureaucrates nippons, on s'en souvient, n'ont pas hésité à prétendre, pour bloquer les importations d'équipements de ski, que la neige japonaise avait une composition chimique spéciale ; et pour ne pas acheter de viande yankee, que les estomacs nippons ne la digéraient pas ! Allied Signal cherche depuis 12 ans à faire homologuer au Japon un nouvel alliage métallique qui permet aux transformateurs électriques de réduire leurs pertes énergétiques de 70 %. Et il est arrivé que les négociateurs américains soient obligés d'intervenir auprès du MITI pour qu'un magazine professionnel nippon, sur lequel les lobbies industriels japonais avaient fait pression, accepte tout de même de passer de la publicité pour les produits d'un groupe de Pittsburgh. Les anecdotes protectionnistes japonaises pourraient remplir un annuaire de téléphone. Doit-on en conclure que le marché est resté fermé ? « Cela reviendrait à accréditer les descriptions de l'Amérique faites par les journalistes soviétiques pendant la guerre froide », plaisante *The Economist*[1], farouche défenseur d'une pure économie de marché.

1. « America's Japanophobia », *The Economist*, 18 novembre 1989.

« Les barrières ne sont plus tarifaires, constate un industriel européen, leader mondial sur son marché. Elles résultent le plus souvent du réflexe corporatiste des concurrents nippons : ils se serrent les coudes pour vous éjecter... » La manœuvre est en général d'autant plus efficace qu'elle est appuyée par les pouvoirs publics. Un groupe étranger qui réussit bien pourra, tout à coup, rencontrer sur ses nouveaux produits d'insolubles problèmes de normes... Il trouvera peut-être une maigre consolation dans le fait que cette pratique n'est pas anti-étrangère, mais anti-*outsider* : « Tout nouveau venu japonais qui perturbe l'ordre du marché intérieur subit le même sort », constate cet industriel. Les PME nippones de l'après-guerre, comme Honda et Sony, ont dû, en leur temps, combattre les bureaucrates du MITI.

La difficulté majeure d'un industriel étranger reste la pénétration d'un système de distribution byzantin. Réussir au Japon suppose de devenir un *insider*. Ce n'est pas impossible, mais c'est un investissement financier et culturel de très long terme, que peu de firmes étrangères sont prêtes à réaliser. Les Américains, souligne cet industriel européen, ont été particulièrement malhabiles à profiter des concessions tarifaires obtenues par Washington : « Ils n'ont toujours pas compris qu'au Japon, il faut ouvrir la porte comme ça... » Il fait le geste de déplacer un panneau latéralement. Or beaucoup d'Américains ont plutôt essayé d'entrer au Japon comme dans un saloon. Pis : certains, une fois la « forteresse » investie, n'ont pas résisté à la tentation de vendre ou de diminuer leur présence... pour réaliser un profit à court terme au moment où le yen était au plus haut. Avon et Schaklee ont ainsi cédé leurs filiales nippones. Chrysler a réduit sa participation dans Mitsubishi Motors, Mc Graw-Hill a vendu sa moitié de Nikkei-Mc Graw-Hill, et Honeywell 50 % de sa participation dans Yamatake-Honeywell.

Au-delà du problème commercial, la tension entre les deux pays exprime les contradictions profondes qui séparent deux conceptions des affaires, deux visions du capitalisme. Les États-Unis donnent priorité aux actionnaires et aux consommateurs. Le Japon, lui, est tout entier tendu vers le renforcement de sa machine économique. Approches antinomiques, orbites conflictuelles. Tandis qu'aux États-Unis, une école de pensée plus dure envers l'allié pacifique gagne du terrain, les responsables nippons semblent, de leur côté, de moins en moins disposés à se laisser donner des leçons de capitalisme.

Panne d'aiguillage?

Promesses non tenues, romance déçue, fausses lunes de miel, disputes et raccommodages... L'histoire des négociations commerciales entre Japon et États-Unis tient du mauvais feuilleton hollywoodien, dont peu de spectateurs osent encore espérer un *happy end*. Pendant longtemps, les États-Unis ont essayé d'ouvrir le marché japonais et de combattre le *dumping* nippon produit par produit. Les voitures, le bois, le bœuf américains n'entraient pas au Japon? Les négociateurs de la Maison Blanche, prenant le dossier à bras-le-corps, négociaient le démantèlement des droits de douane, l'assouplissement des réglementations, la simplification des procédures. Les tubes de télévision, les semi-conducteurs nippons étaient bradés aux États-Unis? Washington lançait des procédures de plainte, agitait des rétorsions ou — poussé dans ses retranchements — négociait des accords d'autolimitation.

Dévoreuse de temps et d'énergie, cette approche

au cas par cas a donné certains résultats. Au moins sur le papier. À de rares exceptions près, notamment le riz, le Japon ne dresse plus de barrières aux importations et applique des tarifs douaniers moins élevés que les États-Unis ou l'Europe. Dans les faits, le problème commercial nippo-américain s'est cependant accru : en 1972, le président Nixon avait qualifié d'« inacceptable » un déficit bilatéral de 2 milliards de dollars vis-à-vis du Japon, rappelle Clyde Prestowitz dans son ouvrage *Trading Places*. L'administration Carter, avec un déficit de 11 milliards en 1978, avait prévenu les Japonais d'une « probable explosion du Congrès ». Au début du mandat Reagan et en dépit de l'autolimitation sur les voitures nippones, le déficit atteignait 16 milliards. En 1987, la politique de dépréciation du dollar n'avait rien arrangé : le gouffre des échanges nippo-américains s'était élargi à 52 milliards ! Pour l'année fiscale 1991, le déficit américain s'élevait encore à 38,5 milliards de dollars.

Pour les officiels japonais, l'explication est simple : le *made in USA* n'est plus compétitif. Primo, les entreprises ne font pas d'efforts pour adapter leurs produits au marché nippon. Secundo, la qualité est mauvaise. Tertio, le marketing est déficient. Bref, les Américains, devenus paresseux et cupides, ne font pas assez d'efforts. L'administration Bush a un autre point de vue : « Le Japon pratique une forme de mercantilisme extrêmement efficace au détriment de ses propres consommateurs », explique Linn Williams, un ancien négociateur de l'USTR en charge de la zone asiatique. Dans les années 70 et 80, l'administration américaine, endormie, a accepté que le Japon fasse du *dumping* sur le textile, puis sur l'électronique... Elle a gobé toutes les excuses de Tokyo. Elle a raté l'aiguillage.

Nous sommes en 1992... et Capitol Hill n'a toujours pas « explosé » sur la question japonaise. Mais l'administration, sans se départir de sa position libre-échangiste, a dû hausser plus d'une fois le ton. La représentante spéciale de la Maison Blanche pour le commerce, Carla Hills, se présente comme plus « dure » envers le Japon que tous ses prédécesseurs. L'objectif, explique un de ses collaborateurs, est d'utiliser « le bras de levier de notre marché, mais d'éviter le protectionnisme ». La politique commerciale de la Maison Blanche marche à présent sur trois pieds : l'élimination de barrières au cas par cas, les négociations multilatérales du GATT[1] et une discussion de fond sur la réforme des structures.

Avec l'arme dite « Super 301 » de la loi sur le commerce de 1988, les négociations par secteurs ont été relativement fructueuses, en 1989, forçant notamment le Japon, sous peine de rétorsion à échéance précise, à faire des concessions sur le bois, les super-ordinateurs et les satellites de communication. L'Uruguay Round de libéralisation des échanges, en cours au GATT, bute en revanche sur certaines impasses. Tokyo est critiqué pour avoir maintenu quelques barrières douanières qui handicapent notamment le tiers monde. L'interdiction absolue d'importer du riz en est l'exemple le plus frappant. Le gouvernement nippon, qui invoque sur cette question la sécurité alimentaire, est en réalité surtout préoccupé de la santé du Parti libéral-démocrate, très dépendant des votes ruraux.

Washington sait depuis longtemps que le problème commercial nippo-américain n'est pas une affaire de quotas et de tarifs. Il prend sa source au Japon : dans la réglementation de son économie, dans son organisation du contrôle social, dans la

1. General Agreement on Tarifs and Trade : l'accord général sur les tarifs douaniers et le commerce fixe les règles qui régissent les échanges internationaux.

structure de son appareil de production, dans les spécificités de son système de distribution. L'équipe Bush a été la première à en tirer les conséquences en lançant, en juillet 1989, une initiative pour la réforme des barrières structurelles au commerce, ou SII[1]. Il s'agit d'un exercice de critique mutuelle de toutes les pratiques nationales qui, directement ou indirectement, entravent la liberté des échanges. À chacun, ensuite, de s'efforcer de corriger ses vilains défauts. « Nous cherchons à créer au Japon un climat ouvert et compétitif, aime à rappeler Carla Hills. C'est-à-dire un environnement dans lequel la décision de vendre ou d'acheter est fondée sur la qualité, le prix et le service, et non pas sur une structure de *keiretsu*, une entente ou des politiques industrielles protectionnistes. »

Les dirigeants japonais, qui avaient d'abord traîné des pieds pour laisser les Américains mettre le nez dans leurs affaires intérieures, ont fini par accepter l'exercice sans déplaisir. Pour le MITI, passé maître dans l'art du maniement de la « pression extérieure » (*gaiatsu*), c'était une manière d'utiliser les critiques américaines pour imposer à son économie des réformes nationales qu'il juge effectivement nécessaires. Les diplomates y trouvaient aussi leur compte : « Nous avions réalisé qu'il fallait faire quelque chose pour éteindre l'incendie antijaponais au Congrès », confie un fonctionnaire du Gaimusho, le ministère japonais des Affaires étrangères. Sourire : « C'est pour nous une opportunité unique de critiquer publiquement les États-Unis. L'Amérique a dû, pour la première fois, reconnaître qu'elle avait sa part de responsabilité dans le problème commercial bilatéral. Cela a rééquilibré le dialogue. »

Au sommet de Houston, le SII débouche sur un long échange de promesses : le Japon s'engage à

1. SII : Structural Impediments Initiative.

dépenser davantage pour son infrastructure, à examiner la possibilité d'une réforme de l'usage des terres et de la fiscalité, à améliorer les circuits d'importation, à raccourcir les délais d'agrément de grandes surfaces commerciales, à appliquer plus rigoureusement les lois anti-monopoles, à vérifier que le comportement des *keiretsu* n'est pas anti-compétitif, à essayer de réduire les différentiels de prix... Les États-Unis, de leur côté, s'efforceront d'éliminer le déficit budgétaire d'ici 1993 et de réduire l'endettement du gouvernement. Washington s'engage à prendre des initiatives pour stimuler l'épargne et maintenir le pays ouvert aux capitaux étrangers. L'administration essaiera de faire baisser le coût du capital, de réduire les contrôles à l'exportation, notamment sur les produits énergétiques. Elle fera son possible pour promouvoir les exportations vers le Japon et pour supprimer progressivement les accords de « restrictions volontaires » des exportations japonaises vers les États-Unis. Elle s'efforcera de stimuler la recherche et le développement, d'améliorer le système scolaire et le niveau de qualification de la main-d'œuvre.

Mais l'efficacité de la démarche est généralement mise en doute : « L'administration Bush, elle-même, s'interroge : elle n'a lancé le SII que pour gagner du temps vis-à-vis du Congrès », confie une source proche des milieux officiels américains. De fait, l'issue positive des discussions permet, en août 1990, d'apaiser la tension bilatérale, qui avait atteint son paroxysme au printemps. Pour nombre d'observateurs, le dossier SII risque cependant de revenir en « boomerang » vers Washington, parce que l'initiative suscite inutilement l'espoir d'un règlement rapide des problèmes commerciaux.

Beaucoup d'observateurs doutent de la volonté japonaise de s'atteler à une réforme de fond d'un système économique si étroitement lié à sa société et à sa culture. À supposer que le Japon lance effectivement ces grands chantiers, les effets ne s'en feront sentir qu'à moyen ou long terme. Et pas forcément dans la direction prévue par Washington. « L'administration est obsédée par l'ouverture du marché nippon. C'est la poursuite du Saint Graal », critique Glen Fukushima. Glen connaît bien les deux côtés du problème : Japonais-américain de la troisième génération, il a été négociateur à l'USTR, avant de travailler pour AT&T à Tokyo. « Washington est persuadé que si le Japon se réforme, les produits américains entreront ici beaucoup plus facilement. C'est faux ! Cela profiterait d'abord aux consommateurs, aux producteurs et aux détaillants japonais... ensuite aux exportateurs asiatiques et européens. Pourquoi les États-Unis feraient-ils le sale boulot pour les autres ? »

« Avec le Japon, l'approche américaine conventionnelle ne marche pas, conclut Fukushima... Plutôt que d'essayer en vain de changer le Japon, il est urgent de se donner les moyens de redresser la compétitivité de l'économie américaine. » Le courant « révisionniste », maintenant bien ancré dans l'intelligentsia américaine, ne dit pas autre chose.

L'école « révisionniste »

Cette école de pensée ne s'est pourtant institutionnalisée que récemment. Washington. Mardi 5 juin 1990, 18 h 30 : une longue file se forme à l'entrée du restaurant Adirondack de Union Station. Champagne et petits fours. La bonne société de la capitale américaine se presse à l'inauguration d'un nouveau *think tank*. Le sénateur Lloyd Bentsen, le sénateur Bob Dole, le sénateur John Rockefeller sont venus bénir l'Economic Strategy Institute (ESI) de Clyde Prestowitz, refuge idéologique de l'école « révisionniste » vis-à-vis du Japon. Au menu, ce soir-là, une cuisine *made in USA* (mozzarella de l'État de New York, poulet de Pennsylvanie)... et le lancement d'une réflexion sur « l'écostratégie » américaine. Il est urgent, explique Clyde Prestowitz, de se battre contre « cette opinion à courte vue qui prétend que nous n'avons pas de problèmes ». Ancien négociateur commercial, Prestowitz a fondé l'ESI pour « aider à préparer activement les États-Unis au XXIe siècle ». Une nouvelle ère où, comme le souligne ce soir-là le sénateur Lloyd Bentsen (démocrate, Texas), « le défi est de plus en plus économique et de moins en moins militaire ».

Les « révisionnistes », comme les a baptisés *Business Week*[1], sont en réalité un groupe de personnalités aux fonctions, aux intérêts et aux convictions disparates. Chalmers Johnson, professeur à l'Université de Californie à San Diego, est souvent considéré comme leur « père spirituel ». Parce que son ouvrage, *Le MITI et le miracle japonais*, souligne le rôle central des bureaucrates dans la réussite économique japonaise et insiste sur la spécificité du système japonais : une économie capitaliste dont le développement est néanmoins orienté par l'État.

Le credo de l'école « révisionniste », qui fait d'ailleurs écho à la « théorie de la japonité » (*nihonjinron*) des nationalistes nippons, est que le Japon est fondamentalement différent des pays industriels occidentaux. Et que, contrairement à l'idée généralement admise, il n'évolue pas vers un modèle de marché libre et de société de consommation à l'américaine. « Le vieux paradigme, explique Chalmers Johnson, était fondé sur la conviction que l'Ouest et le Japon finiraient par converger, nonobstant les

1. « Rethinking Japan », *Business Week*, 7 août 1989.

obstacles et aléas temporaires... La politique japonaise de Washington visait donc à minimiser et éliminer les différences entre les deux systèmes, notamment en faisant pression sur le Japon pour qu'il se montre plus "loyal" dans les échanges commerciaux. »

« Mais le Japon est-il déloyal ou le Japon est-il simplement le Japon ? », interroge Clyde Prestowitz dans *Trading Places*. L'attitude américaine, écrit-il, repose sur « une incompréhension fondamentale de la nature de la société japonaise et de sa pensée économique ». Et l'auteur s'attache à démontrer qu'à la table de négociation, Japonais et Américains ne parlent simplement pas le même langage. « Quand les officiels américains ont demandé au Japon d'*ouvrir* son marché, ils n'ont pas pensé à définir ce terme »... Mais les Japonais, affirme Prestowitz, « n'avaient aucune notion de ce que les Américains entendaient par *marché ouvert* ». Ils ne pouvaient pas se douter, par exemple, que le concept d'ouverture impliquait, notamment, « un système où les achats sont opérés sur la base de la meilleure offre, plutôt que sur celle des relations personnelles de l'acheteur et du vendeur ». À part quelques exceptions notables, le Japon, explique Prestowitz, avait des tarifs douaniers parmi les plus bas au monde, et moins de quotas à l'importation que beaucoup d'autres nations : « Les Japonais ne voyaient pas l'existence de ces barrières plus générales » qui empêchaient la pénétration des biens et des investissements américains.

Karel Van Wolferen, un journaliste hollandais vivant depuis 25 ans à Tokyo, fait dans *L'Énigme de la puissance japonaise*[1] un portrait glaçant de *Japan Inc*. Au Japon, « la liberté du marché n'est pas perçue comme un but désirable en soi mais comme

1. Traduction française, Robert Laffont, 1990.

l'un des outils indispensables pour atteindre l'objectif suprême qu'est l'expansion industrielle », explique-t-il. Cette stratégie économique impérialiste serait guidée par ce que l'auteur appelle « le Système » : un ensemble de « groupes semi-autonomes qui se partagent le pouvoir ». De nos jours, écrit Van Wolferen « les factions les plus puissantes comprennent des hauts fonctionnaires, quelques clans politiques (au sein du Parti libéral-démocrate au pouvoir) et des groupements constitués de bureaucrates et d'hommes d'affaires ». Des groupes moins influents comme « les coopératives agricoles, la police, la presse, les gangsters » apportent eux aussi leur pierre à l'édifice.

Ce Système ne peut être appelé « État », explique-t-il, parce que « personne n'assume la responsabilité finale ». Et, les milieux d'affaires étant, selon lui, plus puissants que les politiciens, la machine de pouvoir n'est pas non plus soumise à la sanction des électeurs. Karel Van Wolferen s'attache à démontrer que le « Système » a, pour des raisons de convenance politique, entièrement façonné le Japon moderne, de sa conception de la vérité — véritable gestion de la réalité — à son sens de la justice. « Les aspects que l'on dit typiques de la société et de la culture japonaises — la vie de groupe, la loyauté envers l'entreprise et l'amour de l'harmonie, le manque d'individualisme et la quasi-absence de procès — trouvent leur origine dans des aménagements politiques et sont entretenus pour des raisons politiques. »

Par certains aspects, l'ouvrage de Van Wolferen dérape dans l'antijaponisme primaire et éclaire ce pays du clair-obscur orwellien d'une caricature à la *Big Brother*. Si la plupart des « révisionnistes » américains s'efforcent de ne pas porter de jugement de valeur aussi tranché sur le Japon, ils partagent avec

Van Wolferen la conviction que l'explication du succès japonais, loin de pouvoir être ramenée à l'incompétence américaine, tient aux particularités de la politique industrielle et sociale nippone. Les réseaux d'amitiés et les liens solides qui existent entre bureaucratie et établissement des affaires, dont presque tous les membres sont issus de l'Université de droit de Tokyo est, selon Prestowitz, le véritable ciment de *Japan Inc*. Pour les officiels japonais, insiste-t-il, la performance industrielle est une affaire de « sécurité nationale » : ils ne ménagent pas leur énergie pour assurer la prééminence de l'industrie nippone.

La fin du Siècle américain ?

Les « révisionnistes » font également preuve d'américano-pessimisme. En écho au *Réveil du vieux monde*[1] de l'éditorialiste américain William Pfaff, ils dressent à longueur d'articles et de livres le portrait d'États-Unis sur le déclin, dont le rôle de gendarme du monde a sapé les ressources et dont le statut de superpuissance est menacé. Clyde Prestowitz a lu le krach boursier de 1987 comme « la fin, 12 ans avant l'heure, du Siècle américain ». En 1981, les États-Unis, moins puissants que par le passé, avaient encore la prééminence mondiale en matières industrielle, technologique, financière et militaire. En 1987, ils ne dominaient plus que sur le terrain du militaire... « Dans les autres domaines, conclut Prestowitz, les États-Unis, qui ont joué le rôle d'occupant puis celui de mentor, ont cédé la place à leur ancien protégé — le Japon. »

La liste des signes du déclin américain comprend, pêle-mêle, le double déficit des échanges et des

1. Traduction française, Calmann-Lévy, 1989.

finances publiques, la démesure de l'endettement des entreprises, la crise du réseau des Caisses d'épargne, l'érosion de la base industrielle américaine sur un nombre croissant de marchés, la dégradation de l'enseignement ainsi que l'affaiblissement de la capacité de recherche et d'innovation... La part de l'Amérique dans le produit mondial brut a dégringolé de 50 % à la fin des années 40, à moins de 23 % aujourd'hui. Et tout ne s'explique pas par la Seconde Guerre mondiale.

« Nous ne contrôlons plus notre base manufacturière, nous perdons notre avance technologique », résume Ronald Morse, japonologue et n° 2 de l'Economic Strategy Institute. Un constat partagé par des chercheurs du MIT [1] et des capitaines d'industrie célèbres. « Je pense que notre secteur industriel est globalement en perte de vitesse », a déclaré l'ancien président de Ford, Donald Petersen [2]. Et l'affaiblissement industriel entraîne fatalement, selon lui, l'érosion de la capacité de recherche. La structure du commerce extérieur américain reflète ce phénomène. « De par la composition de leurs échanges, les États-Unis ressemblent de plus en plus à un pays en voie de développement, écrit Clyde Prestowitz. Ils importent des biens de haute technologie et du capital du Japon et, en dehors des avions et de quelques ordinateurs ou pièces informatiques, ils exportent essentiellement des matières premières, du bois, du soja et des biens manufacturés semi-finis. » Les produits les plus importants pour l'avenir industriel de l'Amérique sont précisément ceux qui ont le plus de difficulté à pénétrer le marché japonais.

1. Michael Dertouzos, Richard Lester, Robert Solow, *Made in America*, InterÉditions, 1990.

2. « We Need Manufacturing People at the Top », *Forbes*, 20 août 1990.

Pour les « révisionnistes », les États-Unis sont déjà en état de dépendance malsaine vis-à-vis du Japon. Leur peur ultime ? La perte de l'autonomie de décision, la dégradation du pouvoir d'achat. Et, en fin de compte, l'incapacité de Washington à exercer un leadership politique. La formule d'un journaliste américain résume bien la nature du problème : « On ne discute pas avec son banquier, surtout si c'est en même temps son propriétaire et son employeur[1] ! »

Une nouvelle philosophie géo-économique

Puisque le Japon joue différemment, il faut le traiter différemment. « La prospérité du Japon, analyse Clyde Prestowitz, repose sur un système de libre-échange sponsorisé par les États-Unis. » Pourquoi Washington respecterait-il les règles d'un jeu que Tokyo ne joue pas ? Pourquoi rester éternellement le dindon de la farce ? Les « révisionnistes » les plus « durs », comme James Fallows, ancien rédacteur des discours de Jimmy Carter et auteur de *More Like Us*[2], militent pour « contenir le Japon ». Pour lui, les choses sont claires : le conflit nippo-américain découle « de l'incapacité ou du manque de volonté du Japon à restreindre l'expansion unilatérale et destructrice de sa puissance économique[3] ». Unilatérale, parce que les entreprises japonaises font aux autres ce que le Japon n'admettrait pas qu'on lui fasse. Destructrice, parce que le phénomène provoque l'ostracisme que le Japon redoute, ravage le système de libre-échange qui lui a permis de se reconstruire et menace la viabilité même du partenariat nippo-américain. « Si le Japon ne peut

1. Bruce Nussbaum, *Business Week*, 16 novembre 1987.
2. Houghton Mifflin, 1989.
3. « Containing Japan », *The Atlantic Monthly*, mai 1989.

empêcher les excès de sa propre économie, conclut Fallows, alors les États-Unis, pour sauver leur partenariat avec le Japon, devraient imposer des limites de l'extérieur. »

Les « révisionnistes » prescrivent un cocktail de mesures pour brider l'expansion japonaise et de pilules de politique industrielle pour doper la compétitivité américaine. James Fallows imposerait aux produits japonais un tarif douanier spécifique. Rudiger Dornbush, du MIT, obligerait le Japon à augmenter ses importations en provenance des États-Unis de 15 % par an... sous peine de rétorsions[1]. « Au lieu de traiter les Japonais de voyous et de tricheurs parce qu'ils n'achètent pas nos superordinateurs, pourquoi ne pas s'asseoir autour d'une table et leur demander combien ils sont prêts à en acheter ? », interroge Prestowitz. Sans toujours entrer dans le détail, les « révisionnistes » sont partisans d'une gestion gouvernementale des échanges commerciaux fondée sur une politique de résultats (*managed trade*). Inversement, ils se montrent favorables à la multiplication d'accords d'autolimitation des exportations, sur le modèle de ceux en vigueur pour l'acier et l'automobile. Bref, les négociations commerciales nouvelle manière ressembleraient un peu à celles qui concernent les droits d'atterrissage internationaux des compagnies aériennes.

Les « révisionnistes » soulignent tous le caractère « amateur » de la politique japonaise des Américains. « Il serait temps que Washington prenne le Japon au sérieux », plaide Chalmers Johnson, qui recommande la création d'un MITI américain. Il pense, comme la plupart des « révisionnistes », que le gouvernement est sous-équipé pour traiter avec Tokyo. Les négociateurs restent au maximum quelques années en poste, et Washington ne dispose pas

1. *Nihon Keizai Shimbun*, 27 novembre 1989.

de vrais spécialistes du Japon. En face, l'équipe japonaise est beaucoup plus nombreuse, coordonnée, hyperspécialisée et dispose d'une mémoire administrative impressionnante. Glen Fukushima raconte à cet égard une anecdote révélatrice : quand il est arrivé à l'USTR, en avril 1985, il a demandé un abonnement au *Nihon Keizai Shimbun*, l'équivalent japonais du *Wall Street Journal*... On le lui a refusé : 80 dollars par mois, c'était trop cher! Depuis son départ, personne à l'USTR ne parle ou ne lit le japonais couramment. « Après 4 ans de pouvoir, l'administration Bush n'a toujours pas de politique japonaise » note Fukushima, préoccupé. Compte tenu de la zizanie entre les départements, qui réduit le plus souvent la position de négociation des États-Unis à son « plus faible dénominateur commun », il estime nécessaire de créer une agence unique pour traiter des questions japonaises de manière concertée et stratégique.

Le volet le plus articulé du programme révisionniste ne concerne cependant pas le Japon... mais les États-Unis. Car, pour Glen Fukushima, Clyde Prestowitz et les membres de l'Economic Strategy Institute, le problème central n'est pas tant de gérer le commerce de l'Amérique avec son grand rival que de restaurer la compétitivité américaine. Que Tokyo joue le jeu ou non, il faut en tirer les conséquences. « La vraie question, écrit Prestowitz, est de savoir quelle sorte d'environnement on veut créer pour notre économie. »

Les « révisionnistes » prennent du recul historique. Dans la zone Pacifique, au cours des 40 dernières années, « les États-Unis ont sacrifié leurs intérêts économiques à ce qu'ils tenaient pour des impératifs militaires[1] », expliquent Selig Harrison

1. « Pacific Agenda : Defense or Economics? », *Foreign Policy*, été 1990.

et Clyde Prestowitz. Avec la fin de la guerre froide, font-ils valoir, surgit l'occasion de privilégier la question économique. Il faut, affirme Ronald Morse, développer une « philosophie géo-économique ». C'est aussi l'avis de Glen Fukushima : « Une nouvelle politique japonaise devrait être fondée sur un mélange pragmatique et réaliste de philosophies, qui établisse clairement en quoi les intérêts américains et japonais convergent et en quoi ils divergent. Elle devrait reconnaître la puissance économique et technologique comme vitales pour la sécurité nationale. »

L'école « révisionniste » approuve, bien sûr, la restauration des grands équilibres macro-économiques. Mais pour elle, réduire le déficit budgétaire et stimuler l'épargne ne dispensent pas Washington de s'engager d'urgence dans une politique industrielle active. La meilleure manière de gérer le problème japonais, explique Ronald Morse, « est de nous occuper de nous-mêmes : de recentrer le débat sur les options de politique économique intérieure ». Pour Prestowitz, « il ne s'agit pas de savoir si le gouvernement va intervenir dans l'économie — il le fait déjà massivement et continuera de le faire. Mais de savoir s'il aide les affaires ou leur nuit ». D'après lui, Washington devrait se mêler davantage d'industrie : définir des secteurs considérés comme stratégiques et les défendre pied à pied, investir massivement dans les technologies d'avenir, fédérer et orienter les efforts de recherche des entreprises. Bref : « Maintenir la puissance industrielle, technologique et financière du pays doit devenir, comme au Japon, une priorité nationale. »

Le « Club du Chrysanthème »

Les propositions de l'école « révisionniste » sont balayées, d'un haussement d'épaules, par le camp adverse baptisé par la presse américaine : « Club du Chrysanthème » ou « Apologistes du Japon ». Ses membres développent trois types d'arguments : la vertu du moins d'État, les conséquences de l'internationalisation de l'économie et la banalisation rapide du Japon.

Les investissements étrangers sont bons pour l'économie; le protectionnisme est mauvais pour tout le monde, plaident ces adeptes du laisser-faire. Pas question de donner au gouvernement le pouvoir de décider quelles branches de l'industrie civile sont stratégiques. « Où placerait-on la frontière? Comment éviter que les fonctionnaires ne tombent entre les mains des intérêts industriels particuliers? » interroge un banquier d'affaires de Wall Street. La Maison Blanche et l'administration républicaine — à l'exception du Département du Commerce — sont jusqu'à présent guidées elles aussi par les sacro-saints principes de la loi du marché et de la liberté des échanges. « Il est faux de dire que le Japon ne sera jamais comme nous : le *managed trade* n'est qu'un trompe-l'œil », tranche Linn Williams, l'ancien n° 2 de l'USTR. « Comment fixer arbitrairement les pourcentages de pénétration des marchés? Qu'est-ce qui vous fait croire que le MITI a le pouvoir de régler les importations japonaises? Comment empêcher que l'Europe et les pays du Sud-Est asiatique ne fassent la même chose? » Pour lui, « cela reviendrait à créer des droits historiques à des parts de marché ». La mort du multilatéralisme et du GATT! Pour l'administration Bush, le concept de contrôle des échanges n'est que le « faux-nez » du protectionnisme. Et le protectionnisme ne marche pas : « 40 ans de commerce ouvert nous ont très bien servis. » Bref, ce n'est pas parce qu'un pays est entré dans le péché qu'il faut, nous aussi, quitter les sentiers de la vertu. « Le non-interventionnisme est si profondément ancré chez eux que de philosophie, il en devient religion », constate tristement Glen Fukushima.

L'Amérique s'insère dans une économie planétaire où les sentiments nationalistes n'ont plus leur place, font par ailleurs valoir économistes et politiciens libéraux. La théorie « globaliste » a un apôtre en la personne de Kenichi Ohmae, directeur de Mac Kinsey à Tokyo et auteur de *The Borderless World*[1]. « La créativité ne sera pas étouffée par ces politiciens et bureaucrates qui tentent de restreindre les flux de capitaux, de technologie et d'information », affirme Ohmae. Il abaisse les problèmes commerciaux entre l'Amérique et le Japon au rang « d'illusions créées par un système de comptabilité tragiquement dépassé ». Selon ce visionnaire du nouvel ordre économique, les citoyens du monde réclament, au même titre que le droit de vote, « le droit d'acheter les meilleurs biens et services, quelle que soit leur origine ». D'où l'avènement d'un « régionalisme global qui ignore les frontières ». Ohmae se laisse sans doute quelque peu emporter par ses idées, quand il affirme que « les citoyens japonais se révoltent contre leur gouvernement, et lui disent ce qu'il doit faire ».

Il reste que ce type de foi « globaliste » imprègne profondément les institutions américaines, que ce soit à Wall Street, dans la Silicon Valley ou sur les campus. « Dans ce débat, la charge émotionnelle ne porte pas réellement sur l'économie et la finance, mais sur la politique et la psychologie. Il ne s'agit pas de faits, mais de peurs », affirme Peter Peterson, cofondateur de la banque d'affaires Blackstone[2]. Sur un échiquier économique planétaire, il devient presque arbitraire d'assigner des nationalités aux

1. Harper Business, 1990.
2. *Wall Street Journal*, 3 novembre 1989.

méga-entreprises, qui sont devenues des *stateless corporations*, souligne Robert Reich. « Qui sommes-nous ? », demande ce professeur de la Kennedy School of Government[1]. Pour Reich, la compétitivité de l'Amérique ne peut plus être confondue avec la compétitivité des firmes à capitaux américains. Une société étrangère qui emploie des Américains et implante sa recherche aux États-Unis est plus importante pour le pays qu'une multinationale américaine qui assemble à Taiwan des composants japonais. Autrement dit, mieux vaut un téléviseur Sony fait aux États-Unis qu'un Zenith fabriqué au Mexique. En supplantant les firmes américaines sur leur propre terrain, « les firmes étrangères transfèrent leur savoir-faire supérieur à la main-d'œuvre américaine, donnant à ces travailleurs les outils dont ils ont besoin pour être plus productifs, plus qualifiés et plus compétitifs ». Inversement, Reich dénonce le mythe de l'allégeance nationale des grandes entreprises américaines. Si nous souhaitons revitaliser l'économie américaine et restaurer sa compétitivité, conclut-il, « nous devons investir dans les hommes, non dans des entreprises définies comme américaines ».

C'est le journaliste britannique Bill Emmott qui a développé le plus complètement, dans *Le Soleil se couche aussi*[2], la théorie de l'inéluctable et prochaine banalisation du Japon. « Les facteurs qui ont caractérisé l'ascension du Japon ont évolué... sous l'influence de cette ascension même : c'est-à-dire l'affluence, l'exposition au monde, les surplus de capitaux et maintenant le yen fort. Le Japon devient une nation de consommateurs, de jouisseurs,

1. « Who is us? », *Harvard Business Review*, janvier-février 1990.

2. *The Sun also Sets : the Limits to Japan Economic Power*, Random House, 1989.

d'importateurs, d'investisseurs et de spéculateurs », affirme Emmott, dont la perspective reflète largement le discours des Japonais. Le Californien Joel Kotkin développe dans *The Third Century*[1] un raisonnement voisin. Pour lui, le « déclin » américain relève d'un « catastrophisme » engendré sur la côte Est par une intelligentsia trop européocentrée. Les États-Unis ont toujours négligé, pour des raisons historiques, leur ouverture vers l'Asie. Leur insertion dans le bassin Pacifique à travers l'afflux d'investissement et d'immigrants asiatiques, loin d'être un sujet de préoccupation, est au contraire un motif de réjouissance. Mieux, un signe de renaissance. Nombreux sont, dans cette veine, les ouvrages réaffirmant la position des États-Unis comme n° 1 mondial, et la confiance dans la capacité de la nation à affronter les nouveaux défis économiques[2]. « Avant la Deuxième Guerre mondiale, il y avait 5 grandes puissances. La reconstruction — fruit des efforts américains pour promouvoir la stabilité mondiale — a restauré cette multipolarité dans un monde beaucoup plus riche... avec l'Amérique régnant comme superpuissance et courtier principal du nouvel ordre. Est-ce cela le déclin ? », interroge Alfred Balk[3]. La guerre du Golfe et la victoire contre Saddam Hussein sont venues à temps pour donner du poids à ce genre de thèse. Mais peu de « globalistes optimistes » envisagent les conséquences de cette interdépendance économique dans un scénario de récession.

1. Joel Kotkin et Yoriko Kishimoto, *The Third Century, America's Resurgence in the Asian Era*, Crown, 1988.

2. Henry Nau, *The Myth of America's Decline*; Joseph Nye, *Bound to Lead*; Richard Rosecrance, *America's Economic Resurgence.*

3. Auteur de *The Myth of the American Eclipse : the New Global Age.*

Si la ligne « révisionniste » reste minoritaire dans l'establishment américain, elle n'en exerce pas moins une influence considérable. « Les révisionnistes ont contribué à nourrir les sentiments antijaponais aux États-Unis », estime Hajime Ohta, directeur des affaires économiques internationales au Keidanren. La plupart des auteurs « révisionnistes » prennent grand soin de ne pas dénigrer le Japon. Mais la politisation du débat encourage les dérapages : on ne motive pas les électeurs sur des questions complexes de politique économique... Il est plus facile de jouer sur les sentiments xénophobes, de réinventer un nouveau maccarthysme, antijaponais cette fois.

L'opinion publique américaine, toute prête à voir expliquer ses malheurs par la formule magique : « C'est la faute aux Japonais ! », enfourche — et pervertit — les thèses révisionnistes. Mal digéré, le thème de la différence dérape souvent, sur le terrain, dans la pure xénophobie. L'idée d'une politique commerciale plus musclée ne semble en tout cas pas déplaire au grand public. Selon les sondages, 69 % des Américains pensent que le japon a déjà surpassé les États-Unis sur le plan économique [1]. 69 % d'entre eux approuvent l'imposition de quotas à l'entrée des produits japonais [2]. La même proportion juge excessif le montant des investissements japonais aux États-Unis [3]. Le clan démocrate ne manque d'ailleurs pas de caresser l'opinion dans le sens du poil xénophobe aux élections présidentielles de 1992. Et « si les démocrates s'avèrent capables de marquer

1. *Wall Street Journal-NBC News*, 13 juin 1990.
2. *Business Week-Harris Poll*, 7 août 1989.
3. *Wall Street Journal-NBC News-Nippon Research*, 19 juin 1990.

des points sur ces questions, les républicains seront probablement obligés de réviser leur attitude libre-échangiste », estime Glen Fukushima.

Dans cette atmosphère, le *Japan bashing* va bon train sur Capitol Hill, où certains parlementaires tiennent des propos dignes du *Protocole des Sages de Sion*. « Les banques japonaises prêtent de l'argent à nos entreprises pour avoir accès à leurs comptes. Elles découvrent leurs faiblesses, les exploitent, et demandent 20 % de la firme en échange d'un sauvetage », affirme avec aplomb la représentante républicaine de Baltimore, Helen Bentley. Plus sérieusement, les « faucons » du Congrès puisent le fondement théorique de leurs initiatives aux sources « révisionnistes ». On ne compte plus les projets de loi qui donneraient au gouvernement la possibilité de comptabiliser — et dans certains cas de restreindre — les investissements étrangers aux États-Unis. L'un des textes les moins contraignants, présenté par le sénateur démocrate James Exon, oblige simplement les investisseurs à une notification publique de la transaction. Il sera adopté. Mais l'administration Bush a su résister aux projets de loi plus dirigistes, exigeant de la part des investisseurs étrangers des déclarations d'intention, notamment sur la manière dont ils entendent utiliser la technologie américaine. Le texte le plus radical, soumis par le représentant démocrate de Pennsylvanie Doug Walgren, aurait permis à la Maison Blanche de bloquer toute acquisition étrangère menaçant « la sécurité nationale ». Le président aurait alors pu demander que les acquéreurs n'exportent pas de technologie, ou continuent à employer des fournisseurs américains...

Charlatanisme économique ?

À Tokyo, les « révisionnistes » font peur. Leurs thèses sont le plus souvent dénoncées comme des réactions « émotionnelles », qui peuvent conduire à des initiatives dangereuses pour l'alliance nippo-américaine. C'est que, vu du Japon, le problème nippo-américain n'est pas dû aux spécificités du système économique japonais, mais plutôt aux insuffisances américaines. « S'ils ne règlent pas leurs problèmes, ils auront du mal à nous convaincre de porter le chapeau. Faire des efforts, oui. Sacrifier notre croissance, non! », résume un haut fonctionnaire des Affaires étrangères. « L'éthique du travail est en voie de disparition en Amérique, alors qu'elle est restée forte ici », explique Hajime Ohta du Keidanren. Le couplet du président de Sony sur l'économie américaine, malade du court terme et de la « financiarisation », est devenu célèbre. « Les Américains, aujourd'hui, font de l'argent en maniant des capitaux et en les faisant tourner, au lieu de créer et de produire des biens qui ont une réelle valeur », écrit Akio Morita dans *Le Japon qui peut dire non*. Et il ne se prive pas d'avertir ses amis américains : « Nous planifions nos affaires 10 ans à l'avance, alors que vous semblez préoccupés seulement des profits que vous allez faire dans 10 minutes. À ce rythme, il se peut que vous ne soyez jamais capables de nous faire concurrence. »

Les membres de l'élite japonaise soulignent que le Japon partage avec les États-Unis des valeurs fondamentales comme la démocratie, les droits de l'homme et l'économie de marché. Mais ils sont aussi de plus en plus nombreux à expliquer que les États-Unis, au lieu d'essayer d'entraîner le Japon dans leur déclin, feraient mieux de prendre des leçons : « L'histoire du Japon est un processus d'occidentalisation. Nous avons toujours fait des efforts pour nous ajuster à la culture et à la norme de l'Occident, souligne Hajime Ohta. Les pays occidentaux, de leur côté, ont-ils fait le moindre effort pour adopter certains de nos comportements? » Des critiques plus virulents accusent Washington de vouloir « changer la culture nippone » ou, pis, de chercher à « détruire les valeurs » japonaises.

Le directeur du Keidanren, Kazuo Nukazawa, tient les thèses « révisionnistes » pour du « charlatanisme économique » : la construction d'une théorie économique à partir d'anecdotes et non de faits[1]. Sans aller aussi loin, la plupart des observateurs nippons soulignent que les thèses « révisionnistes », si elles contiennent ici ou là des arguments pertinents, sont globalement périmées. « La vision révisionniste est construite sur un cliché figé du Japon », affirme Junichi Ihara, du bureau États-Unis du ministère des Affaires étrangères. Peu d'intellectuels ou d'économistes japonais ont jusqu'ici répondu aux « révisionnistes » par des arguments de fond. Yoshi Tsurumi, professeur à l'école de commerce de l'Université de la ville de New York, est de ceux qui essaient de démontrer, comme le journaliste britannique Bill Emmott, que le Japon est « rapidement en train de devenir une démocratie à l'américaine, axée sur le consommateur[2] ».

Peut-être le Japon pratiquait-il une forme de « commerce hostile » au début des années 80, concède Yoshi Tsurumi dans son article. Mais de nombreuses statistiques viennent aujourd'hui contredire cette thèse. L'excédent commercial nippon prétendument inamovible, est passé de 4,2 % du PNB en 1985, à 3,2 % en 1989 (alors que celui de la RFA progressait dans le même temps, de 4,5 % à 6,6 %). « Aujourd'hui, souligne Tsurumi, le Japon importe à peu près la même valeur de biens par habitant que les États-Unis. » En 1989, les exporta-

1. *Japan Echo*, volume XVI, n° 4, 1989.

2. « US-Japanese Relations : from Brinkmanship to Statemanship », *World Policy Journal*, hiver 1989-1990.

tions américaines vers le Japon étaient supérieures à leurs ventes à la RFA, la France et l'Italie réunies. De plus, insiste-t-il, le rééquilibrage vient essentiellement de l'importation de biens industriels. Les produits manufacturés représentent 22 % du total des importations japonaises en 1980, 49 % en 1988 et 61 % en 1989. Difficile, devant ces chiffres, de « soutenir que le marché japonais reste fermé ».

Deux faits viennent cependant nuancer cette avalanche de statistiques : quelque 20 % des produits « américains » importés au Japon sont en réalité fabriqués par les filiales de groupes nippons aux États-Unis. Par ailleurs, la part relative des Américains dans les biens manufacturés importés est en net déclin (de 35 % en 1985 à 25 % en 1988), tandis que celles des Européens et des Asiatiques progressent. Ce qui fait dire à des critiques nippons moins nuancés que ce que les Américains dénoncent comme une « conspiration du refus d'acheter » ne traduit que « leur incapacité à vendre ».

Le mythe de Japan Inc.

Pour Yoshi Tsurumi, le concept de *Japan Inc.* n'a pas plus de réalité que les barrières commerciales invisibles. D'une part, fait-il valoir, les relations entre le *Big Business* et les bureaucrates du gouvernement japonais sont devenues plus lâches et moins harmonieuses. D'autre part, les milieux d'affaires ne font plus, comme par le passé, la pluie et le beau temps au Parti libéral-démocrate. En s'internationalisant, en devenant riches, en développant une capacité de recherche-développement autonome, les groupes industriels échappent partiellement à l'emprise des fonctionnaires. À preuve : le déclin de l'influence du MITI qui, de véritable initiateur tout-puissant, est devenu un simple « agent d'information ». Le paradoxe, note l'auteur, est que si *Japan Inc.* existait, les dirigeants japonais auraient eu, au contraire, le pouvoir de faire respecter par les industriels certains engagements commerciaux pris vis-à-vis des Américains, ou bien d'empêcher des méga-acquisitions politiquement mal venues.

Le monde de l'entreprise lui-même est en pleine mutation, notent les analystes japonais. La carence de main-d'œuvre, l'embauche d'étrangers, le rôle croissant des femmes, la concurrence des firmes étrangères, fissurent le code rigide de la « culture d'entreprise » japonaise. En termes de priorité, l'expansion à tout prix cède le pas à l'amélioration de la capacité de recherche et de développement et à l'accroissement des profits. L'emploi à vie n'est plus la règle. Le *workoholism* (ivresse du travail) est moins en vogue : d'après les sondages du Japan Productivity Center, les jeunes cadres nippons sont de plus en plus nombreux à penser que leur vie personnelle et familiale est plus importante que leur travail. Et, de fait, les Japonais travaillent moins. Le gouvernement a initié en 1989 un programme qui dégonfle la charge hebdomadaire de 48 à 40 heures. La semaine de 5 jours devient une norme; prendre deux semaines de vacances en août est de plus en plus fréquent.

En outre, Yoshi Tsurumi croit fermement à la capacité du Japon de devenir une société de consommation à l'occidentale. « Le système politique japonais est nettement antidémocratique en ce qu'il fonctionne contre l'intérêt des consommateurs », reconnaît-il. Notamment parce que les électeurs ruraux sont sur-représentés à la Diète et parce que les bureaucrates protègent les intérêts des producteurs. Mais il interprète la perte de terrain du Parti libéral-démocrate (PLD) et l'émergence d'une opposition politique comme une « révolte » des populations urbaines et des non-propriétaires contre les privilèges des ruraux, la spéculation foncière et la corruption politique. « Avec une opposition plus variée et plus puissante, le PLD sera obligé de contenir les consommateurs », conclut Tsurumi.

Le rapport du MITI sur sa « vision des années 90 » pousse en tout cas dans ce sens. Le super-ministère qui a promu l'acier et les chantiers navals dans les années 60, l'automobile et l'électronique grand public dans les années 70, puis la micro-informatique et les technologies d'information, a accouché pour la décennie 90 d'un concept très nouveau : la qualité de la vie. « Nous étudions le moyen de mieux répondre à la demande, d'améliorer les conditions de vie au Japon », explique Tsuneyoshi Tatsuoka, directeur-adjoint de la division Amérique-Océanie du ministère. À visiter les bureaux des ministères japonais, on a en effet l'impression que le Japon pourrait sacrifier davantage au confort. Les fonctionnaires du prestigieux MITI reçoivent leurs hôtes sur des divans défoncés, entre trois armoires métalliques crasseuses et une table de bois bancale. Le linoléum miteux, les ventilateurs, les piles de paperasse, l'exiguïté des locaux, où s'affairent une vingtaine de jeunes bureaucrates en bras de chemise, évoquent plutôt un décor de théâtre pour officine de République bananière asiatique... que le saint des saints de la politique industrielle nippone.

« Le MITI, plaisante Tatsuoka, devrait peut-être être rebaptisé ministère de la Consommation et des Importations ! » En un clin d'œil appuyé à Washington, le rapport programmatique du ministère reconnaît que « le Japon a besoin de mieux harmoniser son système et ses pratiques nationaux avec ceux du reste du monde et d'accroître leur transparence ». Il constate, en outre, que « le succès du développement économique ne se reflète pas automatiquement dans la vie des gens ». En dépit de l'expansion, les Japonais sont moins riches en « temps libre », en « espace d'habitation », et en « possibilités de choisir ce qu'ils veulent acheter et à quel prix ». La politique industrielle et commerciale japonaise, concluent les stratèges du MITI, doit être davantage tournée vers « l'amélioration de la qualité de la vie » et l'opportunité, pour chaque citoyen, « d'épanouir son individualité et ses capacités ». En un mot, elle doit devenir plus « humaine ».

La société japonaise a sur ce point déjà beaucoup changé : les Japonais goûtent en nombre croissant aux plaisirs de l'opulence et des loisirs. La vente des produits de luxe a été fortement stimulée par une baisse des taxes (de 15 % à 3 %). Voyages, activités sportives et parcs d'attractions sont en plein boom. « Mes enfants sont des créatures différentes, explique Hajime Ohta du Keidanren. La nouvelle génération s'est débarrassée de la "mentalité d'affamés" des gens qui ont connu la guerre. » Eux aussi, ils « flambent » : les BMW et les Jaguar envahissent Tokyo, le Japon compte pour plus de 50 % dans le chiffre d'affaires de Louis Vuitton et pour plus de 20 % des diamants vendus sur la planète. 10 % des produits présentés dans les grands magasins nippons sont importés. Et l'impénétrable système de distribution des « petits magasins de papa-maman », commence lui aussi à se fissurer sous les coups de boutoir des chaînes de distribution de type Seven-Eleven et des centres commerciaux à l'américaine. Les grandes surfaces du jouet (Toys R'US) et de l'ordinateur (Business Land) prennent pied au pays du Soleil levant. Et la notion de discount fait tout à coup irruption dans le vocabulaire des ménagères.

La démarche de la Maison Blanche contre les

barrières structurelles aux échanges vise précisément à s'appuyer, au Japon, sur le pouvoir naissant des consommateurs. Selon un sondage du *Nihon Kezai Shimbun*, une majorité de Japonais comprennent que les réformes structurelles demandées par Washington bénéficieraient aux consommateurs nippons. Mais ont-ils les moyens d'exercer une quelconque influence ? Karel Van Wolferen est à cet égard catégorique : l'idée que « le public japonais sera un jour fatigué de subventionner les exportations (en payant ses produits de consommation aux prix les plus élevés du monde), et aidera ainsi à apporter des changements structurels majeurs, montre à quel point l'Ouest connaît mal les arrangements politiques informels destinés à éviter ce genre d'événement[1] ».

Certaines personnalités japonaises de l'opposition sont également sceptiques : « Ce sont les salariés qui ont payé le plus durement la politique d'expansion. Nous avons besoin de politiciens qui les représentent », explique Wakako Hironaka, élue l'an dernier à la chambre haute de la Diète sur la liste du Komeito, petit parti d'opposition modéré.

Néo-nationalisme

Non seulement le « révisionnisme » s'appuie sur un portrait erroné du Japon, mais ses recettes sont inopérantes, souligne-t-on à Tokyo. De fait, les secteurs protégés par des accords de restrictions volontaires des exportations japonaises (semi-conducteurs, automobiles...) n'ont pas regagné leur compétitivité. Dans une économie globale, souligne Kazuo Nukazawa du Keidanren, restreindre les exportations japonaises n'a pas de sens : « Cela ne

1. *Foreign Affairs*, automne 1990.

ferait que stimuler les importations de biens japonais produits par leurs filiales européennes ou asiatiques[1]. » Même si les groupes japonais étaient neutralisés, leurs parts de marché seraient vite récupérées par les firmes les plus compétitives de la planète. C'est ce qui s'est en partie passé, avec les pays du Sud-Est asiatique, lors de la hausse forcée du yen. « En fin de compte, conclut ironiquement Nukazawa, les États-Unis seraient contraints d'élargir leurs politiques de restrictions au monde entier. »

Les propositions « révisionnistes » ne sont pas crédibles, car les États-Unis sont déjà plus dépendants qu'il n'y paraît, estime Yoshi Funabashi, éditorialiste du quotidien *Asahi Shimbun*. D'une part, des rétorsions heurteraient autant les intérêts américains que ceux du Japon. D'autre part, la faiblesse financière des États-Unis leur interdit un bras de fer. « James Fallows propose de contenir le Japon... Veut-il aussi contenir les capitaux japonais ? »

Or, Tokyo semble de plus en plus disposé à utiliser le bras de levier de l'interdépendance pour ne plus se laisser marcher sur les pieds. « À l'avenir, si les États-Unis tiennent à bousculer le Japon, ils peuvent s'attendre à ce que le Japon les bouscule en retour », écrit Yoshi Tsurumi. À chacun ses « faucons ». « Nous avons, nous aussi, nos révisionnistes. Contrairement aux Américains, ils sont jeunes, anonymes et apolitiques », notait un récent éditorial de l'*Asahi Journal*[2]. « La jeune génération, qui n'a pas connu la période d'occupation américaine, n'a pas peur de Washington, constate un fonctionnaire du ministère des Affaires étrangères. Elle n'a pas non plus de respect particulier pour une société américaine rongée par les problèmes et une économie sur

1. *Japan Echo*, volume XVI, nº 4, 1989.
2. Yoshimi Ishikawa, *in Business Tokyo*, août 1990.

le déclin. Notre jeunesse a pris confiance en soi ; elle est indépendante. »

Si le Japon « vendait ses puces à l'Union soviétique et arrêtait de les vendre aux États-Unis, cela bouleverserait complètement l'équilibre militaire », a souligné le politicien Shintaro Ishihara dans *Le Japon qui peut dire non*. Pour lui, l'antijaponisme américain est pur racisme : « Le préjugé racial américain, explique-t-il, est fondé sur la croyance culturelle que l'ère moderne est la création de la race blanche. » Ces propos ont été souvent réfutés comme les délires d'un néo-nationaliste irresponsable. Ishihara est un provocateur : n'a-t-il pas expliqué, après un voyage à Washington, que les fonctionnaires et parlementaires américains étaient « paresseux, ignorants et insensibles[1] » ? Pourtant, sur certains aspects, Ishihara formule explicitement ce que beaucoup de Japonais pensent : « Il est faux d'affirmer que le système américain est juste parce qu'il est universel. Le fait que nous ayons réussi en dehors de ce système signifie que les Américains et les autres se sont trompés. »

L'*America-bashing* nippon répond au *Japan-bashing* yankee. D'où, explique Yoshi Tsurumi, le grand danger du « révisionnisme ». Une politique de pression, au lieu d'encourager la réforme consumériste et l'ouverture internationale du Japon, serait totalement contre-productive. Elle redonnerait du pouvoir aux bureaucrates, amenés à gérer les échanges. Pis, elle renforcerait le sentiment néo-nationaliste, qui gagne déjà du terrain. À supposer même que, grâce à une politique agressive, Washington améliore la balance commerciale américaine de 10 milliards de dollars... l'avantage, fait valoir Tsurumi, serait « insignifiant », comparé aux catastrophes

1. « Ishihara Still Says "no" — and Much, Much Else », *Japan Economic Journal*, 25 août 1990.

possibles (chute du dollar, taux d'intérêt au plafond, récession planétaire, Amérique latine exsangue après le retrait des capitaux nippons...). « Les États-Unis, conclut-il, doivent comprendre que pas d'action du tout vaux mieux que beaucoup de mauvaises initiatives. »

Ce plaidoyer pour le statu quo a, pour l'instant, été entendu de l'autre côté du Pacifique. Mais l'image du « Japon à la croisée des chemins » devient de plus en plus difficile à vendre, en l'absence de progrès tangibles sur la balance commerciale bilatérale. D'autant que certains observateurs japonais, même parmi les « antirévisionnistes », tiennent un discours sur les atouts nippons, qui n'est pas de nature à rassurer les Américains. « Qu'elles pensent ou non avoir affaire à une politique commerciale "déloyale", les entreprises américaines se sentiront encore plus menacées par les Japonais dans les années 90 », estime Kan Ito, journaliste et consultant politique japonais basé à Washington. Beaucoup de fonctionnaires nippons ont été flattés par le pouvoir que leur prêtent les critiques étrangers, explique-t-il. Mais les clés de la compétitivité japonaise — la capacité à épargner, à investir, à gérer et à étudier plus sérieusement que les Américains — résultent « du sacrifice et du dur labeur du peuple japonais dans son ensemble, pas du talent d'une poignée de bureaucrates du MITI ». À supposer même que le Japon se transforme du jour au lendemain en société de consommation ouverte, les entreprises conserveraient, sur leur lancée, une puissance de frappe qui leur permettrait de damer le pion à l'Occident pendant longtemps.

11

L'ELDORADO EUROPÉEN

À l'assaut du Vieux Monde

Après les États-Unis, l'Europe. La Communauté Économique Européenne, qui n'avait, jusqu'à une période récente, que le statut d'arrière-cour commerciale, est devenue pour les firmes nippones une cible privilégiée. On ne s'en cache d'ailleurs pas à Tokyo. Il ne s'agit pas, pour les groupes japonais, de délaisser les États-Unis, qui sont et resteront un élément clé de leur stratégie. Mais il est bien question de réorienter l'effort de conquête commerciale vers le Vieux Monde.

Les statistiques prouvent que le mouvement est déjà amorcé : pour la première fois en 1990, la CEE a dépassé l'Asie en termes d'investissements cumulés japonais (45 milliards contre 40), constate un rapport effectué pour le Club de Bruxelles [1]. Au cours de l'année fiscale 1990, les groupes nippons ont réalisé pour 14,3 milliards de dollars d'investissements directs en Europe. Entre 1987 et 1990, la masse des capitaux japonais se portant vers l'Europe a été multipliée par 4, contre 2,7 aux États-Unis ! Et, malgré une nette chute du total des investissements japonais à l'étranger en 1990 et 1991, la part relative

1. Jacques Gravereau, Noriko Awazu, Takuro Kimura, *Le Japon et l'Europe*, vol. I, septembre 1990. Europe-Japon : surmonter les déséquilibres, automne 1991, HEC Eurasia Institute.

de l'Europe ne cesse de progresser : 24,1 % en 1989, 27,2 % en 1990, 34,4 % d'avril à septembre 1991.

De l'avis des experts, ce ne sont là que les signes précurseurs d'un raz de marée à venir. Tokyo souhaite, comme l'explique Takashi Fumiaki, spécialiste de l'Europe de l'Ouest au ministère des Affaires étrangères, « renforcer le côté le plus faible du triangle Japon/États-Unis/CEE ».

L'attirance nippone envers l'Europe s'explique de deux façons. Premièrement, le Japon ne souhaite pas mettre tous ses œufs dans le panier américain ; Tokyo redoute les conséquences de l'antijaponisme croissant aux États-Unis. Deuxièmement, l'Europe des Douze devient un formidable marché de 340 millions de consommateurs en voie d'harmonisation, une promesse d'eldorado que les firmes nippones, à la recherche d'une assise globale, ne peuvent ignorer. Les citoyens de l'Europe des Douze disposent en effet aujourd'hui d'un pouvoir d'achat de 4 600 milliards de dollars, contre un peu moins de 2 000 pour les Japonais et 5 400 pour les Américains. Pour la première fois en 1989, Sony a vendu davantage de gadgets électroniques dans le Marché commun qu'aux États-Unis.

La CEE a de multiples charmes. D'une part, les perspectives de croissance économique sont meilleures sur le vieux continent qu'aux États-Unis. D'autre part, l'intégration économique de 1993, avec son cortège de simplifications réglementaires, de libéralisation des marchés et d'harmonisations douanières et juridiques, devrait profiter à tous les acteurs économiques, européens comme étrangers. Enfin, l'Europe de l'Ouest est devenue le pôle où pourraient s'agréger d'autres entités économiques comme les membres de l'AELE[1] et, à terme, les pays de l'Est en pleine mutation politique.

1. Association Européenne de Libre-Échange : Autriche, Finlande, Islande, Norvège, Suède, Suisse.

Des sondages récents montrent qu'au Japon l'image d'une « Forteresse Europe », dans laquelle il s'agirait de pénétrer avant que les grilles protectionnistes ne se ferment en 1993, correspond davantage à un slogan mobilisateur qu'à une véritable crainte de la recrudescence du protectionnisme[1]. « Loin d'élever le niveau de protection européen, le grand marché accroîtra la demande pour tous », estime Hajime Ohta, chargé des relations économiques internationales au Keidanren. L'Agence de planification économique nippone a d'ailleurs calculé que Bruxelles n'avait pas intérêt à choisir la voie des barrières aux échanges : une surtaxe européenne de 10 % frappant l'entrée de produits nippons, qui ferait perdre au Japon un point de PNB, handicaperait, selon elle, l'économie des Douze dans les mêmes proportions 18 à 20 mois plus tard.

La difficile « campagne d'Europe »

En Europe comme aux États-Unis, le Japon cherche à atténuer les frictions commerciales par une politique d'implantations locales. Le déficit commercial de la CEE par rapport au Japon ne cesse de croître, culminant à 28, 4 milliards de dollars en 1991. Plus alarmant pour les pays européens, le déséquilibre s'accentue pour l'automobile, l'électronique et les équipements de télécommunications. Bruxelles a demandé que le Japon applique des restrictions quantitatives de ses exportations dans ces secteurs, ce qui a contribué à accélérer la migration des usines nippones vers l'Europe.

1. « Current Situation of Business Operations of Japanese Manufacturing Enterprises in Europe, The 6th Survey Report », mars 1990, et « Questionnaire sur l'unification du marché des CE », Keidanren, novembre 1989.

Les « usines tournevis » japonaises étant devenues les objets de nombreuses plaintes anti-*dumping* (excavateurs hydrauliques, machines à écrire, photocopieurs, imprimantes, fours à micro-ondes, semi-conducteurs, téléphones cellulaires, cassettes audio), les Japonais se sont attachés à augmenter la proportion de composants produits localement. Notamment en faisant venir leurs sous-traitants nippons. Au cours de l'année 1990, 111 fabricants japonais de pièces détachées et de composants se sont implantés sur le Vieux Continent. « Le danger, résume l'avocat britannique Alastair Sutton, du cabinet bruxellois Forrester Norall & Sutton, est qu'à l'ère des frictions commerciales succède maintenant l'ère des conflits sur les investissements[1]. »

L'assaut des rivages européens ne se présente pas exactement, pour les armées du Soleil levant, comme la conquête du continent américain. Les groupes nippons ont l'avantage de débarquer en Europe forts de leur expérience américaine. « Au fil des temps, les firmes japonaises ont accumulé un certain savoir-faire en matière d'investissement étranger : elles appliquent dans la CEE ce qu'elles ont appris aux États-Unis. Elles transfèrent d'ailleurs souvent leurs cadres d'un continent à l'autre », souligne Koji Sugiue, directeur des affaires européennes au MITI. La plupart des investissements japonais en Europe sont donc, d'emblée, plus sophistiqués qu'outre-Atlantique : il ne s'agit plus de monter de simples opérations d'assemblage mais d'établir rapidement des filiales capables de mener sur place — plus près du marché — la recherche, le développement, la production et la commercialisation des produits. Nissan, Sharp, Sony disposent désormais d'unités de recherche en Europe. Et les grands groupes japonais affichent l'intention

1. Colloque du Club de Bruxelles, 28 septembre 1990.

d'accorder une large autonomie à leurs divisions européennes, d'accroître le contenu local, ainsi que de s'appuyer le plus possible sur des cadres européens. Les groupes les mieux intégrés, comme Sony, s'efforcent même d'employer la langue locale comme langue officielle dans chacune de leurs usines. Sous la pression des pays hôtes, la proportion de composants produits sur place a progressé de 44 % au début des opérations à 56 % en 1987. Les entreprises nippones s'appliquent également, en Europe comme aux État-Unis, à devenir de « bons citoyens » des milieux d'affaires, notamment en jouant les bienfaiteurs des communautés locales et les mécènes des arts.

Comme outre-Atlantique, leurs stratèges mettent habilement à profit la zizanie entre les différents groupes d'intérêts. Les régions européennes se livrent entre elles une guerre des subventions pour être choisies comme site d'une nouvelle implantation. Nissan a par exemple récupéré, en abattements fiscaux et autres aides, un cinquième du coût de création de son usine de Sunderland en Grande-Bretagne. Les octrois d'aides à l'installation dépassent parfois les seuils établis par Bruxelles. Et la CEE n'est jamais réellement parvenue à monnayer son ouverture contre des concessions japonaises équivalentes.

Les organisations privées et publiques japonaises ont mis au point, par ailleurs, une structure d'information importante, de ce côté-ci de l'Atlantique. « Le mode de fonctionnement de nos institutions impose une forte contrainte de transparence : nous sommes une maison de verre », déplore un eurocrate. Une analyse fine des positions respectives des acteurs permet aux Japonais non seulement de jouer les industriels européens et les gouvernements des Douze les uns contre les autres... mais, plus subtilement, au sein même de la Commission européenne et des capitales, de s'appuyer sur tel commissaire ou tel ministre contre tel autre. L'activité de lobbying, bien qu'embryonnaire, est elle aussi perceptible. L'association des constructeurs automobiles japonais, la JAMA, a transféré son siège de Paris à Bruxelles. « Elle a compris où il fallait maintenant exercer de l'influence, où le pouvoir se trouvait réellement », constate avec amertume Jacques Calvet, le président de Peugeot SA. Et les spécialistes de la mécanique bruxelloise, comme leurs homologues américains, commencent à faire l'objet d'offres d'emploi nippones.

Les Japonais savent néanmoins que la « campagne d'Europe » sera autrement ardue que la bataille d'Amérique. Les pays européens étant moins tributaires que les États-Unis des capitaux nippons pour boucler leurs budgets et accordant moins d'importance à la géostratégie asiatique, le bras de levier politique est moindre. Le jeu de billard à douze bandes qui se pratique en permanence à Bruxelles, s'il facilite la tactique de la zizanie, complique par ailleurs considérablement le jeu des Japonais : la moulinette complexe de l'eurocratie débouche le plus souvent sur ce que l'esprit japonais abhorre le plus : l'incertitude. Enfin, la diversité géographique, culturelle et linguistique de la CEE et la faiblesse des liens historiques entre le Japon et les nations européennes desservent les entrepreneurs nippons. Interrogés par le Keidanren, les capitaines d'industrie expliquent que leurs problèmes, en Europe, découlent en premier lieu de la difficulté à recruter des cadres locaux, deuxièmement de la langue, enfin des questions de sous-traitance et de respect des règles de contenu local.

Le facteur politique est un élément crucial pour les choix d'implantation de nouvelles unités japonaises. Il est donc naturel que les Japonais aient eu tendance, jusqu'ici, à privilégier la Grande-Bretagne, pays qui ressemble le plus — politiquement et culturellement — aux État-Unis. Margaret Thatcher a inauguré en grande pompe l'usine Nissan de Sunderland. Quel autre Premier ministre européen aurait été prêt à un tel geste de bienvenue ? Le fait que le Japon moderne soit de culture anglo-saxonne ne gâche rien. Le Royaume-Uni a accueilli 35 % des investissements directs nippons entre 1951 et 1989, ce qui en fait le cheval de Troie de l'industrie japonaise. « L'Angleterre n'avait plus d'industrie : elle s'en est acheté une en prêt-à-porter, les Japonais recevant en échange un ticket d'entrée dans la CEE », raille un industriel français.

Les hommes d'affaires de l'archipel sont cependant en train de se rendre compte qu'ils ne peuvent pas se contenter, pour conquérir le Marché commun, de s'installer en Grande-Bretagne. Tant qu'à jouer la stratégie du bernard-l'ermite, autant choisir une coquille plus européenne. Ils tentent donc à présent de se recentrer sur la RFA et la France, géographiquement au cœur de l'Europe et politiquement au centre des décisions bruxelloises. Les onze Länder allemands ont chacun ouvert à Tokyo une officine chargée d'attirer les investissements. L'Allemagne réunifiée pourrait, de plus, servir de passerelle vers une Europe de l'Est vis-à-vis de laquelle les Japonais restent très prudents. Le fort potentiel de développement de l'Espagne est noté avec intérêt. L'Irlande, la Grèce et le Portugal, en revanche, sont considérés au Japon comme des zones d'importance secondaire, en dépit du faible coût de leur main-d'œuvre.

La France recueille 6 % des investissements directs nippons en Europe, en cinquième position derrière la Grande-Bretagne, les Pays-Bas (22 %), le Luxembourg (12 %) et l'Allemagne (8 %). Mais elle figure au troisième rang pour le nombre d'unités manufacturières. Hitachi a récemment installé une usine de disques magnétiques pour ordinateurs près d'Orléans. En 1992, Sony a démarré deux nouvelles productions (têtes de lecture laser et circuits électroniques multicouches) sur son site de Bayonne. Certains groupes, comme Ricoh pour sa deuxième usine, ont clairement fait le choix de la France parce qu'ils pensaient pouvoir tirer parti de son influence politique à Bruxelles.

Pour prendre pied sur ces marchés d'Europe continentale, moins familiers, les firmes nippones ont souvent recours à des accords de partenariat. L'annonce récente d'une alliance de grande envergure entre Mitsubishi et Daimler Benz — qui envisagent 100 à 150 projets communs, des automobiles aux avions — illustre bien cette tendance. « Même si nous ne sommes jamais capables de franchir la muraille protectrice [de l'Europe intégrée], des relations étroites avec un groupe allemand nous donneront sûrement un accès privilégié à l'information intra-européenne », explique Yotaro Iida, directeur général de Mitsubishi Heavy Industries[1]. La maison de commerce nippone C. Itoh a passé elle aussi un important accord de coopération avec la firme d'ingénierie et de sidérurgie ouest-allemande Klöckner-Werke, notamment pour la production, à Brême, de tôles d'acier destinées à l'industrie automobile. Les partenaires européens découvriront sans doute comme les Américains que, pour les Japonais, la collaboration n'exclut pas une forme de compétition, où il s'agit d'apprendre les compétences de

1. *Japan Economic Journal*, 7 avril 1990.

l'autre, tout autant que de l'utiliser pour éviter un gros investissement.

Les groupes nippons semblent par ailleurs prêts, selon l'enquête de l'HEC-Eurasia Institute, à se lancer plus résolument dans les fusions et acquisitions d'entreprises. Ils ont doublé, en 1989, le nombre de leurs acquisitions en Europe, réalisant 101 transactions (toutes amicales) dont un tiers en Grande-Bretagne. L'achat d'entreprises est un bon moyen de gagner des parts de marché en utilisant des capacités de production existantes, ce qui est plus rapide et moins controversé que de déplacer la concurrence en construisant sa propre base. Dai Nippon Ink & Chemicals a ainsi renforcé sa présence européenne au cours des trois dernières années à travers 12 acquisitions. Il s'agit souvent, pour les Japonais, de se doter rapidement de réseaux de commercialisation qui auraient été difficiles à monter *ex nihilo*. Dans la perspective d'un développement rapide du M&A nippo-européen, les grandes banques et maisons de titres japonaises multiplient les accords avec des spécialistes locaux. Nomura a, par exemple, acquis 40 % de la petite banque d'affaires allemande Matuschka.

La finance reine

Pour ce qui est des secteurs d'activité, la part du lion revient aux services : finance, assurance, immobilier, réseaux commerciaux... représentent 80 % des montants investis. Et l'Europe attire désormais davantage d'investissements japonais directs dans la finance et l'assurance (40 % en 1989) que l'Amérique du Nord (30 %). Dernier exemple français : l'entrée de Dai-Ichi Mutual Life dans la Compagnie Financière du groupe Victoire. Dans le même temps, la Royal Insurance britannique s'associait en Grande-Bretagne avec la compagnie d'assurances Nissan Fire and Marine, notamment pour couvrir les opérations industrielles de Nissan et d'Hitachi en Grande-Bretagne.

La City de Londres a bien sûr été prise d'assaut, dès avant son « Big Bang »[1], par les poids lourds nippons. Presque tous les grands noms de la banque ou de l'assurance japonaise se sont, par la suite, dotés d'une filiale à Paris et ils sont — discrètement mais systématiquement — entrés dans les « noyaux durs » des sociétés françaises privatisées. La prise de participation récente de Fuji Sankei dans la maison de disques britannique Virgin Group reflète aussi, comme aux État-Unis, un intérêt croissant de l'archipel pour l'industrie des loisirs. Les circuits commerciaux, points faibles des Japonais en Europe, subiront sans nul doute un assaut en règle, pronostique l'HEC-Eurasia Institute : les grandes sociétés de commerce japonaises, les *sogo shosha*, sont à l'affût d'acquisitions dans ce domaine. Les Japonais constituent notamment des réseaux de concessionnaires automobiles en Espagne, en prévision de la montée en puissance de leur production automobile locale.

Le béton n'est pas en reste : les investissements nippons dans l'immobilier européen ont augmenté de 75 % en 1989 et se sont stabilisés en 1990, pour atteindre 6,6 milliards de dollars en montant cumulé. Les acquisitions se situent aux deux tiers en Grande-Bretagne, presque exclusivement à Londres, avec notamment l'immeuble du *Daily Express* sur Fleet street, Paternos-square, County Hall. La France vient juste derrière avec 1,5 milliard de dollars (9 milliards de francs) de transactions en 1989. Mais la visibilité d'opérations symboliques — un

1. Dérégulation de la Place de Londres, en octobre 1986.

tiers du Forum des Halles, l'immeuble Shell de la rue de Berri, une partie de la dalle Montparnasse, le Grand Hôtel de Saint-Jean-Cap-Ferrat, le restaurant Lucas-Carton — ne doit pas faire oublier que l'hexagone ne représente que 1 % des placements japonais dans la pierre. En Espagne, l'intérêt des Japonais, qui se portait jusqu'alors sur les hôtels et les complexes de loisirs de la Costa del Sol, se concentra sur Barcelone, où ont été organisés les jeux Olympiques de 1992, et sur Séville, hôte de l'exposition Universelle.

Les investissements de production japonais dans la CEE ont également progressé de façon spectaculaire ces dernières années : 0,8 milliard de dollars en 1987, 1,5 milliard en 1988, 3 milliards en 1989. Dans le même temps, le nombre d'usines doublait. Avec 4,5 milliards de dollars d'investissements industriels cumulés, l'Europe ne représente cependant que 20 % du montant atteint aux États-Unis. Le triangle stratégique Angleterre/France/Allemagne accueille le gros des usines. Sur les quelque 676 entreprises manufacturières à capitaux japonais présentes en Europe en 1991, le JETRO en recense 187 en Angleterre, 122 en France, 109 en RFA, 64 en Espagne, et 39 en Italie...

Les domaines d'activités reflètent très largement la structure des exportations du Japon vers la CEE. Le secteur électronique au sens large domine amplement, suivi de l'automobile et des pièces détachées, puis des biens d'équipements industriels et de la chimie. Les Japonais sont en revanche absents, pour l'instant, de la pharmacie, de la biotechnologie, de l'agro-alimentaire, de l'espace, de l'aéronautique, des matériaux composites... Dans l'électronique et l'automobile, on assiste au schéma devenu classique aux États-Unis : la production locale se substitue petit à petit aux exportations. L'arrivée des usines d'assemblage nippones entraîne à son tour la venue d'une nuée de sous-traitants. Pour l'électronique et l'électroménager grand public, on identifie des vagues de production successives : téléviseurs couleur dans les années 70, magnétoscopes au début des années 80, puis lecteurs de disques compacts, fours à micro-ondes et télécopieurs. Sony et Toshiba ont lancé le mouvement de délocalisation. Il existe actuellement 13 firmes japonaises en Europe, fabriquant 21 % des postes de télévision assemblés sur le continent. Pour les magnétoscopes, 21 fabricants nippons se partagent 50 % de la production européenne. Ces firmes, en général, importent du Japon les pièces à forte valeur ajoutée, produisent sur place les éléments à valeur intermédiaire et importent d'Asie les composants à faible valeur ajoutée.

D'après une étude de l'Industrial Bank of Japan, les branches industrielles sur lesquelles les entreprises européennes sont plus compétitives que les japonaises se comptent sur les doigts d'une main : pharmacie, chimie, aéronautique, équipements de télécommunications. Les secteurs où les Japonais ont un avantage comparatif important — machines électriques, automobile, mécanique de précision, optique, horlogerie... — sont évidemment ceux où ils modifieront le plus profondément le paysage industriel européen. D'autant que l'unification de 1993 provoquera, sur ces mêmes marchés, un vaste mouvement de restructuration : « La concurrence se développera par les productivités relatives, les disparités de prix entre les marchés s'estomperont, les économies d'échelle pourront jouer à plein », estime le rapport de l'HEC-Eurasia Institute. Il existe, par exemple, aujourd'hui aux États-Unis deux producteurs de générateurs, contre dix dans la CEE.

Octobre 1990 : le Mondial de l'automobile ouvre ses portes à Paris. Les constructeurs de la planète exhibent leurs derniers bijoux porte de Versailles. Pour les Européens, l'heure est pourtant moins à l'autosatisfaction qu'à l'alarme. Dans sa conférence de presse, le président de Peugeot SA, Jacques Calvet, traite la Grande-Bretagne de « cinquième île du Japon ». Il refuse la perspective d'avoir à « ouvrir l'Europe avant même de l'avoir construite ». Il faut, selon lui, « marquer une pause » dans la construction de la Communauté et arrêter les discussions de libéralisation du marché avec les Japonais. « C'est un dérapage que l'on n'avait jamais vu... Il faut reprendre le dossier à zéro », tempêtait deux semaines auparavant le ministre français des Affaires européennes, Édith Cresson, alarmée de la tournure des discussions entre Bruxelles et Tokyo.

Pourquoi cet émoi ? Les négociateurs de Bruxelles doivent boucler un accord avec leurs homologues japonais pour déterminer selon quelles modalités le marché européen de l'automobile s'ouvrira aux véhicules nippons, qui représentent 9 % des ventes en 1990. C'est que, dans l'Europe du grand marché, il faudra bien harmoniser des dispositions commerciales encore très hétérogènes entre les Douze. La CEE absorbe, en 1990, 20 % des exportations japonaises de voitures. Cinq pays limitent l'entrée des modèles nippons. L'Italie, l'Espagne et le Portugal le font par le biais du règlement communautaire (respectivement à 1,5 %, 1,2 % et 5,6 %). La France fixe le quota japonais à 3 % de son marché. La Grande-Bretagne a négocié un *gentleman's agreement*, afin que les japonaises ne dépassent pas le seuil des 11 %. Les autres pays, en revanche, enregistrent une forte pénétration des véhicules nippons : 43 % en Irlande,

32 % au Danemark, 20 % en Belgique et 15 % en RFA, qui a pourtant trois constructeurs nationaux (Volkswagen, BMW et Daimler Benz).

Le dossier se complique du fait que les Japonais sont maintenant eux aussi « européens ». Toyota et Nissan s'étaient implantés dans la péninsule ibérique, avant même l'adhésion de ces pays à la CEE. Ces deux géants, ainsi que Honda, Isuzu et Suzuki, disposent de *transplants* en Grande-Bretagne, en Espagne ou en Allemagne. Leur capacité de production collective devrait atteindre 1,5 million par an, en vitesse de croisière. Quelle période de transition, quelle part de marché finale, quelles protections nationales, quel traitement des *transplants* les eurocrates doivent-ils négocier ? Les critiques acerbes d'Édith Cresson avaient été provoquées par la perspective d'une période de transition de 5 ans, pendant laquelle les Japonais seraient autorisés à monter jusqu'à 19 % du marché européen (11 % en France et en Italie, 19 % en Espagne). Pas du tout, rétorque la Commission européenne, fin septembre 1990, ces chiffres ne correspondaient qu'à un « scénario catastrophe » : nous tablons sur une part de marché japonaise de 12 % à 14 % fin 1997, voitures nippo-européennes comprises. Le flou de ces discussions est accentué par le fait que la Commission n'a pas, sur le dossier, de mandat de négociation précis : les accords d'autolimitation des exportations sont en principe interdits par le GATT, ce que les officiels nippons ne manquent pas de rappeler à chaque occasion.

Jacques Calvet, le plus intransigeant des constructeurs européens, estime qu'il serait « suicidaire » d'étendre la concurrence à des industriels qui ne l'appliquent pas en raison de leur propre culture : « Il faut leur refuser au nom de leurs principes ce qu'ils nous demandent au nom des nôtres[1]. » Il

1. « L'Europe, forteresse de sable », *Le Monde*, 6 janvier 1990.

préconise la limitation de la capacité des *transplants* existants et l'interdiction d'en créer d'autres ; le maintien d'un quota de voitures japonaises en Europe pour une période de dix ans, reconductible en cas de non-réciprocité commerciale ; la fixation de la part de marché japonaise à 10 % pour l'Europe et le respect des accords bilatéraux existants (le chiffre-plafond comprendrait à la fois les exportations et la production locale) ; enfin, un plan d'aide communautaire de l'industrie automobile européenne. Si Fiat, Renault, Volkswagen — et plus récemment BMW, inquiet de la percée des japonaises de luxe aux États-Unis — ne sont pas sur des positions très éloignées, Daimler Benz et les constructeurs américains Ford et General Motors, puissants en Europe, affichent une attitude beaucoup plus libérale. Il est vrai que Ford possède 25 % de Mazda et que les *transplants* japonais des États-Unis commencent à exporter vers l'Europe !

L'accord nippo-européen du 31 juillet 1991 prévoit finalement que les Japonais ne dépassent pas 16 % du marché automobile européen au 31 décembre 1999. Date après laquelle toutes les limitations devront sauter. Les importations resteront contrôlées en France (9 % en 1999), Italie, Portugal, Espagne et Grande-Bretagne, afin d'éviter tout « ciblage » de ces marchés actuellement régis par des quotas.

L'accord, qui n'est en réalité qu'une sorte de *gentlemen's agreement*, laisse cependant subsister un grand flou pour ce qui est de la production des *transplants* japonais en Europe. La Commission affirme que ces voitures sont comptées dans l'accord, tandis que le Japon estime qu'elles sont hors accord. Les constructeurs européens restent donc inquiets, car le marché se dégrade. Les ventes de voitures particulières ont baissé de 0,3 % en 1990 sur un marché communautaire où apparaît, pour la première fois, une « guerre des prix » à l'américaine. Les perspectives, déjà sombres avant la guerre du Golfe, se sont encore obscurcies depuis. On a vu que les constructeurs européens et les américains implantés en Europe n'ont pas encore atteint le niveau de productivité des Japonais. Ces derniers sauront-ils déployer demain, dans la CEE, la suprématie industrielle, commerciale et financière qui leur a permis de conquérir l'Amérique ? L'Europe automobile subira-t-elle le même sort que Detroit ?

À Sunderland comme à Smyrna

La stratégie nippone est en tout cas très comparable de part et d'autre de l'Atlantique. Écoutez le président de Nissan, Yutaka Kume : « Nous poussons notre programme de délocalisation de manière à être reconnus comme des *insiders*, des membres à part entière de l'industrie européenne. » En cette fin d'après-midi d'août 1990, Kume est installé dans un des salons de réception du 15e étage directorial de son siège. Il vient de quitter les représentants de l'ambassade des États-Unis et, par la fenêtre dominant le district de Ginza, il regarde s'apaiser l'orage estival. « Nous avons compris il y a longtemps que, si nous continuions à exporter des véhicules tout faits du Japon, nous nous verrions opposer des limitations. » Nissan aura investi 2 milliards de dollars en Europe d'ici à 1993. Le second constructeur japonais prévoit d'y vendre 700 000 véhicules au milieu des années 90, dont une moitié produite sur place.

La base anglaise de Nissan, c'est l'usine de Sunderland : un encadrement entièrement british, sauf deux « directeurs » nippons ; tout le monde en bleu de travail, du patron à l'ouvrier. 2 500 salariés triés sur le volet : 24 ans de moyenne d'âge (45 ans à Renault-Flins), syndiqués à 35 %. Taux d'absentéisme : 3 %. « Tout marche à la confiance retrouvée », explique un cadre[1]. On se croirait à Smyrna, Tennessee ! En dépit d'une productivité qui n'est pas encore optimale et d'un yen relativement faible, chaque Nissan Primera (concurrente de la Peugeot 405) coûte 500 dollars de moins à produire à Sunderland que si elle avait été exportée du Japon. Taux de fabrication locale affiché : 80 %. Au regard de ces chiffres, Bruxelles et même Paris ont dû reconnaître officiellement les véhicules de Sunderland comme « britanniques ».

Il faut cependant prendre la notion de contenu local avec des pincettes. Les 80 % annoncés par Nissan portent sur la valeur finale du véhicule, dont un bon tiers correspond à des coûts de service (marketing, maintien du réseau), explique un industriel français. Il est alors facile d'afficher un contenu local élevé en gonflant artificiellement ses frais financiers, même si le ratio ne représente que 50 % de la valeur de production industrielle de la voiture. Et, dans beaucoup de cas, les parties nobles — moteur, transmissions — sont importées du Japon.

Le taux de production locale comprend en outre les pièces fournies par les sous-traitants japonais qui, en Europe comme aux États-Unis, remplacent progressivement les équipementiers locaux. Une cinquantaine de spécialistes nippons de la pièce détachée ont pénétré l'Europe dans l'ombre de leur client et protecteur. Nippondenso, Calsonic, Ikeda Bussedan, Nikon Radiator, Sumitomo Rubber... ont soit racheté des fabricants européens, soit monté avec eux des partenariats. Il existe quelque 1 500 équipementiers automobiles européens —

1. Éric Le Boucher, « Les voitures nippo-anglaises de Sunderland », *Le Monde*, 26 octobre 1990.

contre 300 seulement au Japon —, et nombre d'entre eux sont trop fragiles pour s'adapter aux nouvelles conditions de concurrence. Dans un geste qui pourrait laisser présager une tendance, le groupe britannique Rover (géré par son partenaire Honda) a rompu ses relations avec un certain nombre d'équipementiers britanniques qui n'avaient pas respecté les délais de livraison. Ces fournisseurs de panneaux de garnitures intérieures, de câbles, de pare-brise seront vraisemblablement remplacés par des groupes nippons qui s'installeront autour de l'usine Rover de Longbridge.

La stratégie de reconstitution en Europe des *keiretsu* de l'automobile n'est pas neutre pour l'emploi. Des ouvriers jeunes et bien formés, des équipementiers plus productifs entraînent, grosso modo, la perte d'un emploi sur deux, fait-on valoir chez PSA. Jacques Calvet martèle une arithmétique simple : 7 voitures japonaises importées, c'est un emploi détruit en Europe. L'ouverture, sans réciprocité, des frontières européennes aux Japonais, c'est 140 000 emplois européens perdus, dont 70 000 en France (20 000 chez les constructeurs, 50 000 chez les sous-traitants dans l'hypothèse d'une pénétration japonaise de 15 %).

Si ces chiffres ne font pas l'unanimité chez les spécialistes, il reste que les investissements japonais créent en général moins d'emplois que ne l'affirment leurs promoteurs. L'arrivée des Japonais aux États-Unis a, selon une étude du General Accounting Office du Congrès, entraîné une perte nette de 360 000 emplois dans l'industrie automobile entre 1985 et 1990. Il est vrai que ce sont les gains de productivité, et non directement les Japonais, qui entraînent une érosion de l'emploi. Et il est difficile d'estimer le nombre de postes qui auraient été éliminés, de toute façon, si les *Big Three* s'étaient mis à niveau pour repousser les constructeurs nippons. Peugeot et Renault oublient souvent de mentionner, pour ne pas aggraver le climat social, que les progrès qu'ils se promettent de faire sous la menace japonaise se traduiront, eux aussi, par une grosse perte nette d'emplois. Si, *a contrario*, le maintien de protections commerciales contre les Nissan et autres Honda sauve, dans un premier temps, un certain nombre d'emplois, ce sera au prix d'un surcoût payé par le consommateur et par la collectivité.

Restructure ou crève!

Les constructeurs français ne sont cependant pas prêts à se laisser manger à la même sauce que Detroit. « Les trois *majors* américaines ont fait de terribles erreurs : d'abord sur le marketing, en ne voyant pas l'explosion du marché des petites voitures. Ensuite, sur la production, en se montrant incapables de les fabriquer », explique un professionnel français. Bref, les Américains ont abdiqué : ils ont « vendu leur segment de marché bas de gamme, d'abord aux Européens, puis aux Japonais ». Les Français de l'automobile jugent leurs rivaux américains avec sévérité : « Chrysler a hypothéqué son sort en coupant tout ce qui dépassait, notamment la recherche. Plus de produit, plus d'avenir. General Motors a gaspillé l'argent accumulé quand le marché était protégé... »

Les constructeurs de l'hexagone résisteront-ils mieux? « Les petites voitures, on connaît : on se bat sur notre produit et sur notre terrain », confie Tristan d'Albis, directeur des relations extérieures du groupe PSA. Peugeot-Citroën et Renault ont fait des pas géants sur la qualité et ont considérablement amélioré leurs résultats entre 1985 et 1990. Retard technologique? Connaît pas : « On est dans la course. On a même plusieurs kilomètres d'avance en termes de tenue de route, de style, de plaisir de conduite, d'économie de carburant, affirme Tristan d'Albis. Les voitures japonaises sont faites pour les embouteillages de Tokyo... » Point de vue sans doute un peu optimiste : selon un sondage réalisé en 1989 par l'Association des consommateurs britanniques, 4 des 7 voitures les plus fiables étaient des japonaises : les Nissan Micra, Sunny et Bluebird et la Toyota Corolla.

Les Français reconnaissent d'ailleurs qu'il reste de très gros efforts à réaliser en termes de productivité : « Nous avons fait, dans le silence général, de fabuleux progrès de productivité : 50 % depuis 1984 et on vise 50 % de mieux entre 1990 et 1995 », explique Tristan d'Albis. Citroën puis Peugeot, conseillé depuis 1980 par Shigeo Shingo, l'un des pères du toyotisme, ont d'ailleurs transposé dans leurs usines tous les traits de la méthode japonaise qui étaient transposables, des cercles de qualité à la gestion en flux tendus. Mais l'importation des méthodes nippones a des limites : comme aime à le souligner Jacques Calvet, Peugeot et Renault, qui jouent dans la même arène que les Japonais, ne disposent ni des mêmes travailleurs, ni des mêmes conditions sociales, ni des mêmes sous-traitants, ni de moyens financiers comparables[1]. Et ces handicaps-là sont difficilement rattrapables. PSA affirme néanmoins pouvoir se hisser au niveau de productivité de ses rivaux nippons en 6 ans. C'est peut-être sous-estimer leur capacité d'innovation : il y a peu de chances que les Toyota, Nissan et autres Honda restent immobiles, pendant que les Européens tentent d'effacer les contraintes du passé.

Le marché européen n'est, en tout cas, plus ce gâteau que l'on se partageait jadis entre gens de

1. « L'Europe, forteresse de sable », *art. cit.*

bonne compagnie. Ford et General Motors (qui ont chacun, en Europe, des parts de marché comparables à celles des constructeurs français) mettent, à accroître leurs ventes, toute la rage dont ils n'ont pas su faire preuve chez eux. Si Peugeot-Citroën maintient une bonne rentabilité (5,5 milliards de francs de profits pour 160,17 milliards de francs de ventes en 1991), c'est au détriment de sa part de marché. Quant à Renault, qui a opéré un redressement spectaculaire (3,08 milliards de francs de profits pour 166 milliards de francs de ventes en 1991), il tente de préparer l'avenir en réalisant un vaste accord de partenariat avec le Suédois Volvo.

Chacun met désormais les bouchées doubles sur la restructuration. Le premier constructeur européen, Volkswagen, qui affronte déjà les japonaises sur son propre marché, est, d'après les analystes, le mieux outillé pour résister à la déferlante. Fiat, en deuxième position, perd constamment du terrain, y compris sur le marché italien. Ses stocks gonflant dangereusement, le constructeur italien a été obligé de licencier provisoirement quelque 35 000 travailleurs en 1990. Il a envisagé puis abandonné une alliance avec Chrysler, et mise maintenant avec audace sur les marchés d'Europe de l'Est. Quant à Daimler Benz, il a préféré, selon les termes d'un professionnel français, « s'allier avec le diable » : le groupe Mitsubishi, qui vendra ses Mercedes au Japon.

Il y a fort peu de chances que tous les constructeurs survivent, tels quels, sur un marché dérégulé. Le président de Nissan, Yutaka Kume, n'a-t-il pas expliqué qu'il ne resterait en l'an 2000 que 4 ou 5 constructeurs automobiles mondiaux... dont 3 japonais ? En Europe, il ne mentionnait que les groupes Fiat et Volkswagen[1].

1. Propos recueillis par Jean-Jacques Servan-Schreiber, in *le Figaro Magazine*, 7 avril 1990.

Le sujet qui embarrasse le plus Akitane Kiuchi, ambassadeur du Japon en France, n'est pourtant pas l'automobile... mais l'électronique. « Il est certain, reconnaît le diplomate, qu'on s'oriente vers une surcapacité européenne en micro-électronique. » Litote. Juillet 1990, orage d'été dans le ciel électronique européen : le groupe japonais Fujitsu annonce l'achat de 80 % du capital du fabricant de gros ordinateurs britannique ICL pour 1,29 milliard de dollars. Cette transaction fait de Fujitsu le n° 2 mondial de l'ordinateur, devant Digital Equipment Corporation et derrière IBM. Fujitsu-Amdhal-ICL détient désormais 42 % du marché britannique des machines à usage professionnel. L'accord n'est pas surprenant en soi : chacun savait que la firme japonaise fournissait à ICL, depuis 1981, la technologie centrale de ses ordinateurs et brûlait de pousser sa cour plus avant. Mais cette prise de contrôle est symbolique à plus d'un titre : elle introduit, pour la première fois de manière significative, le « loup » nippon dans la bergerie informatique européenne et elle confirme le rôle de tête de pont de la Grande-Bretagne (Mitsubishi Electric avait déjà, en mai 1990, acheté une division hardware du fabricant britannique d'ordinateurs personnels Apricot). Pour beaucoup, « l'affaire ICL » illustre les dangers d'une trop grande dépendance technologique : n'est-il pas fatal d'être mangé quand on achète des composants vitaux à un fournisseur extérieur, qui est aussi un rival ? N'est-il pas suicidaire de laisser les groupes nippons grignoter le bas de la « chaîne technologique » ? Fujitsu ne s'arrêtera sans doute pas en si bon chemin. NEC et Toshiba, de leur côté, courtisent assidûment Olivetti dont ils rêvent de récupérer la division ordinateurs... À Bruxelles,

Bonn, Paris, Rome, tous les clignotants passent au rouge.

Automne maudit. Après ce coup de semonce, l'Europe de l'électronique a vu, comme dans un mauvais cauchemar, se multiplier les signes de gangrène. Olivetti annonce en septembre une chute de ses profits de 41 % au premier semestre. Outre les 5 500 postes déjà éliminés en 1989 et 1990, le groupe italien confirme en novembre qu'il supprimera 7 000 emplois supplémentaires début 1991. Il annoncera une perte de 1,7 milliard de francs en 1991. Ça ne va pas mieux en France, où l'entreprise publique Bull, que l'État a pourtant gratifiée d'infusions massives en capital, enregistre quelque 6,8 milliards de francs de pertes en 1990, et encore 3,3 milliards de francs en 1991. La firme ajoutera 5 000 licenciements aux 3 000 déjà planifiés. Fin octobre, troisième coup de canon : le néerlandais Philips, dont on croyait déjà avoir appris tous les embarras avec les coupes claires prévues dans sa division mini-informatique, dévoile un nouveau plan de restructuration à la tronçonneuse. Le géant d'Eindhoven réduit ses effectifs de 15 %. Il subira une perte colossale de 13 milliards de francs en 1990, et redressera spectaculairement la barre, avec un profit de 3,6 milliards de francs en 1991 (pour 171 milliards de francs de ventes). Enfin, le groupe français Thomson se joint lui aussi au bal des licenciements, annonçant, mi-décembre 1990, une coupe claire de 3 000 postes au cours des 3 années suivantes. Le groupe perd 1,6 milliard de francs en 1990. Et son « redressement » de 1991 (227 millions de francs de profits pour un chiffre d'affaires de 71 milliards de francs) cache mal la situation dramatique de sa branche grand public qui perd cette année-là 2,47 milliards de francs.

Dans ce contexte morose, l'humeur est aux

mariages forcés. Les allemands Siemens et Nixdorf ont déjà convolé en justes noces. Il avait été question d'une alliance entre Philips et ICL... Puis, Fujitsu ayant finalement emporté le morceau, de fiançailles entre Philips et Olivetti. En novembre 1990, c'est un éventuel rapprochement Bull-Olivetti qui tient la corde des pronostics... Mais aucune de ces manœuvres ne verra finalement le jour.

L'alliance des guerriers usés de l'Europe électronique leur permettrait-elle un sursaut collectif? Beaucoup d'analystes pensent que le mal est déjà irréversible. La balance commerciale de l'électronique européenne, qui accusait à la fin des années 70 un déficit de 1,5 milliard de dollars, a plongé à 14 milliards en 1986 et à près de 40 milliards en 1990, souligne l'étude annuelle de l'Electronics International Corporation[1]. « Les acteurs européens n'ont pas un poids significatif sur le marché de l'ordinateur, note le *Wall Street Journal*. Souvent faibles financièrement et technologiquement, les principaux fabricants européens ne sont jamais parvenus à contrôler plus de 25 % de leur marché dans les années 80 — et sont en passe de perdre cette position[2]. » De fait, le déficit des Douze dans la branche informatique a été multiplié par 10 au cours des dix dernières années, à 20,3 milliards de dollars en 1990. Seul Siemens-Nixdorf semble désormais avoir les reins assez solides pour tenir tête à ses rivaux américains (IBM, DEC, Hewlett-Packard) et nippons (Toshiba, Fujitsu-Amdhal-ICL, Hitachi, NEC, Epson, Sanyo, Mitsubishi, Sharp).

Le tableau est à peine plus optimiste dans l'électronique grand public, pour laquelle le déficit commercial a atteint 12,6 milliards de dollars en

1. EIC, présidé par Abel Farnoux, ex-conseiller d'Edith Cresson au ministère des Affaires européennes.

2. Richard Hudson, *Wall Street Journal*, 13 août 1990.

1990. La débâcle, dans ce domaine, vient à peine de commencer. « Le secteur de grande consommation vit à l'abri de restrictions quantitatives. Que se passera-t-il quand elles voleront en éclats ? », interroge un fonctionnaire de la Commission européenne. Même problème pour les télécommunications, dont la balance n'est équilibrée que parce que les marchés publics ne sont pas complètement ouverts aux compétiteurs étrangers. Plus grave : ces secteurs représentent les débouchés principaux de l'industrie des composants. Car les créneaux sur lesquels l'Europe reste forte — la mesure-instrumentation, le médical, l'électronique militaire à façon... — n'ont pas la taille permettant de faire vivre une industrie des composants. Si électronique grand public et informatique ralentissent, c'est donc l'activité de fabrication des puces elle-même qui est en danger.

Les industriels européens du semi-conducteur ont déjà vu leur part du marché communautaire régresser de 43 % à 36 % en 10 ans : « C'est un problème de moyens, poursuit cet eurocrate : un fabricant doit contrôler 5 à 7 % du marché mondial d'un composant pour dégager de quoi miser sur les générations suivantes. » Il est très pessimiste sur l'avenir des puces européennes : « La production ne va pas disparaître, mais elle sera contrôlée de manière croissante par des capitaux étrangers essentiellement nippons. » Cela ne posera donc pas, selon lui, un problème d'emploi, mais de dépendance. En dehors de Siemens, qui a opéré sur les mémoires un redressement spectaculaire, les acteurs européens de la filière ne semblent pas avoir la surface suffisante pour rester dans la course. Certains experts préconisent donc le regroupement de Siemens, Philips et SGS-Thomson en un pôle européen du composant. « Sans semi-conducteurs, l'industrie électronique européenne sera, au mieux, une industrie d'assembleurs sans initiative technique. » Alain Gomez, président de Thomson, a déjà tiré maintes fois la sonnette d'alarme : « Il arrive un moment où il faut tracer une ligne de démarcation : expliquer que l'on n'acceptera pas la perte d'un point de part de marché supplémentaire[1]. » Si on laisse les Japonais s'emparer du secteur des composants, autant faire une croix sur les industries qui en dépendent, estime le patron de Thomson.

Se battre à deux contre un?

Ce tour d'horizon est d'autant plus déprimant qu'il existe pléthore de programmes destinés à stimuler la compétitivité de l'électronique européenne. La Commission européenne a dépensé 2,39 milliards de dollars pour la recherche-développement en 1990, notamment dans le cadre des projets Esprit, Eureka, Race, Brite... censés aider la filière électronique européenne à se muscler sur les créneaux du futur. À ces subventions s'ajoutent les budgets des gouvernements nationaux et des firmes elles-mêmes.

Pourquoi ces sommes astronomiques ne donnent-elles pas de résultats? Les eurocrates gérant les méga-programmes comme Esprit, lancé en 1983, expliquent qu'ils ont besoin de davantage de temps pour faire leurs preuves. Mais est-ce une question de temps ou de traitement? La Commission européenne, confrontée à la Berezina du secteur, examine de près la question. Les voix les plus libérales affirment que les groupes électroniques européens, devenus trop dépendants des subventions et des protections, n'investissent pas avec assez de volontarisme sur les nouveaux produits.

1. *New York Times*, 17 septembre 1990.

Devant la « menace japonaise » commune, naît cependant une révolution douce : l'amorce d'un rapprochement transatlantique. Europe et États-Unis, qui autrefois se battaient pied à pied sur le secteur et s'excluaient jalousement de leurs projets de recherche, envisagent désormais la possibilité d'une coopération sur les technologies d'information. Les entreprises IBM et Siemens ont conclu des accords pour une collaboration sur les puces du futur. En 1992, IBM a fait alliance avec Bull pour les ordinateurs basés sur la technologie Risc. À l'échelon institutionnel, Bruxelles et Washington ont amorcé, en juillet 1990, des discussions pour un éventuel rapprochement de programmes européens comme JESSI[1] et de ceux de la Sematech. JESSI a en tout cas invité IBM à participer à certains de ses projets de recherche. Mais une collaboration systématique de grande envergure est pour l'instant douteuse : les fonctionnaires américains redoutent d'être conduits sur la pente — forcément diabolique — de la politique industrielle.

JESSI est d'ailleurs affaibli par le retrait partiel de Philips, en crise. « Le programme n'est pas à la hauteur des mémoires 64 mégabits, sur lesquelles les Japonais sont en pointe », constate avec dépit un eurocrate. « Sur les semi-conducteurs, ou nous jouons avec les États-Unis, ou nous sommes balayés », affirme un haut fonctionnaire français. Bruxelles se demande, plus généralement, s'il faut exclure les groupes japonais implantés en Europe des projets de recherche subventionnés par la CEE. Les professionnels européens poussent bien évidemment dans ce sens : « Je ne vois pas au nom de quoi on permettrait aux Japonais d'accroître leur compé-

1. Le *Joint European Submicron Silicon Project* a pour objectif d'aider l'Europe à rester indépendante sur le secteur des composants.

titivité avec l'argent des contribuables européens », s'indigne Francis Lorentz, alors président de Bull[1]. Bruxelles tente enfin, pour ressusciter le secteur, de stimuler la demande. La Commission envisage notamment un ambitieux projet d'interconnection de l'ensemble des réseaux informatiques des Douze : des finances publiques aux services de police, des administrations douanières aux systèmes de réservation de billets d'avions. Mais le dossier « système nerveux européen », à l'état embryonnaire, fait déjà l'objet d'une vive controverse, la Commission étant accusée de dirigisme.

La bataille décisive de la guerre électronique mondiale pourrait bien être livrée sur la télévision haute définition (TVHD). La télévision du futur représentera, selon les experts, un marché de plusieurs dizaines de milliards de dollars à l'horizon 2000. Car, derrière ces nouveaux postes de télévision et ces nouveaux magnétoscopes permettant de recevoir et de reproduire des images pures comme le cristal et un son de qualité laser, se cachent de gigantesques enjeux industriels. La parfaite maîtrise du traitement des données et des capacités de mémoires suppose la fabrication de puces, de circuits intégrés, d'écrans plats à cristaux liquides, de capteurs très sophistiqués...

Les Japonais ont 10 bonnes années d'avance dans la plupart de ces domaines, notamment celui des écrans dits « à matrice active » que l'on suspendra chez soi comme des tableaux animés en 265 couleurs. Le gouvernement et les titans nippons de l'électronique ont consacré aux technologies de l'image haute définition plus de 2 milliards de dollars. Matsushita et Sony, qui ont déjà peaufiné le matériel de production, de transmission et de réception de la télévision de demain, ont commencé la

1. *The Economist*, 6 octobre 1990.

commercialisation grand public en décembre 1990. Mais, les postes coûtant des fortunes, le marché ne décolle que très lentement. Pionnière du système, la chaîne japonaise NHK, diffuse une heure d'émission par jour en *hivision*, bien que les postes classiques ne puissent pas la capter. Des douzaines de firmes électroniques et huit universités nippones travaillent, dès à présent, d'arrache-pied à la seconde génération de produits TVHD, qui ne seront commercialisés qu'après l'an 2000.

En face, l'Europe met les bouchées doubles. Elle défend une norme de diffusion propre, HD-Mac, compatible avec les actuels systèmes Pal et Secam (les anciens postes pourront capter l'image), mais pas avec le standard adopté par les Japonais. Le projet « Eureka 1995 » fédère les industriels européens de la télévision haute définition autour de Philips et de Thomson. Le gouvernement français a signé en octobre 1990 le premier contrat quinquennal de recherche, qui met à la disposition de Thomson 3 milliards de francs, soit un tiers de son effort sur le secteur. Le groupe français a en contrepartie développé le matériel à temps pour couvrir les jeux Olympiques d'Albertville, en février 1992, en norme intermédiaire D2Mac. Mais l'Europe, désunie, n'arrive pas à adopter une résolution rendant le Mac obligatoire. Alors, faute de programmes, le grand public ne se montre pas prêt à s'équiper en nouveaux récepteurs. Et la TVHD européenne semble quasi moribonde. Les États-Unis ne choisiront leur propre norme — toute numérique — que courant 1993. Le pays ne comptant plus qu'un constructeur de télévisions, Zénith, il constituera un terrain de chasse décisif pour les Japonais et les Européens.

Dans le Médoc comme à Hollywood

Meilleure santé économique, stabilité politique, situation de chef de file de l'Europe du Sud, main-d'œuvre qualifiée, bonne infrastructure, abondance de terrain à des prix raisonnables, cadre de vie plaisant... La France a, aux yeux des hommes d'affaires nippons, de nombreux charmes. Mais Paris est néanmoins considéré comme la capitale avec laquelle les relations sont, de très loin, les plus difficiles. Les décideurs japonais racontent que de Gaulle avait jadis refusé de rencontrer leur Premier ministre, qualifié de « marchand de transistors ». Ils évoquent aussi avec horreur le « coup de Poitiers », quand Michel Jobert, ministre du Commerce extérieur avait, pour gêner des exportations à prix cassés, décrété en 1982 que tous les magnétoscopes nippons devraient être dédouanés dans cette ville. « La France est ressentie comme le pays européen le plus antijaponais; je me bats pour démontrer que c'est une vue du passé, que la ligne politique a changé », explique l'ancien ambassadeur du Japon, Akitane Kiuchi.

Dans l'hexagone, les Japonais s'intéressent aux domaines plus spécialement français. L'art, bien sûr : entre 1987 et 1990, les enchères des milliardaires nippons sur les toiles impressionnistes ont plus d'une fois défrayé la chronique[1]. Mais les Japonais suivent aussi de très près un autre type d'industrie « culturelle » : la production de vin, de champagne, de cognac pour lesquels ils sont devenus le premier débouché étranger. Pari à long terme, débauche de moyens, apprentissage patient du produit, respect du code de bonne conduite local : l'approche du Médoc par le groupe Suntory ressemble, toutes proportions gardées, à celle de Hollywood par Sony.

1. Ces achats, d'ailleurs, masquent partiellement la dégradation du solde des échanges nippo-français, car ils sont enregistrés comme exportations du pays d'origine, quelle que soit la nationalité du vendeur.

Suntory produit du vin au Japon depuis 1899 et en importe de tous les pays producteurs. Comme Zenchiku pour la viande rouge, le groupe, dont les ventes de whisky stagnent, pressent très tôt les potentialités de développement du vin sur le marché japonais. Il souhaite alors tout naturellement maîtriser le produit à sa source et caresse le rêve de s'introduire dans La Mecque française du rouge : le Médoc. En 1974, le groupe nippon se voit refuser par le gouvernement français l'acquisition de Château-Caillavet. « Les Japonais ont eu de la chance de ne pas avoir à payer pour cette ruine », plaisante-t-on maintenant dans la région. Cette fin de non-recevoir n'a nullement rebuté Keizo Saji, le patron du groupe : Suntory envoie dès cette année-là l'un de ses cadres, Kenji Suzuta, passer deux ans à l'institut d'œnologie de l'Université de Bordeaux.

En 1982 survient une occasion unique : un troisième cru classé de Saint-Julien, le Château-Lagrange, est mis en vente. Plus d'un demi-siècle de négligences et de sous-investissement de ses anciens propriétaires, les descendants de l'Espagnol Manuel Cendoya, ont abîmé le domaine, dégradé son vin et entaché son nom. Le Château-Lagrange, qui connut son apogée au milieu du XIXe siècle, est progressivement tombé bon dernier des crus classés du Médoc. Suntory fait appel à la banque Morgan Grenfell, qui confie la mission d'évaluation à Michel Delon, autorité morale de la région et propriétaire du Château-Léoville-Lascases voisin. L'état de Lagrange fait mal au cœur à cet amoureux du vin : « Que ce terroir de qualité soit sur le déclin n'était bon ni pour Saint-Julien, ni pour les crus classés du Médoc, ni pour le vin de Bordeaux en général », explique-t-il fin 1990. L'homme qu'on appelle là-bas « le roi de Saint-Julien » accepte alors d'arpenter les vignes de Lagrange : son expertise confirme les potentialités viticoles importantes du terroir.

Les négociations entre Suntory et le ministère de l'Agriculture traînent pendant deux ans. Paris renâcle, puis, en désespoir de cause, donne son feu vert. Suntory achète Château-Lagrange en 1984 pour 54 millions de francs, un montant qui, à l'époque, semble considérable. Parce que, en réalité, pour le nouveau propriétaire, ce n'est qu'un début : il a simplement acquis le droit de jouer, comme au poker. Entre les Japonais, venus à plusieurs reprises à Saint-Julien, et Michel Delon s'est développée au fil des mois une relation de respect mutuel. En 1984, Delon est convaincu du sérieux de l'approche du groupe nippon et accepte un rôle de conseiller pour la gestion du domaine.

Les Japonais lui donnent carte blanche pour ramener Château-Lagrange à sa splendeur d'antan. « Suntory a choisi d'exprimer une dynamique à travers une équipe française », explique Michel Delon. Il commence par recruter un administrateur : Marcel Ducasse, œnologue accompli. À ses côtés, Kenji Suzuta fait le lien entre les bureaux de Suntory de Paris et de Tokyo. L'équipe du domaine passe de 14 à 70 salariés permanents. Le plus urgent : replanter. « Le domaine, qui a un potentiel de 113 ha, n'était plus cultivé que sur 55 ha », raconte Marcel Ducasse. Il faut aussi remplacer les 100 000 pieds manquants sur la partie en production, très mal entretenue. Il y avait trop de Merlot : Ducasse augmente l'encépagement en Cabernet et plante du Petit Verdot, indispensables à la fabrication d'un vin noble. « Pour les bâtiments, se souvient-il, tout était mauvais. » La nouvelle équipe restaure entièrement le chai, la cave, le château... et fait construire un ensemble d'habitations pour les vendangeurs. Cuves de vinification modernes en inox, système de contrôle des températures dernier cri, nouvelles caves de stockage, où les barriques en chêne sont renouvelées à 60 % chaque année, matériel d'embouteillage sophistiqué... Suntory investira plus de 180 millions de francs dans cette gigantesque restauration. « On achetait, ils entérinaient. Aucun choix n'a été contesté », raconte Michel Delon. Il ne s'agit pas pour autant de laxisme : une fois les gros travaux effectués, la gestion quotidienne du domaine est visée par Kenji Suzuta, jusqu'au moindre bouton de guêtre.

L'équipe de Marcel Ducasse apporte un soin particulier à la culture : s'il y a trop de raisin, la vigne est éclaircie pour que les fruits restants soient plus riches. À la récolte, on ne ramasse que ce qui plaît. À l'assemblage, on sépare les jus de toutes les parcelles : ceux qu'on juge de très bonne qualité donneront le « grand vin », les autres produiront un second cru : les « Fiefs de Lagrange ». En cette journée pluvieuse d'octobre 1990, Marcel Ducasse, Kenji Suzuta (sur le départ) et son successeur, Yukio Kitao, rassemblés dans la salle à manger du domaine, dégustent en connaisseurs leur cuvée 1985. Le vin a du corps, il est « long en bouche », sa couleur est profonde : rien à voir avec le Lagrange des Espagnols !

En matière de commercialisation aussi, Suntory joue le jeu. Sur les conseils de Delon, le nouveau propriétaire de Lagrange accepte de mettre toute la production « sur la Place ». C'est-à-dire de vendre le vin « en primeur » aux négociants bordelais. Suntory, qui ne bénéficie d'aucune exclusivité commerciale, rachète même au négoce les bouteilles destinées aux marchés japonais et asiatiques. Résultat : le groupe nippon est très bien perçu dans la région. « On ne nous a pas encore coupé de pieds de vigne ! », plaisante Marcel Ducasse entre deux lampées de Lagrange. C'est une pratique courante, dans la région, pour montrer l'hostilité à un propriétaire.

Suntory fait au contraire l'objet d'un concert de louanges de la part des caciques du Médoc. « Ils ont été parmi les premiers à mettre les moyens pour moderniser une exploitation : leur apport est très positif », estime Jean-Michel Cazes de Château-Lynch-Bages, près de Pauillac. Depuis, des acheteurs institutionnels français, comme Domaine Paribas et Axa-Millésimes, ont suivi les traces du pionnier nippon. « Les Japonais ne sont pas arrivés en disant : on est des as de la technologie... Ça fait 15 ans que Suntory m'envoie ses cadres en formation », témoigne Pascal Ribereau Gayon, directeur de l'institut œnologique de Bordeaux. « Les Japonais sont respectueux de la tradition. Leur démarche est culturelle : ils sont presque plus royalistes que le roi », constate Bernard Ginestet, le maire de Margaux.

L'image très positive de Suntory a probablement favorisé ses transactions postérieures : l'acquisition des cognacs Louis Royer et, surtout, la prise de contrôle de 19 %, puis de 40 %, de Grands Millésimes de France. GMF, la holding « vins » de la Garantie Mutuelle des Fonctionnaires, c'est le prestigieux Château-Beychevelle à Saint-Julien, Château-Beaumont en Médoc, Château-Bligny à Beaune, ainsi que le négociant Barrière Frères et les Grands Entrepôts du Médoc. Le 20 septembre 1990, la GMF et Suntory conviaient l'establishment bordelais à l'inauguration du Centre international d'art contemporain du Château de Beychevelle. Mais la manifestation a été diversement appréciée dans la région : « Les dirigeants de Suntory se comportaient à Beychevelle comme en terrain conquis », se souvient un propriétaire médocain. D'après un initié, les cadres de Suntory seraient d'ailleurs plus « encombrants » à Grands Millésimes de France qu'à Lagrange.

La xénophobie n'est pourtant pas de mise en Médoc. Les investissements étrangers dans les châteaux, c'est « le maintien de l'emploi, de gros achats de fournitures, du travail pour les sous-traitants... », souligne Bernard Ginestet. « On ne peut pas à la fois miser sur le Japon comme marché d'avenir et leur fermer la porte », affirme Pascal Ribereau Gayon. « Le Bordelais est ouvert aux étrangers depuis toujours : aux Anglais, aux Hollandais, aux Américains... C'est l'atout de la région, estime Jean-Michel Cazes. Après tout, les Japonais ne vont pas emmener les vignes chez eux ! Alors, tant qu'ils ne possèdent pas un hectare sur deux, personne ne s'en plaindra. » Suntory mis à part, les investissements nippons dans le vin de Bordeaux se comptent pour l'instant sur les doigts d'une main : le promoteur immobilier Touko Haus a racheté le cru bourgeois Château-Citran (et l'hôtel-restaurant Le Relais Margaux). Le groupe hôtelier Otani s'est offert Château-Lagarosse (1res Côtes de Bordeaux), et le distributeur Sanraku, Château-Reysson (cru bourgeois du Haut-Médoc). « Des domaines invendables, le bas du panier », commente un propriétaire médocain à propos des deux derniers.

Des Japonais plutôt que des chômeurs...

Paradoxalement, l'attitude du gouvernement français sur les investissements étrangers dans le vin est extrêmement frileuse : non seulement le ministère de l'Agriculture a traîné des pieds sur toutes les transactions, mais il a bel et bien bloqué certaines opérations. Takashimaya, l'un des plus grands groupes japonais de distribution, s'est vu refuser, en avril 1989, de prendre plus de 19,9 % de la société Leroy SA, qui commercialise notamment le prestigieux bourgogne Romanée-Conti. En mai 1990, Takashimaya, qui travaille depuis 14 ans avec Leroy, est autorisé par les pouvoirs publics à monter sa participation à 33 % du capital. Pas au-delà. L'investissement nippon ne concerne pourtant en rien les 3 ha de la Côte-de-Nuits, qui produisent le Romanée-Conti. Mais pour Henri Nallet, alors ministre de l'Agriculture, négoce et production « c'est un tout ». Il souhaite d'ailleurs que les grands crus français, ces « merveilles », puissent désormais « faire partie du patrimoine national », au même titre que les toiles de maîtres.

L'attitude inflexible du gouvernement a aidé au désarmement fiscal nippon sur les vins, justifient les partisans d'une ligne dure. Démagogie! rétorque-t-on dans le Médoc : les qualités d'un nouvel investissement ne se jugent pas à la nationalité des capitaux. « L'approche Suntory est plus proche des intérêts du patrimoine viticole français que certaines gestions françaises actuelles », constate Michel Delon. « Le gouvernement confond économie et écologie : il défend une absurde ligne Maginot », plaisante Bernard Ginestet.

Cette formule résume assez bien la philosophie peu cohérente des pouvoirs publics français face aux investissements japonais : le gouvernement fait de la démagogie politique sur certains investissements, peut-être hautement symboliques mais sans réel danger. Tandis qu'il laisse les régions se faire une concurrence acharnée, à coups de subventions, pour attirer dans la plus grande anarchie et sans réelle contrepartie des « usines tournevis » dont certaines, à terme, supprimeront des milliers d'emplois.

En 1989 et 1990, les « dissensions japonaises » au sein du gouvernement français sont devenues monnaie courante. Tandis qu'Édith Cresson, ministre des Affaires européennes jusqu'en octobre 1990, épingle le Japon comme « un adversaire qui ne joue pas le jeu », Roger Fauroux, ministre de l'Industrie, rétorque qu'« il vaut mieux avoir des Japonais que des chômeurs » et se rend à Tokyo, en juillet 1989, pour dire aux Japonais qu'ils sont « les bienvenus en France ». Fauroux avait notamment regretté que ses prédécesseurs aient refusé au groupe automobile Subaru la permission d'assembler des véhicules 4 × 4 à Angers. Et le ministre de rappeler que le Japon est « grand ouvert à l'excellence » et que, si les voitures françaises n'y pénètrent pas, c'est sans doute qu'elles ne sont pas d'assez bonne qualité !

Pourquoi ces divergences ? Alors qu'Édith Cresson écoute et reprend à son compte les cris d'orfraie des Jacques Calvet et des Alain Gomez, Roger Fauroux sait sans doute — pour l'avoir vécu en tant qu'ancien patron de Saint-Gobain — qu'une industrie protégée fait rarement les efforts suffisants pour se mettre à niveau. Il condamne le discours Cresson comme « la gesticulation des faibles » et prône une approche plus constructive : « Je préfère les analyses aux incantations. Le Japon mérite le respect. Mieux vaut se demander pourquoi ils sont meilleurs que nous. »

Michel Rocard, qui se rend au Japon, en juillet 1990, ne dissipe pas vraiment le malaise de Tokyo devant la cacophonie française : « Sa visite n'était pas négative, mais je ne sais pas jusqu'à quel point elle était positive », résume Koji Sugiue, du MITI. Tokyo hésite en effet à se réjouir de la volonté rocardienne de « décrispation empreinte de fermeté ». C'est que le Premier ministre, tout en rappelant que la France est en principe favorable aux investissements nippons, a rappelé que Paris était résolu à se battre pour protéger des secteurs considérés comme stratégiques..., qui sont précisément les points d'attaque nippons : la micro-électronique et l'automobile. L'arrivée d'Édith Cresson à Matignon tendra instantanément les relations franco-nippones. Puis le climat s'améliorera avec son remplacement, en mai 1992, par Pierre Bérégovoy.

La difficulté des relations franco-nippones réside dans le fait que l'offre française apparaît plus concurrente que complémentaire de la production japonaise, et qu'il est pratiquement impossible de battre les groupes nippons sur leur propre terrain. Le gouvernement, préoccupé du déséquilibre persistant des échanges avec le Japon (29 milliards de francs en 1991, soit le deuxième déficit bilatéral de la France, derrière la RFA mais loin devant les États-Unis), souhaite définir une « politique japonaise » plus cohérente. D'une part, en aidant les entreprises françaises à mieux exploiter leurs points forts, notamment en concentrant l'effort sur les postes où le Japon est importateur. D'autre part, en contrôlant mieux les investissements japonais : tant qu'à céder des parts de marché dans des domaines où il n'existe pas d'industrie nationale, autant les vendre cher. Il s'agit à la fois de s'assurer que ces implantations seront bénéfiques en termes d'emploi, de valeur ajoutée et de transfert de technologie (fabrication locale des parties nobles) et de tenter d'obtenir en échange des concessions commerciales. « Il faut être comme les Japonais, résume un industriel français qui connaît bien le pays. Il faut ne pas dire ce qu'on va faire et faire ce qu'on ne dit pas. » Il faut aussi, sans doute, commencer par prendre la question au sérieux : alors que le MITI et le Gaimusho disposent de nombreux experts de la France, dont certains sont diplômés de l'ENA, le Quai d'Orsay n'a qu'un seul poste de rédacteur « Japon » à la direction d'Asie contre 5 pour l'URSS. Pis : ce poste est vacant par intermittence[1].

1. « Qui s'occupe de Tokyo à Paris? », *Le Monde*, 13 novembre 1990.

À froid, à tiède, ou à chaud?

Reste que Paris ne peut pas définir une politique nationale isolément. Dans le cadre du grand marché européen, la France risque d'avoir les voitures anglo- ou hispano-nippones et pas les usines : « Les Japonais et les chômeurs », comme avait redouté Édith Cresson. Face à ce dilemme, Christian Sautter, ancien secrétaire général-adjoint de l'Élysée et spécialiste du Japon[1], préconise une action à triple détente : continuer à muscler l'économie française, saisir les nouvelles opportunités sur le marché japonais et pousser à une politique commerciale européenne vigoureuse[2]. Sur ce dernier point, souligne Christian Sautter, il faut, premièrement, s'efforcer d'ouvrir le marché japonais aux produits européens compétitifs : ceux qui se vendent bien aux États-Unis (les avions, les hélicoptères, les produits agroalimentaires). Deuxièmement, exercer une pression à la hausse du yen : l'économie japonaise est, certes, capable d'encaisser des chocs monétaires importants, mais cela laisse tout de même des cicatrices. Troisièmement, adopter un code de bonne conduite pour l'accueil des investissements japonais directs en Europe.

Quelles chances a-t-on d'infléchir sur ce point la ligne beaucoup plus libérale de nos partenaires? Elles ne sont pas nulles. Sous des apparences non interventionnistes, la Grande-Bretagne impose des quotas cachés et des règles strictes de contenu local, soulignent les observateurs[3]. Et il y a fort à parier

1. Christian Sautter, *Les Dents du géant : le Japon à la conquête du monde*, Orban, 1987.

2. « Les Stratégies économiques du Japon et de la France durant les années 90 », audition par le Conseil Économique et Social, 25 septembre 1990.

3. Éric Le Boucher, « Mme Thatcher plus protectionniste que M. Mitterrand », *Le Monde*, 26 octobre 1990.

que l'aiguillon japonais se fera sentir plus cruellement si l'économie ralentit durablement. Cela pourrait ressouder les Douze sur la question. « L'Europe se dotera d'une politique japonaise, affirme un haut fonctionnaire français : la question est de savoir si cela se fera à froid, à tiède ou à chaud. »

En dépit d'une position publique sans complaisance envers Tokyo de la part de son président Jacques Delors , la Commission européenne reste, mi-1992 sur une ligne essentiellement libre-échangiste. « En Conseil des ministres européens de l'industrie, les représentants de l'Allemagne et des Pays-Bas font figure d'ayatollahs du non-interventionnisme », confie un participant. Les commissaires Frans Andriessen puis Martin Bangemann, chargés du dossier automobile, ont plusieurs fois rappelé publiquement qu'ils ne comptaient pas imposer aux Japonais des mesures de contenu local. « Dans le périmètre communautaire, il existe très peu de gens qui mesurent à quel point la stratégie américaine vis-à-vis du Japon a échoué », explique un eurocrate. Ceux qui en ont conscience font pourtant un diagnostic lucide des insuffisances communautaires : « Notre politique n'est pas assez cohérente. Nous avons des outils d'action par secteur, mais nous ne profitons pas du bras de levier que nous permettrait une globalisation des discussions. »

Pourquoi en est-on arrivé là ? « Primo, on donne la préférence au court terme sur le long terme, poursuit cet expert européen. Secundo, on connaît mal le Japon. Tertio, les États membres vont au combat en ordre dispersé : la Grande-Bretagne joue les porte-avions, l'Allemagne les accords de puissance à puissance, la France le protectionnisme tatillon, l'Italie et l'Espagne sont dures dans le discours, mais se laissent facilement séduire par des promesses d'investissement... » Deux chiffres en disent long sur le déséquilibre des relations CEE-Japon. On compte 36 000 Japonais en situation professionnelle en Europe, contre 3 000 ressortissants européens dans l'archipel : un écart de 1 à 12. Sur les investissements cumulés, le rapport est de 1 à 16.

Le vrai débat sur la signification d'une dépendance technologique, sur la notion de secteur vital, sur l'opportunité de protéger tel ou tel pan de l'industrie européenne, sur les modalités d'arbitrage entre l'intérêt des consommateurs et celui des producteurs, n'a pas encore commencé. La Commission européenne a, hélas, à traiter simultanément, en ce début de décennie 90, une multitude de dossiers fondamentaux : le marché unique, l'union monétaire, la réforme des institutions politiques, la politique commune de défense, les négociations de l'Uruguay Round, la réunification allemande et les aides à l'Europe de l'Est, pour n'en nommer que quelques-uns... « La maison est en état de surfusion », diagnostique un eurocrate fatigué. Le Japon, lui, n'attend pas.

ÉPILOGUE

Le défi japonais

Le Japon place l'Amérique devant son destin. L'offensive nippone devrait amener les États-Unis — et, dans leur sillage, l'Europe — à une introspection plus poussée encore que celle provoquée par le choc Spoutnik de 1957, qui leur fit prendre conscience de l'avance soviétique en matière de technologie spatiale. Car les questions qu'il suscite sont de nature plus fondamentale : elles portent sur la définition et la finalité d'une nation, sur les expressions de la puissance, sur l'existence d'un modèle de développement universel, enfin sur l'articulation du culturel et de l'économique.

Une nation doit-elle se constituer dans un but de conquête ou de préservation ? A-t-elle pour finalité d'élever le niveau de vie de ses citoyens (société de consommation) ou de maximiser l'efficacité d'une machine économique expansionniste (société de production) ? Les nations occidentales ont privilégié consumérisme, individualisme et démocratie parlementaire. La volonté du consommateur et le droit au profit de l'actionnaire régentent les stratégies industrielles ; le vote populaire règle la vie politique. La nation occidentale est grande ouverte aux produits et aux investissements étrangers : les uns viennent satisfaire une pulsion d'achat, les autres créer des emplois et stimuler la concurrence. Le succès de ce modèle dépend de la capacité à rendre attrayantes aux autres ses valeurs humanitaires et sa culture : la Statue de la Liberté, Mickey et Coca-Cola pour les États-Unis; les Droits de l'Homme, Proust et les tailleurs Chanel pour la France. La suprématie américano-européenne ne repose-t-elle pas finalement davantage sur cette puissance de rayonnement culturel que sur l'ombre portée des canons?

Si l'on peut parler de déclin américain, c'est justement parce que, poussé à sa logique extrême, le système dérape. « Le problème économique croissant de notre nation, écrit l'économiste Robert Reich dans la *Harvard Business Review*, n'est dû ni au déficit budgétaire, ni à la mauvaise volonté des pays étrangers à nous traiter loyalement. Il est dû à notre échec à investir dans notre productivité collective, et au déclin consécutif de notre capacité à créer de la valeur... Au XIXe siècle, nous empruntions bien davantage, en termes relatifs. Mais il y a un siècle, les emprunts étaient investis dans les usines, les chemins de fer, les puits de pétrole, les inventions et une diversité d'actifs destinés à produire de la valeur dans le futur. À présent, notre manie de consommer nous pousse vers les oubliettes de l'économie. »

À ce terme extrême, l'État s'efface devant le primat de l'économie de marché. La nation tout entière devient prisonnière du tout-tout-de-suite : ce que le directeur américain du Budget, Richard Darman, a appelé le *now-nowism*. Les entreprises subissent le diktat du profit trimestriel ; le citoyen, celui du statut social ; le personnel politique, celui des prochaines élections. Le matérialisme ronge le sens de l'éthique comme l'individualisme le sens de la collectivité; le culte de la récompense remplace celui de l'effort. Le dollar devient la seule idéologie : celle que Michael Josephson, président et fondateur de l'Institut Josephson d'éthique, a baptisée l'« IDIologie », la logique du *I Deserve It* (j'y ai droit). Il s'ensuit un déficit d'investissement à long terme : dans la recherche, mais aussi dans l'enseignement, dans les infrastructures, dans la culture. La promesse d'un chaos.

Le Japon, au contraire, a choisi la voie productiviste : il sacrifie sciemment ses consommateurs sur l'autel du mercantilisme. Il renie les profits d'aujourd'hui pour gagner des parts de marché et décupler ses résultats demain. Mais, si sa victoire s'exprime en yens sonnants et trébuchants, le Japon, au lieu de motiver ses troupes par la carotte de l'enrichissement individuel, les soude par une série de valeurs unificatrices : vulnérabilité de la nation nippone, unicité de la « japonité », exaltation de l'étude, du travail, de la discipline et du sens de la hiérarchie. Bref : « Il semble épouser l'avenir sans divorcer du passé[1]. »

L'épanouissement de l'individu passe par l'harmonie du groupe (*awa*) : chacun à sa place, que ce soit dans la cellule familiale traditionnelle ou sur une échelle sociale cimentée par le mythe de l'égalitarisme. Ayant pour objectif la puissance de son économie, le Japon renâcle à partager avec d'autres la manne de sa demande intérieure. Il reste aussi clos que possible aux capitaux et aux biens étrangers. Au moins autant pour préserver ses entreprises que pour tenir ses valeurs et sa culture à l'écart des dangers du dehors.

Depuis l'effondrement de la menace effective à l'Est et avant l'organisation d'une menace putative au Sud, le problème de l'Occident est celui d'un monde sans ennemi déclaré, régi par un capitalisme devenu planétaire. Le risque n'est plus tant celui de

1. René Maury, *Marianne à l'heure japonaise*, Plon, 1986, p. 23.

l'invasion militaire que celui de la résorption identitaire. La nation est-elle soluble dans le capitalisme ? L'internationalisation de l'économie, l'uniformisation des biens et des capitaux forcent les gouvernements — de Washington à Rome, de Londres à Paris — à réfléchir sur ce qu'il convient de préserver pour sauvegarder leur identité nationale. Quand faut-il borner le bien-être immédiat du consommateur au nom de l'intérêt durable de la collectivité nationale ? À quel moment le déclin des entités économiques — américaine, italienne ou française — met-il en danger la capacité de nos sociétés à préserver leurs valeurs ? Les déficits commerciaux, la perte d'avance technologique, l'érosion industrielle font-ils planer une menace sur l'existence même de la nation ? Autrement dit, la souveraineté de la France passe-t-elle par Peugeot et Bull ? Posée en ces termes, la question préexiste à l'offensive nippone : elle s'impose de toute façon à l'hexagone dans le contexte de la construction européenne et de la réunification allemande.

Qui sommes-nous ? Quelle entité économique l'État doit-il favoriser dans un paysage où l'intérêt des multinationales ne peut plus être confondu avec celui de la nation ? Dans le monde d'interdépendance économique complexe qui prend forme, la « couleur » des capitaux n'est sans doute plus un critère suffisant pour déterminer le traitement dont une entreprise doit faire l'objet. Son comportement, son degré d'intégration, l'ensemble des bénéfices qu'elle apporte à l'économie locale sont devenus des facteurs plus importants que la nationalité de ses actionnaires et des membres de son conseil d'administration. Mais peut-on, pour autant, appliquer aveuglément la règle libérale du « qui fabrique, s'approvisionne et effectue sa recherche-développement sur place a droit au traitement national » ? N'y a-t-il pas un risque — même si l'on bénéficie des emplois et du savoir-faire — à voir les centres de décisions se déplacer vers le Pacifique ? Faut-il définir des seuils de tolérance des investissements étrangers par branche d'activité ? Faut-il, comme l'affirme l'administration Bush, agir selon les mêmes critères quand il s'agit d'une fabrique de pommes-chips ou de puces électroniques ? Et sinon, comment définit-on — en dehors du militaire — les activités que la nation considère comme stratégiques ? Dans l'état actuel de la législation américaine, l'État interdit l'acquisition, par des étrangers, des chaînes de télévision et des compagnies aériennes. En quoi ces entreprises sont-elles plus stratégiques que les biotechnologies ou la micro-électronique ?

Car c'est sans doute la priorité accordée par Tokyo à la recherche et au développement, ce pari de grande ampleur sur l'avenir, qui devrait donner le plus à réfléchir à l'Occident. Que les Américains ou les Européens roulent en Toyota et filment en Sony n'est pas décisif. Que le Pentagone multiplie les rapports dénonçant l'érosion de la capacité de recherche américaine, que les grands programmes de recherche européens engouffrent des milliards et n'accouchent que de milliers de licenciements semble beaucoup plus alarmant. Du savoir-faire dans ces secteurs de pointe dépendent les emplois de demain, la productivité de l'ensemble de l'économie et la faculté de se doter d'un armement moderne.

Certains se rassurent en affirmant que le Japon, qui excelle dans l'adaptation et l'amélioration des technologies occidentales, est très en retard en matière de recherche fondamentale. Les Japonais seraient moins créatifs, leur système scolaire encouragerait une connaissance passive. C'est méconnaître l'effort engagé par les groupes nippons :

NEC, Matsushita, Canon, Mitsubishi, Fujitsu, Ricoh embauchent aujourd'hui aux États-Unis, demain peut-être en Europe, les meilleurs cerveaux de la recherche en leur promettant des salaires défiant toute concurrence et du matériel hors de pair. Faut-il s'en alarmer? Washington, qui a parfois recours aux rétorsions commerciales, refuse de se poser la question technologique. Mais ne faut-il pas là inventer de nouvelles règles? N'est-il pas plus dommageable pour une nation de voir les Japonais surpayer technologie et matière grise, que de les voir casser les prix sur les téléviseurs?

Le succès du modèle japonais donne à réfléchir sur ce qui, dans le monde moderne, fait la puissance d'une nation. La force de frappe militaire, l'influence géopolitique et le rayonnement culturel, répond l'Occident. Mais le pays du Soleil levant n'est-il pas en train de démontrer que cela peut aussi être la vitalité économique, la puissance financière et l'atout technologique? Le Japon vise apparemment, sur la planète, une place de coleader digne de son PNB. « Nous ne pensons pas que nous pouvons nous substituer aux États-Unis, explique Junichi Ihara, du Gaimusho. Ses responsabilités, son statut sont irremplaçables. Mais nous voulons construire un partenariat global. » Le rôle de Tokyo augmente « mécaniquement » au sein des institutions internationales : la taille de ses excédents en fait un des piliers du « Groupe des 5 »[1], du Fonds Monétaire International, de la Banque Mondiale et du GATT. Le Japon est même devenu, en 1989, le premier bailleur de fonds des pays en voie de développement devant Washington. Mais les Japonais n'ont pas

1. « Groupe des 5 » : organe de concertation économique à haut niveau comprenant les États-Unis, le Japon, l'Allemagne, la France et la Grande-Bretagne.

pour autant convaincu leurs partenaires qu'ils étaient mûrs pour assumer pleinement un rôle de superpuissance.

Leurs desseins inspirent toujours dans les capitales occidentales une certaine méfiance, qui seule explique que le Japon n'ait pas encore droit à la présidence tournante de la Banque Mondiale (traditionnellement américaine), ou du FMI (européenne), ou bien à un siège permanent au Conseil de Sécurité des Nations Unies. Il est vrai que Tokyo a refusé, jusqu'à une période très récente, de reconnaître et de critiquer son rôle pendant la Seconde Guerre mondiale. En outre, tout se passe comme si sa diplomatie était inféodée aux stricts intérêts économiques du pays (ou, pis, à ceux du Parti libéral-démocrate...), fût-ce au détriment des valeurs démocratiques et humanitaires officiellement proclamées. « Le gouvernement ne réagit aux événements internationaux que par rapport au cadre de référence japonais », regrette la parlementaire de l'opposition Wakako Hironaka. C'est le cas pour la reprise des prêts à la Chine, pour le refus de l'aide économique à l'URSS, pour le traitement des *boat people*.

La fin de la guerre froide oblige enfin à une réflexion sur le rôle du militaire dans la puissance géopolitique. Le traité de sécurité nippo-américain de 1960, qui limite la capacité militaire japonaise à sa propre défense, est sans doute désuet. Les États-Unis, qui serrent le budget du Pentagone, aimeraient que le Japon paie davantage pour la défense de la zone asiatique. Et, de fait, les dépenses militaires de l'archipel ont progressé de 5 % par an, en termes réels, ces 15 dernières années, ce qui en fait le troisième budget militaire de la planète. Tokyo, de son côté, demande de plus en plus fermement que le partage du fardeau s'accompagne d'un partage de responsabilités : une cogestion des décisions stratégiques. Et les milieux industriels et militaires poussent à la fabrication d'une partie toujours plus grande de leur arsenal. « Certains Japonais acceptent difficilement l'idée de payer pour un chien de garde qui les surveille », faisait récemment valoir un éditorial du quotidien *Yomiuri*. Comment jouer la détente Est-Ouest dans la zone Pacifique ? Comment faire évoluer l'alliance nippo-américaine ? Le Japon doit-il se substituer progressivement aux États-Unis comme shérif de l'Asie ? Doit-il, pour cela, modifier sa Constitution « pacifique » ? Devrait-il, à terme, disposer de l'arme nucléaire ? Autant de questions cruciales qui suscitent, à Washington comme à Tokyo, une cacophonie de points de vue.

« Les qualités qui prédisposent aux plus hauts emplois sont exclusives de celles qui permettent d'y accéder », écrivait joliment Chateaubriand. Les qualités qui prédisposent le Japon au leadership économique sont-elles effectivement exclusives de celles qui lui permettent d'accéder au leadership politique, comme le pensent ceux qui estiment qu'une nation ne peut être durablement puissante sans traduire son expansionnisme en responsabilité ? Là encore, comme sur la question de la recherche fondamentale, les optimistes ne doivent pas s'illusionner. Car enfin, malgré son nanisme politique, l'absence d'une zone d'influence déclarée et son champ d'action militaire limité, le Japon est déjà une grande puissance. Et ce, en dépit — ou à cause ? — du temps et de l'énergie qu'il n'a pas consacrés à s'armer et à gérer les affaires de la planète. La guerre du Golfe a bien illustré les compétences et les limites de chacun. Le Japon, pratiquement dépourvu de ressources naturelles et très dépendant du pétrole, s'est construit un système économique extrêmement élastique. Il est de ceux qui ont le moins souffert du troisième choc pétrolier, joliment baptisé le « Saddam Shoku ». Sur l'insistance de Washington, Tokyo a largement contribué au financement de l'opération « Bouclier du désert », mais a décidé, après certaines hésitations, de ne pas envoyer d'hommes au Moyen-Orient. Inversement, les États-Unis, qui avaient pris l'initiative, assumé la direction politique des opérations et fourni le gros de l'infrastructure militaire... ne pouvaient pas en supporter le coût financier. Ils ont tendu la sébile à Ryiad, à Tokyo et à Bruxelles ; ils ont quémandé aux Nations Unies le droit de faire la guerre. L'Amérique arrive à grand-peine à boucler son budget, et son économie, déjà minée par le cancer de la dette, a subi de plein fouet le choc du Golfe. Elle ne s'en est pas encore relevée. Qui, de l'observateur milliardaire ou du gendarme mercenaire, dispose du pouvoir le plus grand ?

Le phénomène japonais pose avec acuité la question de l'universalité du modèle de développement capitaliste occidental. L'Ouest est convaincu que ses valeurs sont applicables *erga omnes*, que toutes les nations — du fin fond de l'Afrique noire aux confins de l'Asie — ont pour vocation de devenir des démocraties parlementaires consuméristes et qu'elles doivent adopter les mêmes politiques économiques et en passer par les mêmes étapes de développement. Le FMI, la Banque Mondiale et le GATT sont à la fois l'expression et les instruments de cette conviction. Cette philosophie, qui a résisté aux démentis cinglants des « mauvais élèves » d'Afrique et d'Amérique latine, sera-t-elle invalidée par le triomphe de ceux qu'on citait en exemple comme des « élèves modèles » : aujourd'hui le Japon, demain peut-être la Corée, Taiwan, Singapour ? Si ces pays pratiquent un capitalisme agressif, voire déloyal, c'est qu'ils ne seraient pas encore arrivés au stade de développement ultime, se rassurent les professeurs en prospérité capitaliste. Autrement dit, sur un modèle de développement censé être unique et linéaire, le Japon connaîtrait un étrange moment de fulgurance : son moteur fonctionne encore sur la rémanence des vieilles valeurs, mais il est en passe de se convertir lui aussi au carburant consumériste.

La plupart des Japonais accréditent la thèse de la régulation de leur puissance par contagion de la richesse : « Nous ne pouvons pas gagner sur tous les tableaux : s'enrichir grâce au commerce international tout en restant à l'écart du monde », remarque Mitsuko Shimomura, rédacteur en chef de l'*Asahi Journal*[1]. Le scénario de l'inéluctable banalisation du Japon est d'autant plus séduisant qu'il s'appuie, on l'a vu, sur de nombreux facteurs d'évolution, voire de fracture, de la société japonaise traditionnelle. Le rôle des femmes, l'augmentation du niveau de vie, la propension des jeunes à consommer, les contacts de plus en plus nombreux avec l'étranger, le fossé grandissant entre les propriétaires fonciers et les non-possédants, ne conduiront-ils pas le Japon à se couler dans le moule occidental ? Bref, le cœur de la contradiction japonaise résiderait dans ce syllogisme indépassable : le pays ne peut plus se développer sans s'ouvrir, ni s'ouvrir durablement sans casser les ressorts de son développement. Or il ne peut se refermer sans s'étouffer ; donc il ne peut que s'ouvrir en se normalisant. Pour le dire en termes crus, la bonne sœur nippone peut-elle durablement tenir le bordel occidental sans finir par monter à l'étage ?

Si l'on est, à l'inverse, convaincu, comme les « révisionnistes » américains, que ces traces de changement ne sont pas de nature à provoquer une

1. In *Wall Street Journal*, 18 juillet 1990.

rupture avec le modèle expansionniste japonais, si l'on admet que le Japon est et restera durablement singulier, il existe pour l'Occident un vrai risque de décentrage géographique du pouvoir. D'autant que l'archipel nippon apparaît comme le chef de file naturel du bloc Pacifique. Bien que les capitales voisines, qui n'ont pas oublié le cauchemar de la « zone de coprospérité » asiatique, conservent une attitude méfiante envers le grand frère japonais, la puissance du yen s'exerce à plein sur la région. Les investissements japonais dans le bassin asiatique ont quadruplé en 4 ans, atteignant 8 milliards de dollars en 1990. Et le MITI emploie ses « jeunes turcs » à planifier la division du travail entre les partenaires : l'Indonésie devrait se concentrer sur les textiles, les produits forestiers et les plastiques, la Thaïlande sur les meubles et les jouets, la Malaisie sur les baskets, les télécopieurs et les tubes de télévision[1]. Leur conception du capitalisme ressemble beaucoup plus à celle de Tokyo qu'à celle de Washington.

Certaines voix nippones confirment les craintes occidentales en réclamant que l'on reconnaisse au Japon le droit à la différence. Nous ne jouons certes pas le jeu selon les mêmes règles que vous, expliquent-elles. Mais au nom de quelle légitimité les capitales occidentales estiment-elles que les seules « bonnes » règles sont celles qu'elles ont écrites et qu'elles imposent à la planète? Face au vertige d'un monde qui est peut-être en train de changer de centre de gravité, les Américains et les Européens ne peuvent se contenter de fermer leurs volets sous peine d'asphyxie. Le véritable défi japonais? Réinventer « le rêve occidental »...

1. Bernard Wysocki, « In Asia, the Japanese Hope to Coordinate what Nations Produce », *Wall Street Journal*, 20 août 1990.

POSTFACE

Paris, septembre 1992

L'Étreinte du Samouraï dresse le portrait du Japon conquérant des années 80, et décrit les stratégies d'expansion de ses entreprises. Depuis fin 1990, cependant, le Japon est sous le coup d'un fort ralentissement de sa machine économique. La croissance du PNB japonais devrait tomber en 1992 en dessous de la barre psychologique des 3 %, qui marque officiellement, dans l'archipel, le seuil de la récession. L'indice de la bourse de Tokyo a dégringolé de 60 %, et les prix immobiliers ont glissé de quelque 40 % par rapport à leurs points culminants. Les profits des entreprises sont en chute de 30 à 60 % en 1992, et les exportations de capitaux se tarissent...

À première vue, ces faits semblent venir infirmer l'analyse développée dans ce livre : le “défi” japonais, s'amoindrissant de lui-même, deviendrait moins pressant, moins redoutable... La presse occidentale multiplie d'ailleurs avec complaisance les descriptions d'un Japon “en crise”. Ne serait-ce pas la fin du système expansionniste nippon? La disparition de la menace japonaise sur nos économies? Vœux pieux, plutôt qu'analyse rationnelle! L'économie nippone est, certes, sous le coup d'une pause conjoncturelle marquée. Et cela contribue effectivement à modifier le comportement de ses entreprises. Mais, d'une part, ce coup de frein a largement été provoqué par la banque centrale nippone, soucieuse de dégonfler la bulle spéculative avant qu'elle ne conduise à un véritable krach financier. D'autre part, cette crise ne sera sans doute pas bénéfique à l'Occident. Parce que l'économie américaine, qui était sous perfusion, souffre déjà de l'amoindrissement du flux de yens. Et parce que cette mauvaise passe, comme les précédentes, sera mise à profit par le Japon pour stimuler sa compétitivité.

Sur le plan commercial, la question japonaise est plus lancinante que jamais : tandis que l'économie nippone anémiée importe moins, l'archipel tente de combattre son marasme par les exportations. Après trois années de rééquilibrage, les excédents commerciaux nippons repartent de plus belle : en mai 1992, pour le 17ᵉ mois consécutif, ils sont en forte hausse (+ 89 % !). Si bien que le Japon devrait enregistrer en 1992 un excédent commercial record de plus de 120 milliards de dollars (contre 88,35 milliards en 1991), dont environ 50 milliards avec les États-Unis, 35 avec le reste de l'Asie et 30 avec la CEE.

Bref, le Japon, qui s'était engagé à exporter moins et importer plus, fait exactement le contraire. Les responsables nippons ne se montrent pas plus accommodants pour autant sur les dossiers "sensibles". Face aux difficultés, administration et milieux d'affaires font corps. Ainsi, les industries électroniques nippones se refusent à importer des composants américains : au lieu des 20 % inscrits dans l'accord bilatéral sur les semi-conducteurs, les "puces" américaines ont péniblement conquis 13 % du marché japonais. Les constructeurs automobiles, eux non plus, ne désarment pas : George Bush est reparti les mains vides d'un voyage désastreux dans l'archipel, en janvier 1992, où il avait entraîné les patrons de General

Motors, Ford et Chrysler. Le monde n'en a gardé que l'image d'un Président américain évanoui aux pieds de son hôte nippon... Même intransigeance vis-à-vis de la CEE : les Japonais se refusent à inclure la production de leurs usines britanniques et espagnoles dans les quotas d'importation fixés par l'accord d'autolimitation qui régit l'ouverture progressive du marché automobile européen. Le groupe Nissan a au contraire annoncé, début 1992, qu'il allait accroître sa capacité de production en Grande-Bretagne de plus d'un tiers, pour atteindre 300 000 voitures par an en 1993.

En outre, la "récession à la japonaise" apparaît davantage comme une simple phase de réajustement, que comme le moteur éventuel d'un bouleversement des structures et des priorités économiques du pays. Pourquoi ? Contrairement aux précédentes, la crise est cette fois-ci d'origine interne : c'est une « récession par les actifs », provoquée par la chute des marchés boursiers et immobiliers, après la folle spéculation des années 85-89, soulignait récemment Kenichi Ohmae, de Mc Kinsey Tokyo[1]. La dégringolade du marché boursier, une politique monétaire plus stricte (avec un net relèvement des taux d'intérêt) et la fin du crédit immobilier à tout-va ont sonné le glas de l'économie casino. Comme l'expose *L'Étreinte du Samouraï*, les banques, les compagnies d'assurances et les entreprises industrielles japonaises tiraient leur formidable puissance financière de la double spirale ascensionnelle de l'indice Nikkei et des prix immobiliers. Que ce soit auprès des banques ou sur les marchés financiers, l'argent était quasiment gratuit. Cette époque est bien révolue : les firmes nippones encaissent à présent un coût réel du capital voisin des 5,6 % payés par leurs concurrentes américaines.

Le crédit devenant plus cher et les liquidités s'assé-

1. « Récession à la japonaise », Philippe Pons, *Le Monde*, 7 avril 1992.

chant, ce coup de frein sur la spéculation retentit sur l'ensemble de l'économie. Conséquence immédiate : le produit national brut (PNB) du Japon, qui a progressé de 4,5 % en 1991, devrait selon l'OCDE ne croître que de 1,8 % en 1992. Ce réajustement clôt une période exceptionnelle : de fin 1986 à octobre 1991, le produit national brut nippon avait augmenté de l'équivalent du PNB annuel de la France ! Manque de chance pour les entreprises : cette morosité intérieure se double d'une nette contraction des marchés occidentaux, dont elles sont si dépendantes. Les résultats des grands groupes en sont très affectés. Le profit cumulé avant impôts des quatre principales maisons de titres a dégringolé de 493 milliards de yens en 1990, à 20 milliards en 1991. Les fleurons de l'industrie électronique, comme Fujitsu ou NEC, ont vu leurs bénéfices reculer de quelque 60 %. Et le constructeur automobile Nissan pourrait basculer dans le rouge en 1992...

Du coup, les investissements japonais ralentissent : ils ne devraient augmenter que de 2 %, en 1992, au lieu de 8 % en 1991, et 25,4 % par an en moyenne au cours des 5 années antérieures. Nul besoin d'ouvrir de nouvelles unités de production quand celles qui existent ne tournent pas à pleine capacité. Les investissements hors archipel ont, eux aussi, marqué le pas. Ils restent cependant imposants : le Japon a repris, en 1991, la première place mondiale d'investisseur à l'étranger à l'Allemagne, avec des actifs nets cumulés de 383 milliards de dollars. Le ralentissement est d'ailleurs moins marqué en Europe et en Asie qu'aux États-Unis (le flux annuel des investissements nippons aux États-Unis a été divisé par 4 en 1991, à 5,1 milliards de dollars). Et il affecte moins nettement dans l'industrie que dans l'immobilier et les services. Quant aux flux financiers, ils se sont franchement inversés : en 1991, pour la première fois depuis des années, le Japon a été importateur net de capitaux.

Ce tableau plutôt sombre ne devrait cependant pas tromper la vigilance des concurrents occidentaux. D'une part, parce que la faiblesse de l'archipel est relative. « Il faut remettre les évolutions en perspective en gardant à l'esprit les grandes masses », explique Jacques Gravereau de l'HEC-Eurasia Institute. Même en chute, l'investissement par habitant reste, au Japon, deux fois et demi supérieur à ce qu'il est aux États-Unis. D'autre part, parce que cette situation est temporaire. Selon l'OCDE, la croissance japonaise devrait rebondir pour dépasser 3 % en 1993. C'est que les Japonais, volontaristes, prennent la « crise » à bras-le-corps : chez Hitachi, dont les profits ont baissé de 37 % en 1991, les membres de la direction ont proposé de réduire leur salaire de 10 à 15 %, tandis que 9 000 chefs de sections acceptaient un gel provisoire de leur rémunération ! C'est en grande partie ce type de comportement qui a jadis permis au pays de tirer profit des hausses du prix du pétrole, ou de la brusque appréciation du yen.

La pause affecte, bien sûr, la combativité des entreprises nippones. Les canards boiteux qui avaient survécu artificiellement sont amenés à disparaître, et les autres mènent leurs restructurations tambour battant. Ne pouvant plus défier indéfiniment les lois de gravité économique, les industriels investissent avec davantage de discernement, et affirment désormais privilégier le profit, plutôt que le gain de parts de marché. Les constructeurs automobiles, notamment, allongent les cycles de leurs produits et ralentissent la fréquence de lancement de nouveaux modèles, ce qui donne aux fabricants américains et européens une chance de sursaut. Par un plaidoyer vibrant, publié en février 1992 dans le mensuel nippon *Bungei Shunju,* Akio Morita s'est fait le chantre de cette révolution culturelle : « En cette période critique, affirme le président de Sony, les groupes japonais devraient se rendre compte qu'ils ne seront plus autorisés à continuer leur course vers l'efficacité économique et la conquête des marchés. » Il conseille à ses collègues d'octroyer à leurs employés des salaires plus élevés et davantage de vacances, à leurs actionnaires de plus gros dividendes, à leurs fournisseurs de meilleures conditions... Bref, de jouer davantage selon les règles du jeu occidentales.

Sony donne-t-il réellement l'exemple en la matière ? Le groupe réduit effectivement le temps de travail de ses employés. Mais, en dépit de résultats décevants (recul de 44,1 % de son résultat consolidé avant impôts, à 1,32 milliard de dollars pour 30,3 milliards de chiffre d'affaires) il continue à financer généreusement son studio de cinéma Sony Pictures (ex-Columbia-Tristar), à construire des usines, et à multiplier les produits (data-discman et lecteur de mini-disques enregistrables). De passage en France, début 1992, pour inaugurer à Bayonne deux nouvelles unités de composants, Morita s'explique. Ralentir sur les investissements productifs ? Certes : les marchés ne sont plus aussi porteurs que par le passé... Sur la recherche-développement ? « Pas question ! s'insurge-t-il. Ce serait hypothéquer l'avenir ! » Les Américains, qui, eux, gèrent à plus court terme, ont vu leurs dépenses de recherche et développement diminuer en termes réels de 1,6 % en 1990. Pris à la gorge, ils privilégient le développement au détriment de la recherche fondamentale.

A l'inverse, c'est dans les périodes difficiles que les groupes japonais mettent le plus d'ardeur à préparer l'avenir. Ils implantent des centres de recherche fondamentale aux États-Unis et nouent de nombreuses alliances avec les Américains pour conquérir les marchés dits « multimédia », résultant du mariage de l'ordinateur et de la télévision. Matsushita fait équipe sur ce créneau avec le géant américain du téléphone

AT&T, Poqet (groupe Fujitsu) avec l'informaticien américain NCR. Sony produit les portables les plus légers d'Apple. Sharp fabriquera les premiers agendas électroniques de l'informaticien de Cupertino... et Toshiba ses premiers MacIntosh couleur, capables de manier son et image vidéo. Dans le domaine des semi-conducteurs, les Japonais sont devenus incontournables. Des géants occidentaux comme IBM et Siemens doivent joindre leurs forces à celies de Toshiba, pour fabriquer les super-mémoires des années 2 000.

D'un bout de l'autre de la filière électronique, les rapprochements nippo-américains sont devenus la règle. Et l'espoir d'une Europe de l'électronique — voire d'un vaste rapprochement américano-européen — semble bel et bien enterré. Tandis que les informaticiens indépendants (Bull, Olivetti, Nixdorf) sont en pleine déconfiture, la branche grand public de Thomson est moribonde. Seul Philips semble avoir encore les moyens technologiques et financiers de lutter pour sa survie sur les créneaux d'avenir (écrans plats à matrice active, Compact Disc Interactif)... Il semble toutefois inéluctable que les appareils multimédia qui trufferont nos foyers et nos bureaux soient pour une bonne partie japonais : que ce soit par la marque, par la manufacture ou par les composants.

L'Europe n'a pas fini de souffrir car, au-delà de la pause actuelle, c'est sur elle que devraient dans les années à venir se concentrer les efforts nippons. Récession et nippophobie ont bel et bien refroidi les ardeurs des Japonais pour le continent américain. Le Japon reste en revanche sous-implanté dans la CEE, où il représente 5 % des investissements étrangers. Selon la dernière enquête du JETRO, la ruée vers l'Europe s'est légèrement ralentie en 1991, avec un total de 69 nouvelles implantations, contre 132 l'année précédente. Ce phénomène va d'ailleurs de pair avec une intégration accélérée des unités existantes. Le taux d'approvisionnement local progresse : 73,2 % des usines nippones déclarent acheter localement plus de la moitié de leurs composants. Mais le fournisseur « local » est de plus en plus souvent nippon ! En 1990, 111 fabricants japonais de pièces détachées et de composants se sont installés sur le Vieux Continent.

La Grande-Bretagne, avec 187 usines et 51 centres de recherche japonais en 1991, apparaît plus que jamais comme la terre d'élection nippone. Dans l'automobile, mais également dans l'électronique, secteur où le Royaume-Uni compte désormais 60 entreprises à participation nippone. En l'an 2 000, c'est 15 % de l'industrie britannique qui devraient être sous contrôle japonais. Perspective que se refusent à prendre en compte les idéologues d'une Europe du libre-échange. La France occupe la 2e position, avec 122 usines japonaises (109 en Allemagne). Cela ne représente toutefois que 1,5 % des opérations nippones à l'étranger, et 6 % des investissements étrangers dans l'Hexagone.

La morosité économique généralisée ne décourage en tout cas pas les nouvelles implantations. Ainsi, en juin 1992, débarque à Paris le groupe japonais Wacoal, leader mondial de la lingerie féminine. L'entreprise familiale, fondée au sortir de la guerre, suit à la lettre un plan d'expansion mondiale à 50 ans... Plus généralement, la France suscite un intérêt d'autant plus soutenu de la part des investisseurs nippons qu'au printemps 1992, le libéral Pierre Bérégovoy a remplacé à Matignon la belliqueuse Edith Cresson. Cette même année, les filiales françaises de groupes nippons emploient une vingtaine de milliers de salariés et réalisent le tiers de leur chiffre d'affaires à l'exportation. Bilan jugé globalement positif par les pouvoirs publics alors que l'Hexagone, qui commence à redresser son commerce extérieur, fait plus que jamais figure de « lanterne rouge » en matière d'emploi (9,4 % de chômeurs, en 1991, contre une moyenne de 7,1 % pour l'OCDE).

Mais les groupes japonais ont beau créer des emplois en France, leur pression compétitive contribue nettement à gonfler les rangs des quelque 2,8 millions de chômeurs français. Peugeot, Renault, Bull, Thomson-Grand Public... n'ont cessé de tailler dans leurs effectifs, ces dernières années, pour améliorer leur compétitivité. Même le spécialiste national de l'ingénierie nucléaire, Framatome, a compris en juin 1992 qu'il lui faudrait réagir pour ne pas se faire souffler ses contrats européens par... Mitsubishi, retenu pour le remplacement de 3 générateurs de vapeur de la centrale franco-belge de Tihange ! A la veille du marché communautaire unique, les industries françaises ne semblent pas suffisamment préparées à affronter le vent du grand large. Leur restructuration est loin d'être achevée.

La menace sur la suprématie économique occidentale, loin d'être exclusivement japonaise, est plus généralement asiatique. Selon certaines estimations, le PNB de l'Asie — hors Japon — devrait en l'an 2 000 avoisiner celui de la CEE, et celui des États-Unis (aux alentours de 5,1 trillions de dollars). Le Japon tente actuellement de profiter du boom du Sud-Est asiatique, qui devient insensiblement son premier débouché : alors qu'entre 1986 et 1990, les exportations du Japon vers les États-Unis dégringolaient de 44 % à 36 % du total, ses ventes à destination de l'Asie bondissaient de 29 % à 34 %.

Le Japon continue aussi à investir massivement dans les nouveaux pays industrialisés asiatiques (9 milliards de dollars en 1991). Gênés chez eux par la pénurie de main-d'œuvre, les industriels nippons poursuivent la délocalisation de leurs usines dans ces zones à main-d'œuvre bon marché. En Corée du Sud, en Thaïlande, en Malaisie, en Indonésie, à Singapour, les groupes nippons créent des partenariats avec des entrepreneurs nationaux, et forment la main-d'œuvre locale à l'assemblage de leurs produits électroniques et automobiles. Le Japon se montre en revanche extrêmement prudent concernant les transferts de technologie. C'est que, sur les créneaux les moins sophistiqués de l'électronique grand public, il se fait déjà grignoter ses parts de marché par les conglomérats sud-coréens comme Samsung ou Daewoo. La Corée du Sud, qui n'existait pas il y a 6 ans sur le marché des puces électroniques, est désormais le 3e producteur mondial, avec plus de 5 milliards de dollars de ventes. Ainsi, ce n'est pas seulement face au Japon, mais face à un capitalisme extrêmement dynamique dans tout le Sud-Est asiatique, et naissant en Chine, que devra s'affirmer l'Europe.

Depuis fin 1991, l'effondrement de l'empire soviétique, la guerre en Yougoslavie, la montée des conflits régionaux et la difficile construction européenne accaparent le devant de la scène médiatique. Cette focalisation, conjuguée à la pause de l'économie nippone, semble avoir provisoirement escamoté la « question japonaise ». La compétitivité de nos entreprises obsède moins nos décideurs, mobilise moins les énergies. Au moment où le traité de Maastricht marque une étape importante de la construction européenne, les questions de politique industrielle et commerciale européenne vis-à-vis des grands partenaires américains et japonais sont comme reléguées à l'arrière-plan. Il serait pourtant dangereux, suicidaire même, de perdre de vue ce formidable défi, ou d'en mésestimer l'urgence.

GLOSSAIRE

Baby-boomer : Individu né pendant la période de forte croissance démographique *(baby-boom)* de l'après-guerre.

Big Three : Les « trois gros », les trois constructeurs automobiles américains : General Motors, Ford et Chrysler.

Chip : Puce, composant électronique.

Deal : Transaction, opération financière.

Dochakuka : En japonais, stratégie d'entreprise qui consiste à se fondre dans le paysage environnant.

Dokikai : En japonais, fraternité des collègues embauchés en même temps dans une entreprise.

Dumping : De l'anglais *to dump*, déverser. Faire du *dumping*, c'est vendre un produit à perte, au-dessous de son prix de fabrication.

Entertainment : Divertissement.

Fed : Diminutif de Federal Reserve Board, la Banque centrale américaine.

Gaiatsu : Désigne en japonais la pression (politique) de l'étranger.

Gaijin : En japonais, étranger.

Gaimusho : Ministère japonais des Affaires étrangères.

GATT : General Agreement on Tarifs and Trade. Accord général sur les tarifs douaniers et le commerce. Organisation multilatérale régissant les échanges internationaux.

Greenmail : Littéralement « chantage au billet vert ». Quand la cible d'une OPA hostile se débarrasse du *raider* en lui rachetant ses actions au prix fort.

Hardware-Software : En informatique, le hardware désigne la partie matérielle des ordinateurs, par opposition aux logiciels que l'on regroupe sous le terme software. Par extension, on appelle hardware les machines de l'industrie du divertissement — télévision, magnétoscope, caméra, walkman, discman... — et software leur contenu : films, programmes télévisés, disques...

Insider : Celui qui est dedans, l'initié. Par opposition à outsider, celui qui est dehors.

Japan apologist : Désigne aux États-Unis les gens qui font l'apologie du système japonais, les défenseurs du Japon.

Japan basher : Du verbe *to bash*, frapper. Terme péjoratif désignant, aux États-Unis, les critiques ou les contempteurs du Japon.

JETRO : Japan External Trade Organisation. Organisme public de promotion des exportations japonaises dépendant du MITI.

Jinmyaku : En japonais, réseau de relations personnelles informelles.

Joint-venture : Association, accord de partenariat.

Junk bond : Mot à mot « obligation pourrie ». Ces obligations à haut risque et à haut rendement, inventées en 1982 par la banque d'affaires américaine Drexel Burnham Lambert, sont émises par des sociétés considérées comme de mauvais emprunteurs. Elles ont notamment permis aux *raiders* des années 80 de « lever » rapidement de très importantes sommes d'argent pour financer les OPA sauvages.

Just in time : Modèle de production industriel dit « juste à temps » ou « à flux tendus », qui permet notamment de réduire les stocks.

Kabuto Cho : Bourse de Tokyo.

Kaizen : Amélioration continue du processus de production industrielle.

Keidanren : Importante fédération patronale. Équivalent japonais du CNPF.

Keiretsu : Groupe d'entreprises industrielles ou financières liées par des directions et des investissements croisés. Héritier des *zaibatsu* d'avant-guerre.

Lean Manufacturing : Littéralement production industrielle « maigre », c'est-à-dire économe de moyens. Terme inventé par le MIT pour désigner la méthode de production des constructeurs automobiles japonais.

Leverage : Bras de levier financier procuré par un fort niveau d'endettement (en général obligataire) par rapport à la base de fonds propres de l'entreprise.

LBO ou Leveraged Buy Out : Acquisition de la totalité d'une entreprise au moyen d'une forte proportion d'argent emprunté.

Major (studio) : Désigne les grandes compagnies cinématographiques de Hollywood : MGM, Columbia, XXth Century Fox, MCA-Universal, Paramount, Warner Brothers, Walt Disney.

Maquiladora ou maquila : Désigne des zones franches industrielles du territoire mexicain, où les entreprises bénéficient d'un régime douanier préférentiel pour l'importation de pièces et l'exportation de produits vers les États-Unis.

MBA : Master in Business Administration: Diplôme clé des écoles de commerce américaines.

M&A : Initiales de Mergers and Acquisitions. Secteur d'activité des grandes banques d'affaires qui s'occupe de fusions et d'acquisitions d'entreprises.

MIT : Massachusetts Institute of Technology. Prestigieuse université américaine de Boston, faisant autorité sur les questions industrielles et technologiques.

MITI : Minister of International Trade and Industry. Ministère japonais du Commerce extérieur et de l'Industrie.

Muda : En japonais, gâchis, gaspillage, perte de temps.

NES : Nintendo Entertainment System. Console familiale de jeu vidéo vendue par Nintendo.

NUMMI : New United Motor Manufacturing Inc. Partenariat entre General Motors et Toyota, qui gère l'usine de Fremont en Californie.

OPA : Offre Publique d'Achat. Quand un individu ou une société offre aux actionnaires d'une entreprise cotée en Bourse de racheter leurs titres à un prix supérieur à celui du marché. L'OPA est dite « amicale » si les dirigeants de la « proie » sont d'accord, « hostile » ou « sauvage » dans le cas contraire.

Outsider : Voir Insider.

Primary dealer : Courtier primaire (en bons du Trésor). Ce sont les maisons de courtage qui peuvent acheter directement les obligations d'État auprès de la Banque centrale américaine.

Raider : Prédateur d'entreprises. Individu initiateur d'un raid boursier : OPA « hostile », le plus souvent à motivation financière.

Ramen : Soupe asiatique à base de nouilles.

Rating : Qualité des émissions des sociétés emprunteuses, telle que définie par des agences de *rating* comme Standard and Poors et Moody's Investor.

Reverse engineering : Ingénierie à rebours. Méthode par laquelle on démonte un produit (automobile, électronique), pour être à même de le fabriquer à nouveau par soi-même, ou d'y apporter des améliorations.

Révisionnisme : Nouveau courant de pensée américain préconisant une ligne plus dure vis-à-vis du Japon.

Revolving door : Porte à tambour. Pratique des aller retour entre fonction publique et entreprises privées américaines.

SII : Structural Impediments Initiative. Négociations nippo-américaines ouvertes en 1989 visant à supprimer de part et d'autre les barrières structurelles aux échanges de biens et de services.

Software : Voir hardware.

Sogo Shosha : Grandes maisons de commerce japonaises, par lesquelles passent le gros des importations et des exportations du pays : Mitsui, Mitsubishi, Sumitomo, Marubeni, Nisso Iwaï, C. Itoh, Toyo Menka Kaisha...

Start-up : De l'anglais *to start*, démarrer. Jeune entreprise.

Sumo : Lutte japonaise.

Sushi : Plat japonais. Boulette de riz surmontée d'un morceau de poisson cru.

Team work : Travail d'équipe.

Think tank : Littéralement, réservoir à idées.

Organisme de réflexion économique ou politique, souvent lié à une fondation ou à une université américaine.

Transplant : Usine automobile japonaise délocalisée à l'étranger, notamment aux États-Unis et en Grande-Bretagne.

UAW : United Auto Workers of America. Centrale syndicale américaine des travailleurs de l'automobile.

Uruguay Round : Série de négociations multilatérales en cours (faisant suite aux Kennedy Round, Tokyo Round, Nixon Round...) pour la libéralisation du commerce international dans le cadre du GATT.

USTR : United States Trade Representative. Représentant spécial de la Maison Blanche pour le commerce. Fait fonction de ministre américain du Commerce extérieur.

Yakuza : Gangster de la mafia nippone.

Yuppie : Young Urban Professional. Désigne aux États-Unis les jeunes cadres urbains aisés et hyperactifs.

BIBLIOGRAPHIE

Ruth Benedict, *Le Chrysanthème et le sabre*, Éditions Piquier, 1987.
Augustin Berque, *Vivre l'espace au Japon*, PUF, 1982.
Michael Borrus, *Competing for Control : America's Stake in Micro-electronics*, Ballinger, 1988.
Nicolas Bouvier, *Chronique japonaise*, Payot, 1989.
Daniel Burstein, *Yen! Japan's New Financial Empire and its Threat to America*, Simon & Schuster, 1988.
Pat Choate, *Agents of Influence : How Japan's Lobbyists in the United States Manipulate America's Political and Economic System* Knopf, 1990.
Frederic Dannen, *Hit Men : Power Brokers and Fast Money Inside the Music Business*, Times Books, Random House, 1990.
Michael Dertouzos, Richard Lester, Robert Solow et la Commission du MIT sur la productivité industrielle, *Made in America*, Inter-Éditions, 1990.
Bill Emmott, *The Sun Also Sets : the Limits to Japan's Economic Power*, Random House, 1989.
James Fallows, *More Like us : Making America Great Again*, Houghton Mifflin, 1989.
Douglas Frantz et Catherine Collins, *Selling Out : How We are Letting Japan Buy our Land, our Industries, our Financial Institutions and our Future*, Contemporary Books, 1989.
George Gilder, *Microcosm : the Quantum Revolution in Economics and Technology*, Simon & Schuster, 1989.
David Halberstam, *The Reckoning*, Avon Books, 1986.

Shintaro ISHIHARA et Akio MORITA, *The Japan that Can Say No*, traduction anglaise pirate, 1989.
Chalmers JOHNSON, *The MITI and the Japanese Miracle*, 1983.
Paul KENNEDY, *The Rise and Fall of Great Powers*, Vintage Books, Random House, 1987. Traduction française : *Naissance et déclin des grandes puissances*, Payot, 1989.
Joel KOTKIN et Yoriko KISHIMOTO, *The Third Century : America's Resurgence in the Asian Era*, Crown, 1988.
Thomas MAC CRAW, *America Versus Japan : Why the United States and Japan May Be on a Collision Course*, Harvard Business School Press, 1986.
René MAURY, *Les Patrons japonais parlent*, Seuil, 1990; *Marianne à l'école japonaise*, Plon, 1986.
Akio MORITA, *Made in Japan : Akio Morita and Sony*, Penguin Inc., 1986.
William NESTER, *The Foundation of Japanese Power*, Mac Millan, 1990.
Kenichi OHMAE, *The Borderless World : Power and Strategy in the interlinked Economy*, Harper Business, 1990.
William PFAFF, *Le Réveil du vieux monde*, Calmann-Lévy, 1989.
Clyde PRESTOWITZ Jr., *Trading Places : How we Allowed Japan to Take the Lead*, Basic Books, 1988.
Christian SAUTTER, *Les Dents du géant : le Japon à la conquête du monde*, Olivier Orban, 1987.
Frederik SCHODT, *Inside the Robot Kingdom : Japan, Mechatronics, and the Coming Robotopia*, Kodansha, 1988.
Jean-Jacques SERVAN-SCHREIBER, *Le Défi américain*, Denoël, 1967.
Robert SHOOK, *Honda : an American Success Story*, Prentice Hall Press, 1988.
Susan et Martin TOLCHIN, *Buying into America : How Foreign Money is Changing the Face of our Nation*, Times Books, Random House, 1988.
Aron VINER, *The Emerging Power of Japanese Money*, Dow Jones Irwin, 1988.
Karel Van WOLFEREN, *The Enigma of Japanese Power*, Knopf, 1989. Traduction française : *L'Énigme de la puissance japonaise*, Robert Laffont, 1990.
James WOMACK, Daniel JONES et Daniel ROOS, *The Machine that Changed the World*, Rawson Associates, 1989.

INDEX

Table

IMPRIMÉ EN FRANCE PAR BRODARD ET TAUPIN
Usine de La Flèche (Sarthe).
LIBRAIRIE GÉNÉRALE FRANÇAISE - 6, rue Pierre-Sarrazin - 75006 Paris.
ISBN : 2 - 253 - 06114 - X 30/4383/3